2005年第1集 • 总第21集

民事审判指导与参考

Reference and Guide to Civil Trial

中华人民共和国最高人民法院
民事审判第一庭/编
黄松有/主编

法律出版社
LAW PRESS · CHINA

目　　录

Contents

【民事司法政策前沿】

在全国人民法庭工作会议上的讲话

（2005 年 4 月 9 日）

◆肖　扬*

* 最高人民法院院长。

同志们：

基层建设，事关全局。加强基层人民法院及其派出人民法庭建设历来是最高人民法院的工作重点。1998 年，最高人民法院在北京召开了全国人民法庭工作会议，2000 年和 2004 年分别在长春和济南召开了全国法院加强基层建设工作会议，现在又在广东佛山再次召开全国人民法庭工作会议。在不到八年时间里召开四次法院基层建设和人民法庭工作会议，足见我们对基层工作的高度重视。同时，各省、自治区、直辖市高级人民法院也非常重视基层建设，特别是去年济南会议以后，各地积极争取当地党委、人大和政府对法院基层建设工作的重视和支持，人民法院基层建设工作出现了喜人的局面。这次会议选择在广东召开，是因为广东法院的基层建设和人民法庭工作做得很好，在审判工作、队伍建设和物质装备建设等各方面成绩显著。这是与广东省委、人大和政府的重视与支持分不开的。在此，我代表最高人民法院向广东，向全国各省、自治区、直辖市党委、人大和政府表示衷心的感谢。

最高人民法院重视基层建设的举措得到了党中央的充分肯定。中共中央政治局常委、中央政法委书记罗干同志先后四次出席我们的会议并作重要讲话。这充分体现了党中央对人民法院特别是人民法庭工作的关心和支持。各级人民法院要认真学习、深入贯彻罗干同志昨天的重要讲话精神，深刻认识全面加强人民法庭工作在构建社会主义和谐社会和依法治国进程中的重要作用，不断开创人民法庭工作新局面。

昨天上午，黄松有同志就 1998 年以来全国人民法庭工作的情况作了总结，并对今后如何全面加强人民法庭工作作了部署，我完全同意。下面，我就在新形势下加强人民法庭工作的问题，讲几点意见。

一、充分认识新形势下做好人民法庭工作的重要意义

重视基层基础工作,是我们党的优良传统,也是人民司法工作不断取得进步的宝贵经验。在不久前召开的十届全国人大三次会议和全国政协十届三次会议上,人大代表和政协委员对一年来人民法院的工作给予了充分肯定,尤其是对人民法院加强基层基础工作给予了高度评价。这充分说明,我们坚持重心下移、抓基层、打基础的工作思路是完全正确的。

多年来,人民法庭取得的成绩有目共睹:通过公正高效地审理大量案件,确保了国家法律的贯彻实施,有力地维护了人民群众生产与生活的基本秩序;通过诉讼调解和指导人民调解等多种方式,积累了中国特色的处理和解决民间纠纷的丰富经验,使大多数矛盾纠纷化解在基层;通过不断改革,探索出一系列司法利民、便民和护民的新举措,使人民群众切身感受到"人民司法为人民"的优良传统;通过审判活动,进行法制宣传教育,使人民群众在具体生动的案例中了解法律、认识法律,提高了广大群众的法律意识;通过多年的培养和锻炼,造就了一支甘于奉献、顾全大局、不计得失、淡泊名利的优秀法官队伍。昨天受到表彰的就是他们中的杰出代表。在这里,我代表最高人民法院,向长期以来艰苦奋斗、无私奉献在司法工作第一线的人民法庭的法官和其他工作人员,表示崇高的敬意和亲切的慰问!

当前,人民法院的基层工作面临着良好的发展机遇。尤其自去年罗干同志在济南会议上发表重要讲话以来,人民法院基层建设取得了可喜的进展,基层法院及其派出人民法庭的审判质量和效率进一步提高,审判作风进一步改善,一些长期困扰人民法院基层工作的问题和困难正在逐步得以解决。但是,我们必须清醒地认识到,加强人民法院的基层工作是一项长期而艰巨的任务,必须常抓不懈,稳步推进,重点突破,并向纵深发展。基于这样的认识,最高人民法院决定,今后将继续把加强基层建设作为人民法院工作的重点,特别是将加强人民法庭工作作为加强人民法院基层建设的重中之重。

加强人民法庭工作,是践行"公正与效率"法院工作主题的有效途径。"公正与效率"是人民法院工作永恒的主题。我们讲公正,是讲客观事实与法律事实相结合的公正,是依照法律程序的公正,是符合广大人民利益和愿望的公正;我们讲效率,是法定时限内的效率,是公正前提下的效率,是方便当事人诉讼、节约诉讼成本的效率。通过多年的实践,我们已经逐步实现从简单追求案件结果的公正到追求"有效率的公正"的转变,这说明我们对司法活动规律的认识正在不断深化。

改革开放以来,随着经济的发展和人民群众法治观念不断增强,通过诉讼寻求司法救济,实现公正,已成为人们解决各种纠纷的重要选

择。但是公正的实现是需要付出代价的，甚至是高昂的代价，公正与效率往往成为一对矛盾。综观世界各国，面对案件数量的激增，也都努力在公正和效率、诉讼效益和诉讼成本之间寻求最佳结合点，寻找一种既能实现公正，又简便、快捷、高效的纠纷解决途径。在这方面，我国的人民法庭制度具有巨大的优越性。

人民法庭是革命战争时期人民司法制度的一大创造，在全面建设小康社会的新时期，继续显示出强大的生机和活力，尤其在实现“有效率的公正”方面具有特殊的优势。人民法庭是按照“便于群众参与诉讼，便于人民法院审理案件”的原则和“面向农村、面向群众、面向基层”的要求设立的。人民法庭审理的案件，既有一般的民事案件、经济纠纷案件，也有轻微的刑事案件，对于这些案件大多适用简易程序处理，简便快捷；人民法庭审理案件的地点，或法庭驻地，或田间地头，可以减少群众来回奔波；人民法庭审理案件的方式，主要是独任审判和调解，当事人易于接受，可以节约司法资源。据统计，人民法庭办理的案件占全国法院受理一审案件总数的40%左右，99%以上的案件都在法定期限内审结，绝大部分当事人服判息诉，上诉率仅为9.86%，二审改判、发回重审的仅占上诉案件的16.13%；很多人民法庭近年来的案件上诉率为零，不少法庭几年来没有被改判、发回重审的案件。可见，人民法庭工作做好了，不仅可以从源头上实现司法公正，而且可以实现“有效率的公正”。

加强人民法庭工作，是坚持走群众路线，落实司法为民的重要渠道。我们强调基层工作的重要性，不仅因为基层工作是我们全部工作的重心和基础，更重要的是，基层工作很大程度上是群众工作。群众工作做好了，我们的各项工作就有了取之不尽的动力和源泉。在幅员辽阔、人口分散、交通不便的农村地区和部分城乡结合地区设立派出人民法庭，就地审理案件，及时调处纠纷，正是党的群众路线在审判工作中的重要体现，是社会主义司法制度的一大创造，也是人民法院落实司法为民的重要环节。

我们讲“司法为民”，不仅仅是方便群众诉讼的问题，更为重要的，它是人民司法的根本宗旨，是党的全心全意为人民服务的根本宗旨在司法领域的具体体现，也是党的执政为民的根本要求在司法领域的具体体现。人民司法的各项工作都是为了最广大人民群众的根本利益。无论是实现公正与效率，还是方便人民群众诉讼，都体现了司法为民的要求。我们所讲的“民”，是指人民群众的整体，当然也包括诉讼当事人，但绝不是一方当事人。如果片面地把司法为民的宗旨理解为“司法为一方当事人”，就误解了司法为民的真谛，就把司法为民的要求庸俗化了，就会产生难以克服的矛盾，走入误区。

人民法庭作为人民法院“基层的基层”，植根于人民群众中间，与人民群众接触最广，联系最紧，是落实司法为民“关键的关键”。司法为民的各项措施，需要人民法庭去落实，司法为民的新途径，也需要人民法庭去探索。多年来，人民法庭创造了许多司法为民的新鲜经验和有效措施。如就地审理，巡回审理，在广大的牧区设立帐篷法庭，在旅游区设立流动法庭，等等，为人民群众排忧解难，受到人民群众的交口称赞。

加强人民法庭工作，是构建社会主义和谐社会的必然要求。党的十六届四中全会明确提出了构建社会主义和谐社会的战略任务，意义重大。社会主义和谐社会本质上应该是一个法治社会。只有法治，才能实现民主，实现社会公平和正义；只有法治，才能使社会充满诚信，充满活力；只有法治，才能使社会安定有序，实现人与自然的和谐发展。当然，和谐社会并不意味着没有矛盾，而是意味着有了矛盾可以依法有效地加以解决。在社会主义社会相当长的历史时期，各种矛盾、冲突、纠纷都将大量存在，作为专门解决社会纠纷的机构，人民法院的任务将会更加繁重，人民法院在构建社会主义和谐社会中的责任将会更加重大。

人民法庭植根于基层，处在维护社会和谐稳定的最前沿、化解矛盾纠纷的第一线，在构建社会主义和谐社会进程中扮演着重要角色。和谐社会首先要求是一个稳定的社会，没有稳定，谈不上和谐，而目前影响社会稳定的因素很多。正如罗干同志在讲话中所指出的，“影响社会和谐的问题主要集中在基层、暴露在基层，促进和保障社会和谐的重心在基层、难点也在基层”。基层的问题解决不好，局部性矛盾可能演化为全局性矛盾，非对抗性矛盾可能发展为对抗性矛盾。人民法庭的法官，既是定纷止争的裁判员，又是辨法析理的宣传员，还是社情民意的调研员。人民法庭的工作做得好，就可以构筑起维护和谐稳定的第一道防线，把矛盾纠纷解决在基层、解决在萌芽状态，社会稳定就有了坚实的基础，就为构建和谐社会特别是农村社会的和谐稳定创造了重要条件。

二、下大力气解决人民群众关心的重点问题

几年来，人民法庭的工作取得了很大的成绩，但与广大人民群众对司法工作日益增长的需要相比仍有很大距离，人民法庭自身工作也存在许多问题和不足。当前，我们要从人民群众最关心、反映最强烈的问题入手，着重解决好以下几个方面的问题：

一是要进一步解决人民群众反映强烈的“打官司难”问题。对人民群众来说，“打官司难”难在哪里？难就难在费时、费力、费钱。先说“费时”。案件的审判是一个较为复杂的过程，特别是一些案情复杂的案件，尤其如此。作为人民法庭来讲，要尽量缩短审理的时间，避免“马拉松”式的诉讼。应该说，人民法庭由于多采取简易程序，审理案件时间相对较短，但是也存在一些值得注意的倾向。如实行立审分开，规范审判流程管理，是完全必要的，但是有的法院没有正确理解和适

用，简单、机械地进行流程管理，即使那些完全可以由人民法庭即收即结的简易案件，也要排期走完所有流程，造成时间和司法资源的浪费。再说“费力”。当事人诉讼在人民法庭，但立案、交纳诉讼费用和退费却要到基层法院机关，尤其是在欠发达的地区、山区，交通条件落后，群众去一趟县城不容易，参与诉讼有许多不便。另外，一些群众缺乏法律常识，不知道如何取证、举证，打起官司就更加费力了。再说“费钱”。打官司要交案件受理费、要花交通食宿费，这是必要的，但问题是一些生活困难的群众拿不起这种费、那种费。如此等等。

解决“打官司难”问题，首先，要改进基层人民法院的立案管理，推广远程立案系统，方便人民群众诉讼。其次，在规范人民法庭的设置、优化人民法庭布局的同时，可以采取设立办案点等形式，加大巡回审理的力度。过去，针对林区、牧区和水上作业的特殊情况，各地基层人民法院及其人民法庭弘扬“马锡五审判方式”的精神，探索出许多切合实际的巡回审判方式，取得了良好的效果，今后要继续探索，积累经验。第三，要进一步扩大司法救助范围，完善司法救助办法。最高人民法院已经公布《关于对经济确有困难的当事人提供司法救助的规定》，对涉诉的农村“五保户”等14种经济困难的当事人，一律给予司法救助。同时，对涉诉群众进行诉讼风险提示和诉讼引导，努力减少不必要的诉讼。

二是要进一步解决极少数案件存在的司法不公问题。公正是司法活动的灵魂和生命，也是人民司法的本质要求。要进一步强化“司法公正的最大受益者是人民群众，司法不公的最大受害者也是人民群众”的观念。客观地说，人民法庭审理的案件总体上是公正的，这可以从我们抽查的结果中看出来；也可以从上诉的数字和改判的数字中得出结论。但是，少数案件司法不公的现象依然存在，有些地方，人民群众的反映还很强烈。

导致极少数案件司法不公的原因十分复杂，具体到人民法庭来说，除了法官适用法律水平不高等原因外，主要是“三案”。一是关系案，要坚决防止“打官司就是打关系”的不良现象；二是“人情案”，要彻底破除“人情大于王法”的封建观念；三是“金钱案”，要绝对摒弃“有钱能使鬼推磨”的庸俗哲学。上述“三案”为数虽少，但损害了人民法院的形象，伤害了人民群众的感情。人民法庭的每一位法官都要意识到，案件标的有大小之分，适用法律有难易之别，但司法公正的实现不能有主次之分，公平正义的获得不应有先后之别。案件久拖不决，裁判不公，执行不力，不仅会使人民群众的合法权益不能得到及时有效的保护，更重要的是，会加剧基层人民群众千百年来形成的厌讼、惧讼心理，进而动摇对国家法律和司法的信心。人民法庭的每一位法官，都要一身正气，两袖清风，做到不为人情所惑、不为金钱所动、不为权势所迫，不违法办案，不违纪办案，不违心办案，胸怀公正之心，奉行公正之举，以公正之能取得公正之效。

三是要进一步解决少数法官存在的作风不好、形象不佳等问题。作风问题至关重要。小到一个人、一个单位,大到一个党、一个国家,都有一个形象问题。人民法院的形象,是通过法官和其他工作人员的行为和作风反映出来的。而人民法庭的法官和其他工作人员与人民群众接触最多,在人民群众尤其是广大农村群众眼中,人民法庭的形象,就代表了人民法院的形象;人民法庭法官的形象,就代表了广大人民法官的形象。我们的法官是热情周到还是冷若冰霜,是忠于职守还是敷衍推诿,是高效快捷还是疲塌拖拉,是清正廉洁还是贪污腐化,群众的眼睛是雪亮的,人民心中有杆秤。审判作风不好,审判形象不佳,人民法庭的工作就得不到人民群众的信任和支持,就会降低整个司法工作的公信度。

人民法庭的法官和其他工作人员,要以保持共产党员先进性教育活动为契机,不断增强司法为民的意识,落实司法为民的各项具体措施,继续解决好"为谁掌权、为谁服务、为谁司法、怎样司法"这一根本问题,以审判作风建设的实际成果,赢得广大人民群众的信任和满意。要及时、热情为人民群众排忧解难,防止和克服冷漠、生硬、粗暴、简单、推诿以及其他不良作风,始终保持一股蓬勃朝气、昂扬锐气和浩然正气,始终做到政治坚定、业务精通、甘于奉献、勇于进取,树立人民法官的良好形象。要学习以宋鱼水、蒋庆、李增亮等为代表的新时期法官淡泊名利、甘于清贫、无私奉献的精神,将这些优秀法官信仰的"法不可偏、钱不可贪、官不可讨"的人生准则和"辨法析理、胜败皆服"的工作追求,作为人民法庭法官和工作人员的座右铭,做一名无愧于时代和法律的公正司法、倾心为民的好法官。

四是要进一步做好化解矛盾纠纷工作。人民法庭处理的案件,绝大多数都是人民群众日常生产生活中的矛盾和纠纷。人民法庭的法官要及时有效地化解这些纠纷,除了要精通法律,还必须熟悉民情。如果不了解人民群众所思所虑,不了解人民群众所欲所求,不了解人民内部矛盾纠纷的原因,不了解当地风俗民情,要依法妥善化解群众之间的矛盾纠纷,要处理和协调好群众之间的利益关系,真正做到案结事了,是不可能的。法官既要善于运用法律,又要考虑社会效果,否则案子虽然判了,但是矛盾没有从根本上解决,当事人仍然申诉不止,案结事未了。因此,人民法庭的法官必须学会做群众工作,引导群众采用正确的态度理解法律、对待纠纷。每个案子不仅要公正审理,而且要把道理说清楚;不仅要让人民群众得到司法公正的结果,而且要让人民群众通过看得见、信得过的公开、透明的程序和方式感受到司法公正。

在这里,我要特别强调一下诉讼调解。注重调解,是人民司法工作的优良传统,也是人民法庭工作的优势。调解集法、理、情于一体,能较好地平衡当事人之间的利益,有效节省司法资源,是解决基层人民内部矛盾纠纷的最佳方式,对维护社会的稳定具有重大意义。要善于分析当事人的个性特点，因人而异、因案而异地进行调解，做到对症下药，有的放矢。要按照“能调则调、当判则判、调判结合、案结事了”的要求，尽可能“化干戈为玉帛”，妥善处理矛盾纠纷，促进民事关系的和谐稳定。要按照有关规定，增强指导人民调解工作的能力，进一步推动社会纠纷多元解决机制的完善。

三、正确处理人民法庭工作中的几个关系

人民法庭在解决上述问题的过程中，应当处理好以下几方面的关系：

一是要处理好便于人民群众诉讼与便于人民法院审判的关系。便于人民群众诉讼与便于人民法院审判，是我国建立人民法庭制度的出发点和立足点，也是我国司法制度的创造和贡献。随着社会的发展和进步，如何将满足人民群众司法需求和优化整合审判资源有机结合起来，将人民法庭设置的合理性和人民法庭工作的规范化有机地结合起来，把司法改革的力度、人民法庭的发展速度和广大人民群众可承受的程度结合起来，如何将减少人民群众讼累与保障当事人诉权结合起来，切实做到既便于当事人诉讼又便于人民法院依法独立公正高效地审判案件，是新时期人民法庭工作面临的新问题。

便于人民群众诉讼和便于人民法院审判工作的开展，是辩证统一的有机体。在人民法庭的设置和调整问题上，要考虑我国东部、中部和西部经济社会发展很不平衡，各地交通状况也相差很大等实际情况，防止一刀切。在司法权力的行使上，应当重视当事人司法救济请求权的依法实现，凡是法律和司法解释规定应当由人民法庭管辖的民事纠纷，人民法庭不得推诿；对于法无明文规定的纠纷类型，人民法庭应当认真研究，不能简单以“没有法律依据”为理由拒绝受理；对于不应受理的，应当向当事人具体说明不能受理的理由。

二是要处理好参加社会治安综合治理与依法独立行使审判权的关系。通过审判活动积极参与当地社会治安综合治理，为辖区内的经济发展和社会稳定提供司法保障，是人民法庭的应尽职责。人民法庭审理案件，在追求法律价值的同时，也不应忽视或不顾其他社会价值。人民法庭要通过审判开展社会主义法制宣传，提高人民群众的法律意识，增强法制观念，养成守法习惯，遵守社会秩序，从而促进社会和谐，维护社会稳定。但是，人民法庭是基层人民法院的派出机构，不是当地政府的下属部门，不能离开审判活动搞其他工作，不得超越审判职权介入行政执法活动和从事地方经济事务，不得参加行风评议等活动。

三是要处理好坐堂问案与巡回审判的关系。审判工作是一种专门化、职业化程度较高的工作，具有自身特有的内在规律和特点。审判程序应该规范，审判场所应该庄重，司法活动应具有中立性和被动性。但

是在社会主义初级阶段,人民法庭不应脱离国情,超越政治、经济和自然条件,盲目追求"坐堂问案"。人民法庭要从实际出发,继承人民司法的优良传统,在广大的农村地区采取灵活多样的形式,巡回审理,就地办案,把纠纷消灭在田间地头,将矛盾化解在纠纷现场,尽量减少当事人的讼累。当然,绝不能够搞什么"主动挖案源"、"上门揽案件"等违反司法规律的做法;要尊重当事人对审判方式的合理选择,对有关程序进行必要的简化,但必须保证当事人诉权的充分行使。

四是要处理好司法调解与判决的关系。司法调解与判决,都是人民法庭依法调整社会关系、处理社会纠纷的重要方式。一段时期以来,由于强调依法判决,司法调解有所弱化,调解率有所下降。而判决的增加在增强群众法制观念的同时也带来了一些负面效果,如有些案件判决后上访增多,对社会的和谐与稳定造成一定影响。近几年,人民法庭开始重新认识调解的功能,贯彻"能调则调,当判则判,调判结合,案结事了"的要求,调解率不断上升,上诉率、申诉率、申请再审率下降,息诉率提高,逐步实现法律效果和社会效果的有机统一。当然,我们强调调解,也不应走向另一个极端,要注意把握好调解与裁判的辩证关系,不能违背当事人的意志强制调解,不能久调不决、拖延诉讼,更不能以调解为名,片面维护一方当事人的利益,要注意把握双方当事人利益的平衡点,提高调解水平,真正做到定纷止争。

五是处理好法官审判与人民陪审的关系。今年5月1日开始,全国人大常委会通过的《关于完善人民陪审员制度的决定》(下称《决定》)正式施行,为人民法院特别是基层法院的工作增添了新的活力。基层人民法院及其人民法庭要认真贯彻《决定》,充分发挥人民陪审员的作用。应当说,人民法庭制度与人民陪审制度,一个是方便人民群众诉讼的制度,一个是人民群众参与司法的制度,二者相得益彰。人民陪审员来自人民群众,对人民群众的所思所想最为了解,也更善于做群众工作。因此,人民陪审员既可以与法官一起组成合议庭审判案件,也可以帮助法官对当事人做好调解工作,化解矛盾纠纷。人民法官精通法律,而人民陪审员则了解民情,二者有机结合,可以使人民法庭的力量更加充实,审判和调解工作更有成效,实现情、理、法有机结合,实现审判的法律效果与社会效果的有机统一。

四、当前和今后一段时期人民法庭工作的几点要求

当前和今后一段时期,人民法庭建设的指导思想和基本要求是:以邓小平理论和"三个代表"重要思想为指导,在党委领导、人大监督和政府支持下,围绕"公正与效率"的工作主题,按照司法为民的宗旨要求,面向农村、面向基层、面向群众,坚持便于当事人诉讼,便于人民法院独立、公正和高效行使审判权的原则,遵循审判规律,规范审判管理,

完善审判制度，稳定法官队伍，提高整体素质，优化法庭布局，加强基础建设，落实经费保障，为构建社会主义和谐社会，促进城乡经济社会发展、民主政治和精神文明建设提供有力的司法保障。

当前，必须在以下几个方面加大工作力度：

一是要在人民法庭队伍建设方面加大力度。近年来，一些地方的人民法庭，现有的人才留不住，新的人才不愿进或进不来，出现人才断层。人民法庭人员数量锐减，1998 年人民法庭工作人员达 75553 人，现在只有 41109 人，下降幅度超过 40%。这种情况必须引起各级法院领导的高度重视。各级人民法院要按照胡锦涛总书记提出的对基层干部要“真正重视，真情关怀，真心爱护”的要求，想方设法替人民法庭的法官解决各种困难和问题，多关心他们的工作和生活，依法保障和维护他们的合法权益。同时，要让广大法官意识到，“将帅起于行伍”，越是条件艰苦的地方，越能锻炼和培养干部。当前，我们国家的经济发展程度还不够高，特别是地区差别还比较大。作为人民法院的领导，一方面，要努力提高人民法庭法官的政治待遇和物质待遇；另一方面，要坚持用思想感人、事业留人、理想育人。要将政治强、业务精、会管理的优秀法官选拔为人民法庭庭长；人民法庭的优秀法官要优先提拔，在进修培训方面要优先考虑，真正将人民法庭变为人民法院审判骨干的成长基地、领导干部的选拔基地、新进人员的培训基地。对于中编办为人民法院第一批增补的编制，要严格按规定分配和使用，主要补充基层法院人员编制不足的问题，优先用于解决少数地区存在的“一人庭”、“两人庭”甚至有庭无人的问题。

二是要在人民法庭管理方面加大力度。我们经常说，管理出公正，管理出效率，管理出廉洁。人民法庭远离法院机关，案多人少的矛盾突出，外界干扰较多，因此管理工作只能加强，不能削弱。要健全和完善人民法庭审判管理、队伍管理、政务管理制度。要按照最高人民法院最近下发的《关于增强司法能力提高司法水平的若干意见》，不断提高人民法庭法官的司法素质；要强化审限意识和程序意识，提高审判质量和效率；要严格按照《法官法》有关法官“十三种不得有行为”的规定和《人民法官职业道德基本准则》的要求，建章立制，规范人民法庭法官的业内业外活动，真正以制度约束人、以制度管理人、以制度保护人；要加强对人民法庭的经费管理，严格杜绝乱收费、乱摊派等不良现象，严禁参与任何经营性活动。

三是要在加强对人民法庭的指导监督方面加大力度。人民法庭是基层人民法院的派出机构，加强对人民法庭的指导监督，是基层人民法院和上级人民法院的共同职责。进一步健全对人民法庭的指导联系制度，增强指导的针对性和实效性，及时解决适用法律方面的疑难问题，促进人民法庭审判质量和司法水平的提高；要及时对人民法庭审判工作和队伍建设等方面存在的问题进行监督，进一步贯彻全国法院加强基层建设工作会议精神,按照最高人民法院《关于贯彻落实〈建立健全教育、制度、监督并重的惩治和预防腐败体系实施纲要〉的若干意见》,不断完善包括“不愿为”的自律机制、“不敢为”的惩戒机制、“不能为”的防范机制和“不必为”的保障机制的监督体系,按照“为民、务实、清廉”的要求,建设好人民法庭队伍。

四是要在人民法庭的物质装备建设和经费保障方面加大力度。“工欲善其事,必先利其器”。人民法庭的物质装备建设,是人民法庭工作的基础。大力加强人民法庭的物质装备建设,不仅是为人民法庭的法官和其他工作人员提供基本的司法条件,而且是加强基层政权建设的重要环节,同时也是增强党的执政能力,巩固执政地位,充分体现执政为民宗旨的重要战略性措施。最近,中央决定用三年左右的时间把中西部地区“办公无房、审判无庭”的人民法庭建设起来,建设经费由中央财政在预算内基本建设投资中解决,建设用地等其他配套投资由地方承担。这充分体现出党中央对基层人民法庭建设问题的重视和支持。中西部地区承担有人民法庭建设任务的基层法院,必须认真做好前期准备。东部地区的人民法庭建设虽然没有中央财政的专项补助,也应当在各级党委领导、人大监督和政府支持下,根据当地的经济发展状况和人民法庭开展工作的实际需要,把人民法庭基本建设纳入财政预算,用三年左右的时间,把审判和办公用房建设起来。在人民法庭的建设中,无论是东部,还是中西部地区,无论是使用中央财政的建设资金,还是地方财政的投资,都必须实事求是,因地制宜,既要满足人民法庭的工作需要,又要符合当地的经济发展水平,切忌贪大求洋,盲目攀比。对于人民法庭的专项建设资金,一定要专款专用,严格管理,充分发挥其投资效益。在人民法庭的建设中,基层法院要加强领导和管理,高、中级法院要加强检查监督,同时也要加强与有关部门的协调,帮助基层法院解决建设过程中的困难。这里我强调,对于人民法院的基建工程欠款,一定要依靠当地党委的领导和政府的支持,尽快清还;今后各地人民法庭的基本建设一定要量力而行,严格控制支出,不能形成新的债务负担。

经费保障问题是长期困扰人民法院基层建设的一大难题。目前,中央已经把制定司法机关的经费保障标准,切实解决司法机关的经费保障问题列为司法体制改革的重要内容。要抓紧制定基层法院经费保障标准,努力争取将人民法庭所需经费全部纳入基层法院的经费预算之中,由财政预算统一给予保障。在确定基层法院经费保障标准时,应当充分考虑人民法庭的实际情况和需要,优先给予保证。

同志们,加强人民法庭建设,是一项事关人民法院整体发展的大事,需要各级法院齐心协力,共同推进。各级人民法院特别是各高级人民法院要认真研究本辖区人民法庭工作的重大事项,统一部署各个阶段人民法庭工作的任务,定期检查辖区内人民法庭工作,及时总结推广人民法庭工作的好经验、好做法。各级人民法院一定要以求真务实、开拓进取的精神，全面加强人民法庭工作，努力开创人民法庭工作的新局面。让我们在以胡锦涛同志为总书记的党中央坚强领导下，以邓小平理论和"三个代表"重要思想为指导，全面加强人民法庭建设，为构建社会主义和谐社会作出新的更大的贡献。

全面加强人民法庭工作 为构建社会主义和谐社会提供有力的司法保障

——在全国人民法庭工作会议上的讲话

(2005年4月8日)

◆黄松有*

*最高人民法院副院长。

同志们:

党中央对最高人民法院召开的这次全国人民法庭工作会议高度重视。刚才,中共中央政治局常委、中央政法委书记罗干同志代表党中央,就如何做好人民法庭工作发表了重要讲话。明天,肖扬院长也将作重要讲话。我们一定要认真学习、深刻领会、坚决贯彻落实。我们这次会议的任务是:以邓小平理论和"三个代表"重要思想为指导,树立和落实科学的发展观,认真贯彻落实党的十六大以来中央一系列的重要指示精神,总结六年来人民法庭工作的成绩和经验,分析存在的问题,研究新形势下如何全面加强人民法庭工作,增强和提高人民法庭的司法能力和司法水平,为构建社会主义和谐社会提供有力的司法保障。下面,我受最高人民法院党组的委托,讲三个问题。

一、六年来人民法庭工作取得的成绩和经验

自1998年11月召开的全国人民法庭工作会议以来,各地人民法院在党的领导、人大监督和政府的支持下,在上级人民法院的监督指导下,认真贯彻落实会议精神,人民法庭的审判工作、队伍建设和物质装备建设等方面取得了很大成绩,并积累了丰富经验。

(一)审判工作成绩显著,审判质量和效率进一步提高

在审判工作中,各地人民法庭紧紧围绕党和国家工作大局,严格履行宪法和法律赋予的职责,取得了显著成绩。六年来,共依法审结一审案件12,939,822件,占全国法院一审审结案件总数的40.81%,其中一审民事案件12,830,113件,诉讼标的总金额2332.8亿元;刑事自诉案件99,716件;依法执结案件2,150,432件,占全国基层法院执结案件总数的

15.65%,执结标的金额约500亿元。人民法庭法官年人均结案70件。

各地人民法庭努力实践"公正与效率"工作主题,不断增强大局意识、责任意识和法治意识。坚持程序公正,严把程序关;坚持实体公正,严把证据关、事实关和适用法律关,案件质量和效率有了新的提高。全国人民法庭调解结案率为40.27%;经过人民法庭审结的案件,绝大部分当事人服判息诉,上诉率仅为9.86%,二审改判、发回重审的比例为16.13%;一些法庭近年来的案件上诉率为零,有些法庭近年来甚至没有被改判、发回重审的案件;适用简易程序审理案件的比例为65.4%。人民法庭审结案件的时间平均比法定审限少三分之一。实践"公正与效率"工作主题的效果越来越明显。

(二)坚持司法为民,方便人民群众诉讼

六年来,各地人民法庭针对当事人特别是农民法律知识缺乏的实际情况,按照司法为民的要求,采取各种措施方便人民群众诉讼。他们认真接待起诉和来访的群众,耐心解答有关诉讼程序问题的咨询,告知当事人的举证责任和诉讼风险;除在法庭审理各类案件外,还克服各种困难,对部分案件进行巡回审理;针对案件当事人多是乡亲近邻的特点,注重采用调解方式,及时化解他们之间的矛盾,促进了生产生活的正常进行,维护了基层的和谐稳定。

(三)指导人民调解委员会的工作,促进多元化社会矛盾纠纷解决机制的完善

为了更好地发挥人民调解在解决社会矛盾纠纷中的作用,最高人民法院和司法部密切配合,先后于2002年9月和2004年2月两次召开全国人民调解工作会议和全国人民调解工作座谈会,专题研究人民调解工作。罗干同志两次与会,并发表了重要讲话。各地人民法庭根据会议精神,通过审理涉及人民调解协议的案件,配合当地司法行政机关培训人民调解员,组织人民调解员旁听案件审判,聘请有经验的人民调解员担任人民陪审员,建立指导人民调解的工作机制等方式,卓有成效地开展了对人民调解工作的指导,从而促进了多元化社会矛盾纠纷解决机制的逐步完善,为及时有效地化解社会矛盾,维护社会稳定,发挥了重要作用。

(四)加强队伍建设,法官整体素质明显提高

目前,各地人民法庭共有41,109人,其中法官27,942名,占全国法官总数的14.66%。六年来,在地方党委的领导和政府的支持下,地方各级人民法院高度重视人民法庭队伍建设,通过自学、培训、学历教育,人民法庭法官的政治素质、业务素质和职业道德素质有了明显提高。现在,具有大专以上学历的法官24,808人,占人民法庭法官总数的

88.78%,其中具有大学本科以上学历的法官12,683人,占人民法庭法官总数的45.39%。各地人民法庭注意抓好法官的政治思想、业务学习和廉政建设,法官整体素质不断提高,先进模范不断涌现。河北省秦皇岛市海港区人民法院长城大街人民法庭、江苏省沛县大屯人民法庭、安徽省淮南市田家庵区人民法院田东人民法庭等171个(次)人民法庭分别被最高人民法院授予"全国法院模范集体"、"全国法院集体一等功"等荣誉称号;李增亮、顾双彦、李和鹏等93名(次)法官分别被最高人民法院授予"全国法院模范个人"、"全国模范法官"等荣誉称号。今天,我们在这里又隆重表彰了100个"全国优秀人民法庭"和100名"全国人民法庭优秀法官"。目前,一支讲政治、讲法制、讲原则、讲正气、讲学习、讲奉献、勤政廉政的人民法庭法官队伍正在形成。

(五)人民法庭"规范化、制度化、规模化"建设成效明显

1998年全国人民法庭工作会议提出人民法庭建设"三化"的要求后,各地人民法院对不符合要求的法庭进行了撤并,人民法庭的数量从1998年底的17,411个减少到2004年底的10,345个。经过撤并后的人民法庭,审判资源配置更加合理,管理制度更加规范,审判的职能作用发挥得更好。在各级党政领导的高度重视和各级法院领导的积极努力下,人民法庭的物质装备建设有了较大改善。2000年6月至2004年6月,全国共新建人民法庭2319个。大多数地区特别是东部经济发达地区的人民法庭,在办公用房、审判法庭、交通工具、通讯设备以及干警住房等方面,都取得了很大进展。不少人民法庭已建成了有办公室、调解室、接待室、图书室、档案室和审判法庭为一体的办公用房,其他"硬件"设施也比较完备。东部有些省、市人民法庭物质建设已经全部达标。中西部人民法庭的物质建设也有一定起色。

经过六年来的实践,人民法庭不仅在履行职能和自我建设中取得了很大成绩,而且积累了丰富经验。主要是:

必须坚持审判工作为党和国家工作大局服务的方向。人民法庭是基层人民法院的派出机构,处在最基层,其工作与党和国家改革发展稳定的大局息息相关,尤其是与党的"三农"政策的落实和基层的稳定密切相连。只有牢固树立大局意识,把审判工作与党和国家的工作大局紧密联系在一起,积极配合党和国家不同时期的工作重点,人民法庭的各项工作才能赢得人民的信任、党委的肯定和政府的支持,才能充分显示人民法庭工作的重要性和发展的生命力。

必须坚持党的领导、主动接受人大监督、积极争取政府支持。人民法庭的职能发挥和自我建设,离不开党的领导、人大监督和政府支持。实践证明,只有紧紧依靠党的领导,切实贯彻执行党的路线、方针、政策,主动接受人大监督,积极争取政府支持,人民法庭的审判工作、队伍建设和物质装备建设等方面才能够取得实效,存在的问题和困难才能

及时得到解决，人民法庭的各项工作才能不断向前发展。

必须坚持司法为民的要求。司法为民是"三个代表"重要思想在审判工作中的具体体现，其核心就是要在司法领域切实维护最广大人民的根本利益。人民法庭的设置必须按照"两便"原则的要求进行，必须根据需要进行巡回审理，必须公正、高效地审理案件，必须采取符合审判规律的各种司法为民的措施。只有牢固树立司法为民思想，切实解决为谁司法，为谁服务的问题，人民法庭工作才能沿着正确的方向前进。

必须坚持做好诉讼调解和指导人民调解的工作。诉讼调解是人民司法的优良传统。调解因能够较好地平衡当事人自身的利益，没有上诉，很少申诉和上访，易于执行，有利于消除当事人因诉讼带来的对立情绪，是当事人之间解决纠纷的最好方式。人民调解是解决社会矛盾纠纷的第一道防线。只有加大人民法庭指导人民调解委员会工作的力度，充分发挥人民调解的作用，才能有效地运用社会力量及时解决民间纠纷，减少诉讼，让有限的审判资源发挥更好的作用。

必须坚持加强对人民法庭的管理。人民法庭设置在最基层，绝大多数远离基层法院机关，法官的工作方式和生活方式以及管理方式都有其自身的特点。因此，必须切实加强审判管理、行政管理和队伍管理，才能保证人民法庭审判职能作用的充分发挥。基层人民法院和人民法庭庭长要敢于管理、善于管理和勤于管理。要建立科学的制度进行管理。管理工作的规范化和科学化，是人民法庭各项工作取得成绩的制度保证。

必须坚持对人民法庭实行分类指导。我国是一个多民族的国家，地域辽阔，各地经济发展水平很不平衡，文化差异大，与此相适应，各地人民法庭的情况也各不相同。因此，只有以实事求是的态度，做到既要符合司法工作规律和特点的要求，又要考虑当时当地的客观条件；既要着眼未来，制定整体规划，又要注意量力而行，分步实施，不能搞一刀切。要深入基层，调查研究，根据不同的情况制定不同的对策，实行分类指导，制定的政策和标准才切实可行，对人民法庭的指导才能取得良好的效果。

六年来，人民法庭取得的成绩和经验来之不易。它是党的正确领导、人大依法监督和政府大力支持的结果，是人民法院各级领导高度重视，常抓不懈的结果，更是人民法庭广大法官和其他工作人员无私奉献、辛勤劳动的丰硕成果。过去的六年，是人民法庭广大法官实现司法观念和司法实践与时俱进的六年，是人民法庭队伍素质向着德才兼备和法官职业化方向大步迈进的六年，是人民法庭广大法官和其他工作人员为维护改革发展稳定大局作出重要贡献的六年。他们在十分艰苦的工作和生活条件下，克服种种困难、挡住种种诱惑，为我国的稳定繁荣、为我国的法制建设，贡献了自己的青春年华，有的甚至献出了自己宝贵的生命。在他们身上表现出来的精神,值得全国广大法官认真学习。在此,我代表最高人民法院,向在人民法庭辛勤工作的法官和其他工作人员,致以崇高的敬意和亲切的慰问!向全心全意支持他们工作的家属,表示诚挚的感谢!

二、人民法庭工作面临的形势和任务

当前,我国正处于全面建设小康社会的历史进程中。随着改革的不断深化,各种利益群体之间、地区之间、城乡之间的矛盾和冲突不断出现;旧的社会管理方式与新的生产方式之间的冲突频繁发生;各种观念的碰撞日益激烈。正是在这一历史关头,党中央提出了构建社会主义和谐社会的重要任务。在构建社会主义和谐社会的过程中,无论是人与自然的关系、人与人的关系,还是公共权力与个人权利的关系,许多都要受到法律的调整,成为法律上的权利义务关系。因此,只有将各种法律关系中的矛盾与冲突调整到和谐状态,在稳定中谋改革,在和谐中求发展,才能促进改革和发展的顺利进行。

构建社会主义和谐社会,基层的和谐稳定至关重要。经过二十多年来的改革开放,我国农村虽然总体上基本达到了小康水平,但由于发展的不平衡,城乡之间、山区与沿海地区之间、东部与中西部地区之间还存在相当的差距。由于社会主义市场经济大潮的冲击,农村经济、政治、社会文化观念的变化,打破了中国农村的传统封闭,加之一些先富起来的农村和农民的示范效应,农民求富欲望和其他需求与日俱增。这些社会变化带来的各种矛盾和利益冲突,既给农村的发展、农业的进步和农民的富裕带来机遇,也容易产生各种不稳定、不和谐的因素。应当看到,构建社会主义和谐社会,只要农村社会和谐,全国社会和谐就有了坚实的基础。因此,能不能正确处理农村各种社会矛盾和冲突,就成为能否实现农村社会和谐的关键,成为全社会改革和发展能否顺利前进的问题。

正确处理我国社会特别是农村社会的各种社会矛盾和冲突,人民法院承担着社会组织和其他国家机关不能替代的责任。我国广大农村虽然总体上保持了乡土社会、人情社会的传统,但由于社会主义市场经济的发展,广大农民的法律意识的提高,在其他方式解决不了纠纷的情况下,采用诉讼方式解决纠纷的观念已经深入人心。作为基层人民法院的派出机构,人民法庭除极少部分设置在城市外,绝大多数设置在广大农村,如何满足广大农民的诉讼需求,解决好他们之间的纠纷,是构建和谐农村社会的重要任务。

应当看到,在构建社会主义和谐社会的过程中,人民法庭虽然承担着十分重要的职责,但就其自身现有司法能力而言,还存在许多不适应的地方。首先,人民法庭的设置仍存在许多不科学、不合理、不规范的问题。目前,我国共有人民法庭10,345个,法官总数27,942人,每个法庭人均2.7名法官;“一人庭”、“两人庭”还为数不少,甚至还存在有编无人的“无人庭”,特别是中西部地区和其他经济不发达、欠发达地区,这一情况尤其突出。由于“一人庭”、“两人庭”往往案件数量少,管理难以规范,审判职能难以充分发挥,有些因缺少管理和监督而容易滋生违法违纪行为。其次,巡回审理工作开展不规范。上一次全国人民法庭工作会议后,因被撤销的法庭并入中心法庭或者回到基层法院机关,那些被撤销法庭的地区部分群众又出现了诉讼不便现象。由于巡回审理没有及时跟进,人民法庭工作“两便”原则的落实受到影响。即使有些法庭为此及时开展了巡回审理活动,但由于做法不规范,也影响了巡回审理的效果。再次,人民法庭条件差、基本建设未能列入投资计划、经费保障不足的问题仍然十分突出。目前,全国因无自有办公和审判用房,实际上处于“审判无庭、办公无房”而需要新建的人民法庭有4820个,其中中西部地区占4005个;因审判和办公条件太差需要改建的人民法庭,全国共有1715个,其中中西部地区占1505个。经济不发达和欠发达地区人民法庭经费保障不足,法庭办案所需的车辆等装备无法添置,已有的装备维护费用缺乏,许多法官办案的出差费等费用不能及时支付;许多法庭法官的工资不能按时发放,医药费不能及时报销,福利待遇无法兑现等等。第四,不少人民法庭工作受干扰情况还十分严重。有些地方乡镇党委和政府,给人民法庭下达招商引资等非审判任务;有些甚至违反法律规定,把人民法庭视为自己的职能部门,随意要求人民法庭按照自己的意见处理案件,干扰和影响了人民法庭审判职能的正常发挥。第五,有些法院领导对人民法庭工作不够重视。他们有的对人民法庭工作疏于管理、忽视指导;有的存在畏难情绪,得过且过,缺乏事业心和责任感,缺乏实干精神和开拓精神;有的虽然口头上关心人民法庭工作,但实际是说起来重要,干起来次要,忙起来可要可不要。第六,人民法庭法官的数量亟待补充,整体素质还有待进一步提高。近年来,人民法庭的法官和其他工作人员减少的幅度很大。许多法庭高素质的法官进不来,也不愿意来,素质不高的不愿走,也走不了,加上有经验的法官提前退休了一批,有法官资格的走了一批,人民法庭法官断层的问题出现了新的严峻形势。这些问题的存在,阻碍了人民法庭司法能力和水平的增强和提高,必须引起我们的高度重视,必须在今后的工作中认真加以解决,否则,人民法庭工作就难以适应构建社会主义和谐社会的需要。

同志们,在认真分析人民法庭工作面临的情况和问题的基础上,我们一定要明确当前和今后一个时期人民法庭工作面临的任务。这就是:以邓小平理论和“三个代表”重要思想为指导,坚持科学的发展观,认真贯彻落实党的十六大以来中央的一系列重要指示精神,面向农村、面向基层、面向群众,以“公正与效率”为工作主题,按照司法为民的要求,坚持“两便”原则,增强和提高人民法庭的司法能力和水平,依法开展审判工作和执行工作,为构建社会主义和谐社会提供有力的司法保障。为了完成这一任务,人民法庭的法官,一定要有“虽居一隅桑麻之地,不失匡扶天下之心”的理想和信念,刻苦学习、努力工作,认真履行法定职责,及时有效地化解社会矛盾纠纷,让党和人民放心!

三、全面加强人民法庭工作,为构建社会主义和谐社会提供有力的司法保障

1998年的全国人民法庭工作会议以后,全国的人民法庭工作取得了很大成绩。但是,随着旧问题的解决,新情况新问题又不断出现。在新的形势下,为了构建社会主义和谐社会,完成党和国家赋予的司法审判任务,我们必须有针对性地提出具体措施,全面加强人民法庭工作。这次会议上发给大家的最高人民法院《关于全面加强人民法庭工作的决定》(征求意见稿),就是根据这一需要起草的。在广泛听取大家意见的基础上,最高人民法院将正式发布这一决定。这个决定发布后,将成为今后一个时期指导人民法庭工作的纲领性文件,希望各高级人民法院认真组织贯彻落实。下面,我就今后一个时期如何全面加强人民法庭工作谈几点意见。

(一)明确指导思想,全面加强人民法庭工作

全面加强人民法庭工作,明确指导思想尤为重要。今后一个时期,人民法庭工作的指导思想和基本要求是:以邓小平理论和“三个代表”重要思想为指导,在党委领导、人大监督和政府支持下,围绕“公正与效率”的工作主题,按照司法为民的宗旨要求,面向农村、面向基层、面向群众,坚持便于当事人诉讼,便于人民法院独立、公正和高效行使审判权的原则,遵循审判规律,规范审判管理,完善审判制度,稳定法官队伍,提高整体素质,优化法庭布局,加强基础建设,落实经费保障,为构建社会主义和谐社会,促进城乡经济社会发展、民主政治和精神文明建设提供有力的司法保障。

人民法庭工作的这一指导思想内容丰富,今后各级人民法院开展人民法庭工作应当以之为准则,并进行监督和指导。在这里,我需要强调两点:第一,人民法庭工作一定要解决好面向农村、面向基层、面向群众的问题。要让群众真正体会到自己是国家的主人,让当事人真正感受到自己是诉讼的主体,是被服务的对象,这是人民法庭工作的方向性问题。要防止因法庭撤并而忽视这“三个面向”的倾向;要把“三个面向”贯彻到法庭设置上,落实在审判工作中,贯穿到各项管理工作里。当然,“三个面向”是以尊重审判工作的规律和特点为前提的,千万不能因此而偏离了法治的轨道。第二,人民法庭工作一定要解决好管理

的规范化问题。目前，经济发达地区人民法庭的物质装备条件已经改善，与此相适应，各项管理工作也应当实现规范化，达到高水平。经济欠发达或者不发达地区人民法庭的物质装备虽然相对落后，但遵循审判规律的管理规范化工作也应当开展。不论法庭建设的“硬件”如何，只要真正重视抓规范化管理，必将给审判工作带来公正与高效，给队伍带来廉洁与自律，给人民法庭的物质装备建设带来动力与希望。

（二）规范人民法庭的设置，加大巡回审理的力度

人民法庭的设置要与时俱进地理解和执行“两便”原则。传统的“两便”原则，是指既要便于人民群众诉讼，又要便于人民法院审判。目前，在人民法庭的设置上比较强调便于人民群众诉讼，这当然是十分正确的。但不能只强调一方面而忽视另一方面，还要考虑便于人民法院依法独立、公正、高效行使审判权。要丰富“两便”原则的内涵，要尊重审判规律，改善司法环境，提高审判效率，节约审判资源，更好地为全体人民服务。

人民法庭的设置要坚持面向农村、面向基层、面向群众。“两便”原则与“三个面向”既不矛盾，也不完全相同，都应当坚持。今后，人民法庭设置应当按照上述要求主要在农村和城乡结合部进行。设置人民法庭时，到底是几个乡镇、多少人口设置一个人民法庭，最高人民法院不作硬性的规定，由各省、自治区、直辖市根据实际情况自己决定，但设置必须符合“两便”原则、“三个面向”和设置人民法庭的基本要求。目前，还有一定数量的城市市区保留着人民法庭。这些城市人民法庭的存废一直存在不同意见。对这类历史遗留的问题，最高人民法院目前也不作统一规定，由各地根据具体情况自己决定是撤是留，但城市市区今后不再新设人民法庭。

人民法庭的设置应当符合客观实际。根据六年来的工作经验，人民法庭的设置应当符合以下要求和条件：一是法庭设置布局合理；二是必须有 3 名以上法官、1 名书记员，有条件的可以配备法警；三是有专门的审判和办公用房，有必要的交通工具和通讯设备；四是过去三年平均受理案件不少于 200 件，但山区、牧区、林区和边远地区受理案件的数量可由高级法院根据具体情况确定。由于东部地区与中西部地区之间经济发展水平差异较大，在执行人民法庭的设置规定时，应当符合当地实际。条件好的地区，人民法庭的规模可以适当大一些；条件相对较差的地区，人民法庭的规模和人员配置，可以选择低限执行。

目前仍然存在的“一人庭”、“两人庭”，甚至只保留人民法庭建制，实际上没有法官的“无人庭”，原则上应该撤销。如果按照当地人民法庭的合理布局，确有必要保留的，基层人民法院应当尽快按照设置要求将法官配齐。应当看到，撤并人民法庭不是目的，我们的目的是要通过撤并实现审判资源和物质资源的合理配置，不是削弱而是要加强人民

法庭的审判力量,使其能够更好地履行职责。因此,这次会议结束后,各高级人民法院要对辖区内的人民法庭进行一次检查,对案件数量较多需要保留的人民法庭要作出充实人员的计划,并于今年9月底以前将检查结果和充实人民法庭审判力量的计划报最高人民法院人民法庭工作领导小组办公室。

要加大巡回审理的力度,方便人民群众诉讼。人民法庭按照规范化要求设置后,原来"一人庭"、"两人庭"所在地的人民群众诉讼可能有一些不便。为解决这部分群众的诉讼难问题,各基层人民法院可以根据实际情况采用不同方式实行巡回审理。一是设置固定巡回审理点,人民法庭派人定期到巡回审理点审理案件;二是对人烟稀少、地域辽阔、交通不便、上巡回审理点诉讼仍不方便的地方,人民法庭可以不定期地进行巡回审理;三是虽然交通比较方便,但在农忙季节,或者巡回审理的法律效果和社会效果比坐堂问案更好的,如赡养、人身损害等当事人行动确有不便的案件,人民法庭也可以不定期地进行巡回审理,就地办案。

(三)按照司法为民要求,做好人民法庭审判管理工作

人民法庭可以直接受理案件,方便人民群众诉讼。人民法院在过去几年里曾进行了立审、审执分立的改革。这项改革对规范人民法院的审判管理,加强对立案、审判、执行的分权制约,提高审判质量和效率,发挥了重要作用。但是,在执行立审分立的改革措施过程中,也出现了一些偏差。不少地方的当事人诉讼在人民法庭,但立案、交纳诉讼费用和退费却要到基层法院机关办理,人民群众感到很不方便。为了改变这种状况,今后,各基层人民法院在审判管理中应当考虑从以下几方面进行改革:一是人民法庭经过基层法院同意,可以对当事人的起诉材料进行审查,对符合人民法庭立案条件的可以直接决定立案。但是,如果基层人民法院已经建立远程立案系统,由基层人民法院统一立案并不妨碍当事人及时行使诉讼权利的,立案权应当由基层人民法院统一行使。二是人民法庭直接受理的案件,其审判管理权应当统一由基层人民法院行使。就是说,人民法庭决定立案的,应当将拟立案件当事人的基本情况、案由以及简要案情等报基层人民法院立案庭统一编立案号并备案,法律文书应当加盖基层人民法院的印章,并由立案庭统一进行审限管理和督办。三是无论是否系人民法庭直接决定立案,人民法庭所在地没有中国农业银行营业网点的,人民法庭可以代当事人交纳案件受理费、办理诉讼费用退费手续。

人民法庭的执行权由基层人民法院根据实际情况决定。落实审执分立的改革措施后,各地人民法庭的执行权大多数上收到基层人民法院的执行机构,少数仍然保留在人民法庭。从实践来看,人民法庭执行权上收有利有弊。经过广泛调查研究,考虑到多数人民法庭只有三名

法官的实际情况和执行工作的规律,不宜规定人民法庭都拥有执行权。人民法庭是否直接执行案件,由基层人民法院根据实际情况确定。我们认为,由人民法庭执行的案件,应当是调解结案的案件,或者被执行人财产状况清楚且有履行能力、不需要采取强制措施的案件。执行案件的业务管理、流程管理仍应当由基层人民法院负责。

(四)加强物质装备建设,为人民法庭提供物质保证

人民法庭的物质装备建设,既是全面加强人民法庭工作的重要内容,又是搞好人民法庭工作的重要保证,因此,必须尽最大努力加以解决。

第一,各高级人民法院应当制定辖区内人民法庭(包括海事法院派出法庭)物质装备建设的整体规划。由于全国各地的情况不同,各高级人民法院应当根据本地区的具体情况,制定出切实可行的规划,分期分批统筹解决辖区内人民法庭物质装备问题。对于没有自建审判办公用房的人民法庭,要在三年内解决;对于审判办公用房未达到标准的,也要在三年内完成改建、扩建工作。

第二,要用三年左右时间解决人民法庭"审判无庭、办公无房"的问题。目前,全国还有47%的人民法庭实际上处于"审判无庭、办公无房"的状况,其中大部分分布在中西部地区,这与我国日新月异的形势,与建设社会主义法治国家很不相称。今后,基层法院要在当地党委领导和政府的支持下,发挥多方面的积极性,多渠道筹集资金,下大力气解决这一突出问题。上级人民法院一定要加大工作力度,争取同级党委和政府的支持,加大对经济不发达和欠发达地区人民法庭建设所需资金的转移支付的力度;对于人民法庭建设资金和用地难以落实的地方,各级法院的主要领导要及时将有关情况向党政领导反映,一项一项予以落实,确保辖区内法庭建设任务不拖全国的后腿。

第三,要用好中西部地区人民法庭的建设经费。经最高人民法院与国家发改委认真协商,国家决定从今年起,用三年时间,把未建审判业务用房的人民法庭建设起来。对于中央拨付给中西部地区的人民法庭建设经费,一定要做好统筹安排,使用好这笔经费。各高级人民法院应当按照最高人民法院关于人民法庭设置的条件和要求,对人民法庭的设置进行科学合理的布局;符合条件需要设置的法庭,可以使用这笔经费,并确保专款专用;凡是不符合设置条件并需要撤并的法庭,一律不能使用这笔经费,以保证把钱花在刀刃上。

第四,人民法庭的物质装备建设,一定要根据本地区的情况,量力而行。人民法庭的物质装备建设应当以能够满足人民法庭审判功能的发挥,满足巡回审判工作的需要,满足人民群众进行诉讼的要求,符合本地区法治建设的要求为标准,切忌贪大求洋、铺张浪费、相互攀比、脱离群众。有条件的地区,可以与本地区的经济发展水平相适应,把物质

装备建设搞得好一些;条件较差的地区则最好不要超过本地区的经济水平。目前,我们依然要保持艰苦奋斗的作风,勤俭节约、反对浪费,踏踏实实地搞好人民法庭的物质装备建设。

(五)加强队伍建设,是抓好人民法庭工作的关键

全面加强人民法庭工作,队伍建设是关键。今后,人民法庭队伍建设的目标是:按照"公正、高效、廉洁、文明"的要求,建设一支政治坚定、业务精通、作风优良、司法公正、联系群众、廉洁奉公的高素质人民法庭队伍。要实现这一目标,各级人民法院应当主要从以下几方面开展工作:

必须加强思想建设。人民法庭队伍的思想建设,重点是掌握邓小平理论和"三个代表"重要思想的武器,牢记法官职业道德准则。要通过形式多样的思想建设活动,特别是当前正在开展的保持共产党员先进性教育活动,让人民法庭的法官和其他工作人员树立正确的世界观、人生观和价值观;要通过思想建设活动,树立权为民所授、权为民所用的权力观;要通过思想建设活动,树立公正与效率、司法为民、为党和国家工作大局服务的观念,坚持严格依法办事、法律面前人人平等的法治观念;要通过思想建设活动,加强人民法庭的作风建设,增强全心全意为人民服务的观念;要通过思想建设,加强人民法庭的廉政建设,坚决杜绝人情案、关系案和金钱案。

必须加强业务建设。法官的业务素质的高低,决定着人民法庭审判工作和指导人民调解委员会工作质量的高低。各级人民法院一定要高度重视人民法庭法官的业务建设。首先,要重视人民法庭法官实用性法律业务知识的培训。人民法庭的法官审理的案件大多数是与人民群众日常生产生活相关联的传统民事案件,他们迫切需要掌握与处理这些案件相关的法律知识,特别是房屋租赁、相邻关系、土地承包、货物买卖、婚姻家庭、债权债务、人身损害以及简易程序等方面的法律法规和司法解释。同时,对于如何运用这些知识,提高熟练驾驭庭审的能力、运用证据规则正确认定事实的能力、准确适用法律的能力和制作优秀裁判文书的能力,也是他们的迫切需要。其次,要注意对他们进行法学基本理论的培训。法学的基本理论,是整个法律知识体系的基础。如果能够比较系统地学习法学基本理论,就有了掌握整个法律知识的基本功。因此,我们在进行业务建设时,不能满足于急功近利式的培训,应当具有长远目光;既要授人以鱼,以解其一时之求,更要授人以渔,以足其一世之需。如果不是这样,那我们培训的法官就始终只会吃鱼而不会捕鱼,始终只会当徒弟而不能当师傅。同时,审判又是实践性很强的科学,法官需要丰富的经验积累。因此,人民法庭法官的业务建设,还应当通过调查研究,加强对中国和当地社情民意、风土人情、习惯习俗的了解,要尽量用通俗的、群众听得懂的语言去解读法律,让有理

的当事人赢得堂堂正正，无理的当事人输得口服心服，旁听的人觉得明明白白。这样才能保证案件的处理取得更好的社会效果。

必须加强组织建设。人民法庭的组织建设，是人民法庭队伍建设的重要组成部分。今后，人民法庭的组织建设应当从以下几方面进行：首先，要抓好人民法庭的党组织建设。基层人民法院应当充分认识到党组织建设在全面加强人民法庭建设中的重要作用，把人民法庭的党组织建设抓紧抓好。能够设立支部的要设立支部，不能设立支部的要设立党小组。基层人民法院党组和机关党委，要加强对人民法庭党组织的领导，以保证其战斗堡垒作用的发挥。其次，要解决好人民法庭的职级问题。目前，不少高级人民法院通过与省（自治区、直辖市）委组织部协调，已经解决了人民法庭庭长由科级以上干部担任的问题，有的地方还解决了人民法庭庭长的副处级待遇。还没有解决这一问题的高级人民法院，要积极争取这一问题的解决。最高人民法院目前也正在抓紧做这方面的工作，争取这一问题能够得到圆满解决。再次，要把人民法庭办成人民法院干部成长的基地。今后在干部任用上，基层人民法院推荐的院领导人选一般应有人民法庭庭长的任职经历，选任基层法院业务庭的中层干部，一般应有不低于二年的人民法庭工作经历；新分配到人民法院工作的大学毕业生要安排到人民法庭锻炼；要鼓励高素质的人才到人民法庭工作。

必须加强作风建设和廉政建设。人民法庭的作风建设和廉政建设是搞好人民法庭工作的重要保证。要按照司法为民的要求开展审判工作，做到规范执法；要树立人民法庭的良好形象，做到文明执法；要模范地遵守人民法院工作人员的行为准则，自觉接受监督，抵制腐朽思想的侵蚀，艰苦奋斗，做到廉洁执法；要贯彻执行《人民法院审判人员违法审判责任追究办法（试行）》和《人民法院审判纪律处分办法（试行）》，加大对违法违纪行为的查处力度，坚决清除少数人员中存在的腐败现象，把人民法庭建设成“公正、廉洁、文明、高效”的审判机关。

要关心人民法庭干警的工作和生活。人民法庭干警工作在最基层，条件最艰苦。他们有的夫妻两地分居，小孩上学在县城；有的父母或子女不在身边，家属没有工作；不少中西部地区人民法庭的干警不能按时领到工资，甚至出差办案费用和生病后的医药费不能报销。虽然如此，他们仍然兢兢业业，任劳任怨地工作，为人民法院的审判工作、为社会稳定作出了突出贡献。各级法院领导尤其是基层人民法院的领导，一定要关心他们的工作和生活，尽可能为他们排忧解难，为他们创造良好的工作和生活环境，让他们安心工作；既要用感情留人，用事业留人，也要力争用待遇留人。

（六）加强对人民法庭工作的领导和指导

人民法庭工作不仅是人民法院的基层基础工作，也是党和国家的基层基础工作。各地人民法院要定期或者不定期地向当地党委和人大汇报人民法庭工作,主动接受党委的领导和人大的监督;要及时就人民法庭工作的情况同政府沟通,争取政府对人民法庭工作特别是物质经费保障工作的支持。

为了全面加强人民法庭工作,各级人民法院都要成立人民法庭工作领导小组。领导小组由一名院领导担任组长,民一庭等相关业务庭的负责人、政工部门、行政装备部门的负责人作为成员单位参加领导小组。领导小组的职责是,研究决定本辖区人民法庭工作的重大事项,部署人民法庭工作的任务,检查和考核任务的贯彻落实情况。

除基层人民法院外,高、中级人民法院的人民法庭工作领导小组,应下设办公室作为工作机构,负责辖区内人民法庭日常工作的指导。有条件的法院办公室可设为占编制的专门机构;条件不具备的法院,办公室可依托在民一庭,但应配备相应数量的专职工作人员。

要加强对人民法庭工作的研究。为使上级人民法院对人民法庭工作的领导和指导更具有针对性,各级法院领导都要转变作风,重心下移,深入人民法庭开展调查研究。人民法庭的同志对全面加强人民法庭工作中遇到的问题,要及时逐级上报,以便上级人民法院及时掌握和指导。

以上是今后一个时期全面加强人民法庭工作的指导思想和具体措施。如果我讲的与修改后的最高人民法院《关于全面加强人民法庭工作的决定》有不一致的,以决定为准。

同志们,人民法庭工作是人民法院基层基础工作的重要组成部分,是维护国家和社会稳定的基石。让我们紧密地团结在以胡锦涛同志为总书记的党中央周围,高举邓小平理论和"三个代表"重要思想伟大旗帜,以强烈的政治责任感和紧迫感,开拓进取,扎实工作,为开创人民法庭工作的新局面,为构建社会主义和谐社会而努力奋斗!

【法律法规快递】

全国人民代表大会常务委员会关于司法鉴定管理问题的决定

(2005年2月28日第十届全国人民代表大会常务委员会第十四次会议通过)

为了加强对鉴定人和鉴定机构的管理，适应司法机关和公民、组织进行诉讼的需要，保障诉讼活动的顺利进行，特作如下决定：

一、司法鉴定是指在诉讼活动中鉴定人运用科学技术或者专门知识对诉讼涉及的专门性问题进行鉴别和判断并提供鉴定意见的活动。

二、国家对从事下列司法鉴定业务的鉴定人和鉴定机构实行登记管理制度：

(一)法医类鉴定；

(二)物证类鉴定；

(三)声像资料鉴定；

(四)根据诉讼需要由国务院司法行政部门商最高人民法院、最高人民检察院确定的其他应当对鉴定人和鉴定机构实行登记管理的鉴定事项。

法律对前款规定事项的鉴定人和鉴定机构的管理另有规定的，从其规定。

三、国务院司法行政部门主管全国鉴定人和鉴定机构的登记管理工作。省级人民政府司法行政部门依照本决定的规定，负责对鉴定人和鉴定机构的登记、名册编制和公告。

四、具备下列条件之一的人员，可以申请登记从事司法鉴定业务：

(一)具有与所申请从事的司法鉴定业务相关的高级专业技术职称；

(二)具有与所申请从事的司法鉴定业务相关的专业执业资格或者高等院校相关专业本科以上学历，从事相关工作五年以上；

(三)具有与所申请从事的司法鉴定业务相关工作十年以上经历，具有较强的专业技能。

因故意犯罪或者职务过失犯罪受过刑事处罚的，受过开除公职处分的，以及被撤销鉴定人登记的人员，不得从事司法鉴定业务。

五、法人或者其他组织申请从事司法鉴定业务的，应当具备下列

条件:

(一)有明确的业务范围;

(二)有在业务范围内进行司法鉴定所必需的仪器、设备;

(三)有在业务范围内进行司法鉴定所必需的依法通过计量认证或者实验室认可的检测实验室;

(四)每项司法鉴定业务有三名以上鉴定人。

六、申请从事司法鉴定业务的个人、法人或者其他组织,由省级人民政府司法行政部门审核,对符合条件的予以登记,编入鉴定人和鉴定机构名册并公告。

省级人民政府司法行政部门应当根据鉴定人或者鉴定机构的增加和撤销登记情况,定期更新所编制的鉴定人和鉴定机构名册并公告。

七、侦查机关根据侦查工作的需要设立的鉴定机构,不得面向社会接受委托从事司法鉴定业务。

人民法院和司法行政部门不得设立鉴定机构。

八、各鉴定机构之间没有隶属关系;鉴定机构接受委托从事司法鉴定业务,不受地域范围的限制。

鉴定人应当在一个鉴定机构中从事司法鉴定业务。

九、在诉讼中,对本决定第二条所规定的鉴定事项发生争议,需要鉴定的,应当委托列入鉴定人名册的鉴定人进行鉴定。鉴定人从事司法鉴定业务,由所在的鉴定机构统一接受委托。

鉴定人和鉴定机构应当在鉴定人和鉴定机构名册注明的业务范围内从事司法鉴定业务。

鉴定人应当依照诉讼法律规定实行回避。

十、司法鉴定实行鉴定人负责制度。鉴定人应当独立进行鉴定,对鉴定意见负责并在鉴定书上签名或者盖章。多人参加的鉴定,对鉴定意见有不同意见的,应当注明。

十一、在诉讼中,当事人对鉴定意见有异议的,经人民法院依法通知,鉴定人应当出庭作证。

十二、鉴定人和鉴定机构从事司法鉴定业务,应当遵守法律、法规,遵守职业道德和职业纪律,尊重科学,遵守技术操作规范。

十三、鉴定人或者鉴定机构有违反本决定规定行为的,由省级人民政府司法行政部门予以警告,责令改正。

鉴定人或者鉴定机构有下列情形之一的,由省级人民政府司法行政部门给予停止从事司法鉴定业务三个月以上一年以下的处罚;情节严重的,撤销登记:

(一)因严重不负责任给当事人合法权益造成重大损失的;

(二)提供虚假证明文件或者采取其他欺诈手段,骗取登记的;

(三)经人民法院依法通知,拒绝出庭作证的;

(四)法律、行政法规规定的其他情形。

鉴定人故意作虚假鉴定，构成犯罪的，依法追究刑事责任；尚不构成犯罪的，依照前款规定处罚。

十四、司法行政部门在鉴定人和鉴定机构的登记管理工作中，应当严格依法办事，积极推进司法鉴定的规范化、法制化。对于滥用职权、玩忽职守，造成严重后果的直接责任人员，应当追究相应的法律责任。

十五、司法鉴定的收费项目和收费标准由国务院司法行政部门商国务院价格主管部门确定。

十六、对鉴定人和鉴定机构进行登记、名册编制和公告的具体办法，由国务院司法行政部门制定，报国务院批准。

十七、本决定下列用语的含义是：

（一）法医类鉴定，包括法医病理鉴定、法医临床鉴定、法医精神病鉴定、法医物证鉴定和法医毒物鉴定。

（二）物证类鉴定，包括文书鉴定、痕迹鉴定和微量鉴定。

（三）声像资料鉴定，包括对录音带、录像带、磁盘、光盘、图片等载体上记录的声音、图像信息的真实性、完整性及其所反映的情况过程进行的鉴定和对记录的声音、图像中的语言、人体、物体作出种类或者同一认定。

十八、本决定自 2005 年 10 月 1 日起施行。

【司法解释】

最高人民法院关于对与证券交易所监管职能相关的诉讼案件管辖与受理问题的规定

(2004年11月18日最高人民法院审判委员会第1333次会议通过) (法释[2005]1号)

为正确及时地管辖、受理与证券交易所监管职能相关的诉讼案件,特作出以下规定:

一、根据《中华人民共和国民事诉讼法》第三十七条和《中华人民共和国行政诉讼法》第二十二条的有关规定,指定上海证券交易所和深圳证券交易所所在地的中级人民法院分别管辖以上海证券交易所和深圳证券交易所为被告或第三人的与证券交易所监管职能相关的第一审民事和行政案件。

二、与证券交易所监管职能相关的诉讼案件包括:

(一)证券交易所根据《中华人民共和国公司法》、《中华人民共和国证券法》、《中华人民共和国证券投资基金法》、《证券交易所管理办法》等法律、法规、规章的规定,对证券发行人及其相关人员、证券交易所会员及其相关人员、证券上市和交易活动做出处理决定引发的诉讼;

(二)证券交易所根据国务院证券监督管理机构的依法授权,对证券发行人及其相关人员、证券交易所会员及其相关人员、证券上市和交易活动做出处理决定引发的诉讼;

(三)证券交易所根据其章程、业务规则、业务合同的规定,对证券发行人及其相关人员、证券交易所会员及其相关人员、证券上市和交易活动做出处理决定引发的诉讼;

(四)证券交易所在履行监管职能过程中引发的其他诉讼。

三、投资者对证券交易所履行监管职责过程中对证券发行人及其相关人员、证券交易所会员及其相关人员、证券上市和交易活动做出的不直接涉及投资者利益的行为提起的诉讼,人民法院不予受理。

四、本规定自发布之日起施行。

【请示与答复】

最高人民法院《关于装修装饰工程款是否享有合同法第二百八十六条规定的优先受偿权的函复》

(2004)民一他字第14号

福建省高级人民法院：

你院闽高法[2004]143号《关于福州市康辉装修工程有限公司与福州天胜房地产开发有限公司、福州绿叶房产代理有限公司装修工程承包合同纠纷一案的请示》收悉。经研究，答复如下：

装修装饰工程属于建设工程，可以适用《中华人民共和国合同法》第二百八十六条关于优先受偿权的规定，但装修装饰工程的发包人不是该建筑物的所有权人或者承包人与该建筑物的所有权人之间没有合同关系的除外。享有优先权的承包人只能在建筑物因装修装饰而增加价值的范围内优先受偿。

此复。

2004年12月8日

《关于装修装饰工程款是否享有合同法第二百八十六条规定的优先受偿权的函复》的解读

◆贺小荣*

*最高人民法院高级法官,中国人民大学法学博士。

一、案件的由来

福建省高级人民法院受理上诉人福州市康辉装修工程有限公司与上诉人福州天胜房地产开发有限公司、被上诉人福州绿叶房产代理有限公司装修工程承包合同纠纷一案中,就福州市康辉装修工程有限公司的装修工程款能否适用《合同法》第286条规定享有优先受偿权问题,向我院请示。

二、当事人基本情况

上诉人(原审原告):福州市康辉装修工程有限公司(以下简称康辉公司)。

上诉人(原审被告):福州天胜房地产开发有限公司(以下简称天胜公司)。

被上诉人(原审被告):福州绿叶房产代理有限公司(以下简称绿叶公司)。

三、案件基本事实

原审判决查明:2001年6月25日,康辉公司与绿叶公司签订了装修合同,合同约定绿叶公司将"天字一号"商场的装修工程发包给康辉公司施工,工期为60天,开工日期以消防部门审批的日期为准;"天字一号"商场的开发商天胜公司对合同承担连带保证责任……天胜公司也在上述合同上盖章确认。工程竣工验收后,经双方决算,装修工程总造价为334万元,扣除绿叶公司已付工程款35万元,绿叶公司尚欠康辉公司工程款299万元。装修合同所约定的施工内容,除了大部分属于室内装修装饰项目外,还包括小部分的线路、管道安装、外墙立面以及商场的外广场项目。康辉公司持有《建筑企业资质证书》,资质等级为“建筑装修装饰工程专业承包二级”。

因绿叶公司和天胜公司未能按约支付所欠装修工程的工程款,康辉公司诉至法院,请求判令绿叶公司支付尚欠装修工程款及逾期付款违约金等,天胜公司承担连带责任,并请求对涉案工程进行拍卖,所得款项由原告优先受偿。

原审判决认为,绿叶公司尚欠康辉公司装修工程款 299 万元,应予支付;天胜公司作为保证人,应按约定承担连带保证责任。因装修合同不属于建设工程合同,因而不适用《合同法》第 286 条有关“建设工程的价款就该工程折价或者拍卖的价款优先受偿”的规定。宣判后,康辉公司以原审未支持其优先受偿权不当为由,向福建省高级人民法院提起上诉。

四、福建省高级人民法院审判委员会讨论后形成的两种意见

对于康辉公司是否享有优先受偿权问题,福建省高级人民法院讨论后形成两种不同意见:

多数意见认为:康辉公司施工的工程属于室内大型装修工程项目,康辉公司与绿叶公司签订的有关“天字一号”商场装修合同属于合同法中所指的建设工程合同,按《合同法》第 286 条之规定,康辉公司依法享有优先受偿权。

少数意见认为:土建工程和水电安装工程属于《合同法》所规定的建设工程没有异议,但对室内装修装饰工程是否属于建设工程,《合同法》没有明确规定。因此主张本案中的线路、管道安装、外墙立面、商场的外广场项目属于土建和水电工程项目,其工程款享有优先受偿权;而剩下的室内装修装饰项目的工程款,不能享有优先受偿权。

五、答复意见及理由

最高人民法院民事审判第一庭经研究后认为:装修装饰工程属于建设工程,可以适用《中华人民共和国合同法》第 286 条关于优先受偿权的规定,但装修装饰工程的发包人不是该建筑物的所有权人或者承包人与该建筑物的所有权人之间没有合同关系的除外。享有优先权的承包人只能在建筑物因装修装饰而增加价值的范围内优先受偿。理由如下:

第一,装修装饰工程本质上属于建设工程,应当适用《合同法》第 286 条关于优先受偿权的规定。国务院 2000 年 1 月 10 日颁布的《建设工程质量管理条例》第 2 条、2003 年 12 月 6 日公布的《建设工程安全生产管理条例》第 2 条第 2 款规定:“本条例所称建设工程,是指土

木工程、建筑工程、线路管道和设备安装工程及装修工程”。国家技术监督局发布的《国民经济行业分类与代码》国家标准,建筑业按从事工程建设的不同专业划分为“土木工程建筑业”、“线路、管道和设备安装业”和“装饰、装修业”三大类。因此,将装修装饰工程纳入建设工程的范围符合国家规定和行业规范。

装修装饰工程款适用优先受偿权的原则,符合《合同法》第286条的立法本意。优先权是指特定债权人基于法律的直接规定而享有的就债务人的总财产或特定动产、不动产的价值优先受偿的权利。优先权是一种法定担保物权,它可以就债务人的全部财产或特定财产卖得的价金优先于其他有担保或无担保的债权而受清偿。优先权的价值在于打破债权平等原则,赋予一些特殊债权人享有以优先于其他债权人而受偿的权利,最终实现债权人之间的实质平等。在装饰装修工程中,正是因优先权人之工作行为而使原先之不动产增值,故其与建筑工程应属同一法理。在发包人拖欠的装修装饰工程价款中,除装修装饰所需要的材料费外,相当一部分是承包人应当支付的工作人员的工资和其他劳务费用。因此,将装修装饰工程款纳入建设工程款的范围之内,有利于保护广大劳动者及时获得劳动报酬的利益。

境外对装修装饰工程款的优先受偿权虽有不同的规定和称谓,但其保护装修装饰工程款优先受偿的原则基本相同。在日本,将这种优先受偿权规定为先取特权,即法律所规定的特殊债权人,可以从债务人的一定财产中得到优先偿还的法定担保物权。如民法上雇员即使在雇主破产的情况下其工资也可从雇主的一般财产中优先得到偿还。同样,建造房屋承包人在得不到其承包费用时,能拍卖其房屋得到优先受偿。《日本民法典》第327条规定:“不动产的先取特权,工匠、工程师及承揽人对债务人不动产所进行的工事费用,存在于该不动产上。”德国和我国台湾地区“民法”将这种优先权划归法定抵押权的范畴之内。《德国民法典》第648条第1项规定:建筑工程或建筑工程的一部分承揽人,其由契约所生的债权,对定做人的建筑用地得请求让与保全抵押权。我国台湾地区“民法”第513条规定:承揽之工作为建筑物或其他土地之工作物,或为此等工作物进行重大修缮者,承揽人就承揽关系所生之债权,对于其工作物所附之定做人之不动产,有抵押权。

第二,装修装饰工程款的优先受偿权仅限于因装修装饰而使该建筑物增加的价值的范围内。装修装饰工程是以已经建造的建筑物为基础而进行的一种二次加工和修缮,故其优先权的行使范围应当限定在装修装饰工程使建筑物增加价值的限度之内。在司法实践中,因装修装饰而使建筑物增值的范围一般应当根据当事人双方的合同约定来判断,如果合同中约定了洽商变更的条件及例外情形,则常常需要借助于司法鉴定来综合判定。《日本民法典》第327条第2款规定:前款先取特权,以不动产因工事而产生的增价现存情形为限,只就该增价额存在。我国台湾地区"民法"第513条第4项规定:第一项及第二项就修缮所增加之价值限度内,优先于成立在先之抵押权。

第三,装修装饰工程的发包人必须是该建筑物的所有权人,或者发包人虽然不是所有权人,但建筑物的所有权人与装修装饰工程的承包人之间已经形成合同关系。装修装饰工程总是依附于已经完成或基本完成的建筑物之上,因此,装修装饰工程的发包人一般应当是该建筑物的所有权人,这是装修装饰工程的承包人行使优先受偿权的基础和前提。在司法实践中,常常有一些发包人并不是装修装饰工程所依附的建筑物的所有权人,而是以租赁、联营等方式实际占有和使用该建筑物的占有人,对这些装修装饰工程承包人的优先受偿权应当进行合理限制,即该装修装饰工程未征得建筑物所有权人同意担保的前提下,该装修装饰工程的承包人不享有优先受偿权。在本案中,发包人绿叶公司虽然不是装修装饰工程所依附的该建筑物的产权人,但产权人天胜公司愿意为该装修装饰工程的发包人绿叶公司承担连带保证责任,足以认定其知道并同意承包人承包其装修装饰工程,且建筑物的所有权人与装修装饰工程的承包人之间已经形成新的合同关系。因此,如果该保证合同成立,康辉公司就该装修装饰工程的工程款仍享有优先受偿权。

综上所述,我们认为:装修装饰工程属于建设工程,应当适用《中华人民共和国合同法》第286条关于优先受偿权的规定,装修装饰工程的承包人在建筑物因装修装饰而增加价值的范围内享有优先受偿权。但装修装饰工程的承包人与该装修装饰工程所依附的建筑物的所有权人之间没有合同关系的例外。在本案中,福州绿叶房产代理有限公司作为装修装饰工程的发包人,并不是该装修装饰工程所依附的建筑物的所有权人,所以,福州绿叶房产代理有限公司与福州市康辉装修工程有限公司的装修装饰合同对建筑物的所有权人福州天胜房地产开发公司不具有约束力。但是,由于该建筑物的所有权人福州天胜房地产公司自愿为装修装饰工程的发包人福州绿叶公司承担连带保证责任,从而在装修装饰工程的承包人与建筑物的所有权人之间形成了新的合同关系。因此,如果该保证合同成立,福州市康辉装修工程有限公司作为装修装饰工程的承包人,就发包人所欠工程价款在建筑物因装修装饰而增加价值的范围内享有优先受偿权。

【聚焦劳动法】

劳动法理论研究的几个基本问题

◆俞宏武*

*俞宏武,最高人民法院民一庭副庭长,高级法官。

2004年12月,中国劳动法学研究会在北京召开劳动法实施十周年理论研讨会暨年会,近二百名专家学者参加会议,会议除组织4个专题讨论会外,还汇编了近百篇的论文集,现将论文的内容归纳为几个问题综述如下:

一、关于劳动关系

劳动关系的内涵是指劳动者将其对劳动力的支配权、使用权有偿让渡给生产资料的所有者与生产资料结合所形成的社会关系。[①]简而言之,劳动关系是指在实现社会劳动过程中,劳动者与所在单位之间的社会劳动关系。

劳动关系的特征,有人认为,劳动法学界已形成两个兼有特征的通论:即"劳动关系有平等关系和隶属关系的特征;劳动关系兼有人身关系和财产关系的性质"。[②]可以归纳为以下几个方面:(1)是生产要素的结合关系,即劳动力要素的所有权与支配使用权的分离和后一权利的转移。(2)是以劳动力给付为核心的特殊人身关系,劳动者必须进入特定的生产经营场所劳动。(3)是基础性社会关系,兼有经济关系和民事关系的要素,并且相对分离。[③]具体地讲,劳动关系的特征是:(1)在主体上,一方是劳动者,另一方是符合劳动法规定条件的用人单位。(2)在内容上,劳动关系为主体之间的权利义务关系。(3)在法律关系上,既有权利的平等性,又有实现权利的隶属性,劳动者在劳动过程中要接受用人单位的管理和约束,具有人身隶属关系。除上述基本特征外,有人还强调劳动过程,即劳动关系只能在劳动者为用人单位的劳动过程中发生。[④]

用人单位内部的社会关系是多种多样的,并非用人单位里的所有人员与用人单位都是劳动关系,如厂长、经理、党委书记、工会主席与用人单位不是劳动关系,而是经营经济关系、政治关系和社团关系。例如经营经济关系是基于委任或聘任、承包或租赁产生的。经理、厂长不是

①吴超民:"劳动法的修改意见和建议"。

②王建军:"劳动立法的科学性"。

③吴超民:前引文。

④李争鸣:"关于事实劳动关系有关问题的探讨"。

劳动者,他们获得的报酬,如年薪而非工资,实际上是与用人单位对利润的分割。[⑤]

关于劳动关系与雇用关系、劳务关系的区别。

一种观点认为,劳动关系与雇用关系、劳务关系不同。劳务关系实际上或者大部分属于雇用关系,例如最高人民法院《关于审理劳动争议案件适用法律若干问题的解释》第9条规定,雇用是指雇工在雇主授权或指示范围内从事生产经营活动和其他劳务活动。许多国家的劳动法以及有关劳动法的国际公约调整的是雇用关系,即包括劳务关系。有人认为劳务关系也可以称为雇用关系,是指一方为他方提供劳务、他方给付报酬的关系,双方之间不存在从属关系。劳动关系其本质在于从属性,即劳动者纳入用人单位,受用人单位的指示而劳动。这种从属性表现在身份上、义务履行上和经济上三个方面。[⑥]有人换言之,劳务关系是事与事的关系,只强调劳动的结果,一方交付劳动成果,另一方给付报酬。劳动关系是人与事的关系,强调劳动过程,即通过对劳动力的管理达到成果的实现。[⑦]

关于劳动关系与雇用关系的区别:有人认为:(1)劳动关系的一方是符合法定条件的用人单位,另一方是符合法定条件的自然人。雇用关系中的雇主可以是单位也可以是自然人。(2)劳动关系中的用人单位和劳动者之间存在隶属关系,即劳动者成为用人单位中的一个成员。雇用关系中雇主和雇工之间不存在隶属关系。(3)劳动关系中用人单位依法为劳动者承担社会保险的义务,雇用关系的雇主不存在这一义务。(4)劳动关系中的劳动者应遵守用人单位的规章,服从用人单位的指挥管理;如有违反,用人单位对劳动者有处分的权利。雇用关系中雇主有权对雇工违约行为追究责任,但没有处分的权利。(5)劳动关系中劳动者享有依法律规定、合同约定向用人单位主张工资、奖金的权利。雇用关系中雇工的报酬是依合同约定取得的。[⑧]

另一种观点认为,劳动关系与雇用关系、劳务关系并不是完全不同。有人认为,在我国雇用关系是属于民法调整范围,还是劳动法调整范围很难一概而论。因为一种雇用关系是当事人一方在一定时期或不定期内为另一方当事人提供特定或不特定劳动且接受报酬,如保姆、家教等劳务关系;另一种雇用关系如店主雇用店员、私人建筑队雇用民工、个体工商户雇用帮手、学徒,明显属于劳动法调整范畴。[⑨]以建筑工程中的包工头与农民工的关系为例,农民工在包工头的组织领导下进行劳动,与包工头具有不平等的隶属关系。农民工向包工头提供的是劳动过程而不是劳动成果,与包工头的关系具有人身属性,是一种具有劳动关系属性的雇用关系,只不过是因为包工头不具有劳动法规定的劳动关系主体资格,这种雇用关系被排除在劳动关系之外,这种排除在外的情形有悖于劳动法的宗旨。所以说,有的雇用关系是劳动关系,从本质上讲不是劳务关系,只不过是因为劳动法调整范围太窄,被排除在

⑤吴超民:前引文。

⑥沈同仙:"论劳动合同的违约责任的承担方式及适用条件"。

⑦李争鸣:前引文。

⑧周贤日:"工伤保险条例若干问题分析"。

⑨徐智华:"劳动争议处理几个疑难问题研究"。

外,现在很多人呼吁扩大劳动法调整范围,把这部分雇用关系纳入劳动法,正名为劳动关系。有的雇用关系是劳务关系,二者是可以划等号的,只不过是在我国的称谓不同罢了。

与承包关系有关的用工关系,是不是劳动关系,是理论界研究讨论比较多的问题,人们常以建设工程中的承包关系为例,建设工程中的发包方建设单位与承包方建筑施工企业签订建设工程合同后,施工企业将工种的劳务作业部分发包给包工头,由包工头组织工人进场施工,工人由包工头招用、管理,工资也由包工头支付,建筑施工企业与工人没有签订劳动合同。对此,一种观点认为建筑施工企业与工人存在劳动关系。理由是:(1)工人出卖劳动力与企业的生产资料相结合而获得劳动报酬,接受企业的领导和管理,符合劳动关系的基本特征。(2)包工头不是劳动法规定的用工主体,不可能与工人构成劳动关系,工人只能与企业存在劳动关系。(3)原劳动部1995年《关于贯彻中华人民共和国劳动法若干问题的意见》第15条规定,承包经营的企业,承包人与职工订立劳动合同时,企业仍为用人单位一方。(4)事实劳动关系应当受劳动法调整,工人与企业虽未签订劳动合同,但存在事实劳动关系。另一种观点认为企业与工人不存在劳动关系。理由是:原劳动部的规定关于企业承包发生的用工关系与建筑工程中承包关系中的用工关系有根本区别,包工头是以个人名义招用工人,自行对工人进行管理,没有受企业的委托或代表企业与工人发生用工关系,企业与工人不存在建立劳动关系的"合意",工人不受企业的领导和管理,也不受企业内部规章的约束。[10]

在双重劳动关系中,如下岗职工与用人单位还存在劳动关系,又在一个新用人单位就业(订立或未订劳动合同),当与新用人单位发生劳动争议时,按照"雇用劳动关系"对待。即直接将雇用关系与劳动关系划等号。退休职工再就业,尽管其与原用人单位已经不存在劳动关系,但由于退休职工不符合劳动法规定的劳动者的条件,新用人单位也不必为该职工缴纳社会保险。双方之间不是劳动关系,而是雇用(劳务)关系。[11]

⑩黄金乾:"关于解决建筑企业拖欠农民工工资问题的法律思考"。

⑪徐智华:前引文。

⑫王建军:前引文。

二、关于劳动合同

劳动合同制度是劳动法的核心,是法律规范市场经济体制下劳动力市场的法律制度。[12]

关于劳动合同的成立。劳动法第17条规定,劳动合同应当采取书面形式。对此有不同看法:一种观点认为此规定是劳动合同的要件,劳动合同应当采取书面形式,即合同双方当事人应当订立合同,通过书面合同表达建立劳动关系的一致意思表示,不用书面合同形式,即使有意思表示,劳动合同也不成立。另一种观点认为,劳动合同在本质上是一种诺成合同，只要双方当事人的意思表示达成一致即成立，不一定采取书面形式，书面形式只是证明合同存在的证据，不是合同成立的要件。这种观点把事实劳动关系纳入劳动合同的调整范围。[13]

劳动合同应当实际履行，劳动法规定劳动合同的一方是劳动者，劳动合同订立之后，劳动者是特定的自然人，因此劳动合同强调亲自履行。只有经过实际亲自履行，才能实现劳动力的让渡。因此有人认为，劳动合同的权利与劳动合同的履行密切相关，作为劳动者一方，只有本人实际履行了劳动义务，才能享有劳动合同约定的权利，没有履行合同义务就不应当享有权利，劳动合同长期处于未履行状态，这种劳动合同应当自然终止。目前的法律规定是，劳动者只要订立了劳动合同，不论是否履行合同，就当然享有合同权利。

关于劳动合同的解除。有人认为，劳动法关于因劳动者原因解除劳动合同的规定不合理。劳动法第 25 条规定了用人单位解除合同的 4 种情况：(1)在试用期间被证明不符合录用条件的；(2)严重违反劳动纪律或用人单位规章制度的；(3)严重失职、营私舞弊，对用人单位造成重大损害的；(4)被依法追究刑事责任的。劳动者如有以上情形，用人单位可无条件解除劳动合同，而不必考虑劳动者是否处于困境，也不必提前 30 日通知劳动者和对劳动者支付经济补偿金。但是，“录用条件”由用人单位判定是否合理；“严重违纪”、“严重失职”、“重大损害”的标准如何确定，法律没有具体规定，容易给用人单位滥用合同解除权造成可乘之机，使劳动者处于十分被动的地位，其合法权益受到侵害。[14]

劳动合同在履行中，劳动者一方提出解除合同是否应承担、如何承担违约责任，存在两种不同观点：一种观点主张，劳动者单方解除合同，提前 30 日通知用人单位，不承担违约责任。劳动法第 31 条规定，劳动者提前 30 日以书面形式通知用人单位，属于合法解除合同。劳动合同与一般的民事合同不同，合同主体是特定的，即一方是劳动者，另一方是用人单位，在经济生活中二者地位是不平等的，劳动者是弱者，在劳动力市场供大于求的情况下，劳动者就业有求于用人单位，即使在劳动关系中，劳动者与用人单位存在隶属关系，因此，劳动合同主体的平等只是形式上的，法律应当在合同订立、履行中侧重保护劳动者的合法权益不受侵害。劳动法第 31 条的规定，实际上是赋予劳动者单方解除合同的权利。只要劳动者提前 30 日通知用人单位解除劳动合同，就是依法行使合同解除权，不存在劳动者承担单方解除合同的违约责任问题。另一种观点认为，劳动法第 31 条是关于劳动者提出解除劳动合同的期限和形式的规定，在合同履行中，往往存在违约行为和违法行为竞合的情况。劳动者没有提前 30 日通知用人单位解除劳动合同，是违法行为也是违约行为；劳动者提前 30 日通知用人单位，虽然不存在违法行为，但仍存在违约行为。其次，劳动法第 17 条、第 19 条规定，依法订立的

⑬张红：“中国劳动合同效力评价机制：反思与重构”。

⑭徐智华、章辉：“论劳动法完善的若干问题”。

劳动合同具有法律约束力，当事人应当履行，劳动者提前解除劳动合同违反了合同期限条款的约定，是违约行为，应当承担违约责任。[15]

有人认为，劳动者提前解除合同，应当承担违约责任，但对违约责任的约定应作严格限制，即三条原则的限制：一是最高限额的限制，有的地方规定违约金数额最高不超过劳动者解除劳动合同前几个月工资的总额。二是违约金的性质是赔偿性，不是惩罚性的，也就是劳动者支付的违约金是对用人单位因劳动者提前解除合同所造成损失的填补，即如用人单位有损失，劳动者按最高限额赔偿；如无损失，则不赔偿。并且用人单位应对其损失承担举证责任。三是公平合理，在上述两个原则下劳动者承担违约责任，如有经济困难，劳动者可以请求减少违约金的赔偿数额。上述三原则的目的是避免劳动者承担违约责任时出现形式的平等，事实上的不平等。

关于劳动合同终止。劳动法第23条规定了劳动合同终止的两种情况，一是劳动合同期满，二是当事人约定的劳动合同终止条件出现。理论界和实务界普遍认为劳动法关于劳动合同终止的规定太简单，还应包括以下情况：劳动者达到法定退休年龄，丧失劳动能力，合同主体一方消灭等。[16]劳动合同是否应当事实上终止存在两种观点。一种观点是，事实上的终止，劳动合同不同于一般的民事合同，在于它带有人身性，这种人身性决定劳动合同应当亲自履行。有的用人单位上基于劳动者的特定的知识、技能、品行与其订立劳动合同，劳动者不亲自履行是违约行为。他人替代履行是无效的。例如有的地方规定劳动合同双方当事人存在3个月以上不履行合同的事实，劳动合同终止。这是针对现实中存在许多“两不找”劳动关系，即劳动者长期不到用人单位上班，也不联系，不找用人单位；用人单位不与劳动者联系或者联系不上，不找劳动者。在这种状态下，如果劳动合同没有终止，劳动者另谋职业，则会存在双重劳动关系。另一方面，这种状态持续几个月、几年甚至十几年，如果劳动合同没有终止，劳动者向用人单位主张生活费、福利费、社会保险费等，则产生劳动者不履行合同义务而享有合同权利的不公平后果。另一种观点是不能事实上终止，其理由是，劳动合同一经合法成立，即具有法律效力，这种效力的消灭，须符合法律规定和合同约定。一方当事人未提出解除劳动合同，劳动者和用人单位之间的劳动关系仍存在，劳动者仍享有合同权利，用人单位应当履行合同义务。

关于劳动合同的效力，涉及以下几个问题：

1.16岁以上18岁以下未成年人签订的劳动合同。一种观点认为是有效合同。理由是劳动法第15条规定禁止用人单位招用未满16周岁的未成年人。也就是说16岁以下的人不是劳动法规定的劳动者，16岁以上的人是劳动者，具有劳动合同的主体资格。另一种观点认为是效力待定合同，理由是民法规定16岁以上18岁以下的未成年人没有

⑮蔡吉恒：“我国劳动合同立法比较研究”。

⑯蔡吉恒：前引文。

完全的民事行为能力，不具有合同的主体资格，其签订的劳动合同与其他民事合同一样，须经他的监护人、法定代理人追认才能生效。

2. 非法用工单位签订的劳动合同。一种观点认为是无效劳动合同，理由是劳动法对用人单位有明确规定，不符合劳动法规定的用工条件的用工主体签订劳动合同，是违法行为，应当认为是无效合同。另一种观点认为是有效合同。所谓非法用工单位签订的劳动合同，不属于劳动法的调整范围，虽然具有劳动合同的形式和内容，但其本质上属于劳务合同，应当认定为有效合同。

3. 关于因欺诈、胁迫而签订的劳动合同。一种观点认为是无效合同。理由是劳动法规定因欺诈、胁迫而签订的合同无效。另一种观点认为是可撤销合同。理由是劳动法是以计划经济时代的立法理念作出的上述规定，合同法的规定已经作了改变。合同虽不是自愿签订的，但合同未损害国家利益、公共利益、他人利益，不一定要认定为无效，而是赋予被欺诈、被胁迫的合同一方当事人撤销权，由其对劳动合同的效力作出选择。[17]

有人认为，根据劳动法第18条的规定，劳动合同无效主要有三个原因：主体不合格，内容不合法，形式不合法。但是从社会效果上讲，应从具体情况出发，尽量避免认定劳动合同无效。（1）关于主体不合格，劳动者订立劳动合同时不满16岁，在发生劳动争议或劳动监察部门查处时仍不满16岁，劳动合同应认定无效；如果已满16岁，可以认定为有效。用人单位的资格也是如此。用人单位已经符合法律规定的，可以认定合同有效，对其以前的非法用工行为，虽然已不影响合同效力，但不是不予追究，应当依法给予行政处罚。用人单位的下属职能部门，不具备签订劳动合同的主体资格，但其签订的劳动合同，不宜认定为无效，而应推定为用人单位授权其下属职能部门签订劳动合同，是有效合同。（2）关于内容不合法，包括合同内容缺少和合同内容违法两种情况。但是，合同内容不完整，有缺陷的不一定导致合同不能履行，不一定致使合同无效。劳动法第19条规定劳动合同必备的7个条款，如有缺少可以补充，如果劳动合同一个条款内容违法，只是这个条款无效，劳动合同的其他条款仍有效，但如果违法的条款，对整个合同的履行有影响，则应认定劳动合同全部无效。（3）关于形式不合法，虽然劳动法规定，劳动合同应当采用书形式，但有证据证明口头合同的内容是当事人真实意思表示，不违反法律规定，应当认定为有效合同。[18]

事实劳动关系是指用人单位和劳动者就某些劳动权利和义务达成的口头协议。劳动法学界对事实劳动关系，是口头劳动合同产生的一种用工关系认识比较一致，但对事实劳动关系有几点不同的看法：（1）关于事实劳动关系的效力。一种观点认为，劳动法第16条第2款规定，“建立劳动关系应当订立劳动合同。”第19条规定“劳动合同应当以书面形式订立……”劳动合同是劳动者与用人单位建立劳动关系的

⑰张红：前引文。

⑱李志培：“无效劳动合同研究”。

法律依据,书面合同是建立劳动关系的惟一合法形式,没有订立书面合同不能产生劳动关系,发生的用工行为是违法行为。也就是说事实劳动关系是一种无效的劳动关系。另一种观点认为,我国劳动力市场还不完善,用工行为不规范,口头劳动合同大量存在,为此,劳动部《关于贯彻执行中华人民共和国劳动法若干问题的意见》第2条规定:"中国境内的企业、个体经济组织与劳动者之间,只要形成劳动关系,即劳动者事实上已成为企业、个体经济组织的成员,并为其提供有偿劳动,适用劳动法。"认可了事实劳动关系的合法性。(2)关于事实劳动关系的性质。一种观点认为,劳动法只承认书面劳动合同,才能建立劳动关系,口头合同不能建立劳动关系。所谓事实劳动关系,其实是劳动法之外的一种用工关系,即劳务关系。另一种观点认为,事实劳动关系不能等同于劳务关系,二者有显著的区别。事实劳动关系在形式上讲是一种特殊的劳动关系,但从内容上看就是劳动法调整的劳动关系,它具备劳动关系的构成要件,即劳动者与用人单位形成隶属关系,遵守用人单位劳动纪律和规章制度,服从用人单位的指挥和管理,而劳务关系中的劳动者并未成为用人单位中的一员,双方的权利义务关系是,一方交付劳动成果获取劳动报酬,另一方支付劳动报酬取得劳动成果。[19](3)关于事实劳动关系的限制。由于事实劳动关系是由口头劳动合同形成的,这个问题实际上是对口头劳动合同的认可和终止的限制。一个问题是关于合同的认可。有人认为口头劳动合同使劳动关系不稳定,70%以上的劳动争议和劳动违法行为都是与无书面劳动合同有关。如果劳动合同的形式是用书面的还是口头的,由当事人选择,实际上也并不是双方自愿选择,实践中都是用人单位决定的,用人单位处于优势地位,为了规避法律和合同义务,一般都决定用口头形式,劳动者如提出用书面形式,用人单位不同意,劳动关系就不能建立,因此对口头劳动合同的认可应加以限制。但目前也有的地方立法规定非全日制劳动合同可以是书面的也可以是口头的,这是从我国的国情出发,便于劳动关系的建立,实质上就是便于劳动者就业。另一个问题是关于合同的终止,认可事实劳动关系就是认可口头劳动合同,按照一般合同原理,口头合同可以经一方当事人随时终止。这种情况往往对劳动者不利,为了保护劳动者的合法权利,减少劳动争议的发生,应当对合同的终止进行限制。如有的地方立法规定,对于口头劳动合同,劳动者可以随时终止劳动关系,用人单位如终止劳动关系,应当提前30日通知劳动者。

⑲徐智华、章辉:前引文。

三、关于劳动争议

关于处理劳动争议的"前置程序"问题。

取消劳动争议仲裁的建议从劳动法颁布后一直存在,主要理由是:第一,劳动争议经过"一调一裁二审"程序,一般需要一年左右的时间,程序过多,时间过长,使劳动者的诉讼成本增大,不利于解决劳动争议。第二,实践证明,劳动争议通过仲裁程序终结的很少,与立法者设立仲裁程序的初衷相反,大部分案件通过诉讼终结,因此设立仲裁程序解决劳动争议的意义不大。[20]

有人对"先裁后审"提出质疑。其根据是对劳动法第77条、第79条应如何理解。认为第77条规定的对劳动争议以协商、调解、仲裁、诉讼四种解决方式,采用的是并列式立法用语,当事人有权选择解决劳动争议的方式。第79条规定当事人可以向劳动争议仲裁委员会申请仲裁,对仲裁裁决不服的可以向人民法院起诉,其中"可以"是选择性用语,该条是授权性规定,不是强制性规定。没有规定当事人必须先行申请仲裁,然后才能向法院起诉,所谓"先裁后审"是对劳动法第79条的误解。[21]

保留劳动争议仲裁,但应进行改革的意见也很多,这就是建立"裁审分轨、各自终局"的劳动争议处理程序。对于这种程序的建立有三种观点:一种观点是当事人选择。因为劳动争议属于当事人私权的争议,对于以什么方式解决,可以由当事人自己决定,在发生争议前或发生争议后,当事人可以通过协商进行选择,是以仲裁的方式,还是以诉讼的方式解决他们之间的争议。第二种观点是法律规定劳动争议是由仲裁还是由诉讼解决,为了减轻法院审判的压力,对于小的争议,一律由仲裁解决,除仲裁解决以外的劳动争议由法院解决。第三种观点是以上两种观点的结合。即对于应由法院解决的劳动争议,当事人可以选择由仲裁解决。理由是,诉讼的时间一般比较长,诉讼比仲裁成本高,劳动争议及时解决,社会效果好,降低解决争议的成本有利于当事人,应当允许当事人选择,但是对于法律规定仲裁解决的劳动争议,当事人不能选择由法院解决。

关于劳动争议的"诉讼时效"问题。

长期以来,在理论和实践中对这个问题争论较大,劳动法第82条规定:"提出仲裁要求的一方应当自劳动争议发生之日起六十日内向劳动争议仲裁委员会提出书面申请……"国务院《企业劳动争议处理条例》第23条规定,"当事人应当从知道或者应当知道其权利被侵害之日起六个月内以书面形式向仲裁委员会申请仲裁……"争论的问题有以下几个:

1."诉讼时效"如何起算。法律法规规定有两种情况:一是"权利被侵害之日";二是"劳动争议发生之日"。前者表达的意思与民法通则关于诉讼时效规定的意思相同。后者应如何理解又有不同看法。首先,什么是"争议"。一种看法是权利被侵害就是争议,把"争议"理解为侵权事实,不论被侵权人是否知道其权利被侵害。另一种看法是权利被侵害的事实虽然存在,但被侵权人不知道或知道但未提出异议则不是争议,争议是指双方当事人发生了纠纷。其次,什么是"发生"。

⑳张治金:"对完善我国劳动和社会保障法律制度建设的五点新思考"。

㉑徐智华、章辉:前引文。

一种看法认为被侵权人知道其权利被侵害,就是争议的发生。另一种看法认为被侵权人对侵权行为提出抗争,争议才发生,如果被侵权人知道权利被侵害,但不提出异议,不主张维护其权利,此时争议并不存在。

2."诉讼时效"期间的长短。法律法规规定的是60日和6个月。有人认为,60日时间太短,不利于劳动者用仲裁和诉讼的方法保护自己的权利,应当是6个月为期限。有人认为6个月时间太长,劳动争议的特点就是要及时解决,时间拖长了,情况变化了,不利于解决争议,即使作出了裁决或判决,也不便于执行。有人认为这两个期限的适用不应一概而论,应根据劳动争议的性质确定"诉讼时效"的期限,例如,一般的权利争议的期限为1年;涉及人身伤害,如工伤、工残、工亡、职业病等为6个月;用人单位解除劳动关系前未告知劳动者,从劳动者知道之日起2年为期限。[22]

3."诉讼时效"期限的中止、中断、延长。一种观点认为,劳动法第82条的规定是申请仲裁期间,不是"诉讼时效",不存在中止、中断、延长问题;另一种观点认为,劳动法第82条的规定,具有"诉讼时效"的性质,应对中止、中断、延长作出规定。

四、关于劳动法

关于劳动法的性质。由于劳动关系有两个特征,因此调整劳动关系的劳动法不再属于传统公法或私法的范畴,而属于法的第三领域——社会法的范畴,社会法具有公法和私法兼容的特征。劳动者对工资最大化的追求与用人单位对利润最大化的追求形成了一块蛋糕如何切割的利益关系和利益冲突。劳动法就是调整劳动关系中的这一利益关系。[23]

劳动法专家认为,劳动法是1994年颁布的,立法背景与今天的社会现实有很大的不同,当时的主要立法依据还基本上是计划经济下的劳动关系调整准则,对市场经济下劳动关系中出现的问题还缺乏丰富的处理经验。当前,我国出现了各种性质劳动关系多元化并存的局面,非公有制的劳动关系不断加大了比重,劳动关系变得复杂化、合同化、法律化等。劳动法在制定时考虑更多的是如何规范全民所有制企业的劳动关系,劳动法律规范不能满足调整非公有制劳动关系的需要。其次,劳动关系的变化使劳动者在与用人单位之间更加处于弱者的地位,例如,部分企业改制、破产时,职工的合法权益受到侵害;非公有制企业职工维权艰难;进城务工农民的工资大量被拖欠;某些行业、企业劳动安全卫生不到位,每年出现令人震惊的工伤事故等。这都说明劳动法不能很好地适应市场经济的要求,存在着欠缺和不完备之处,应进一步修订。[24]

劳动法存在的主要问题有以下几个方面:(1)许多内容只是原则

㉒吴超民:前引文。

㉓王建军:前引文。

㉔关怀:"深入贯彻实施劳动法 进一步健全与完善劳动法制"。

性、纲领性规定,不便于操作。例如对促进就业、劳动安全卫生、职业培训以及社会保险等只提出了一些原则,缺乏相应的具体实施规范。由于规定不具体,在具体操作时就出现了无法可依的现象。(2)有的内容存在不少缺漏,不够完备。例如在总则部分没有劳动法的基本原则,也没有规定调整劳动关系应实现重要问题坚持劳动部门、工会组织、企业方面代表建立三方协商机制的准则。另一种情况是应该详细规定的,没有详细规定。例如集体合同这一重要的劳动法律制度,劳动法只有3条笼统的规定,劳动法第33条用了"可以"二字,使集体合同制度的建立受到很大影响。(3)未能及时修订劳动争议处理的规定。对于劳动争议的处理,劳动法规定了一章,但只有8条,很多问题没有涉及,"一调一裁二审判"的法律制度应及时修订。(4)现实生活中国家已有了新的规定,劳动法未及时修改。例如国务院1995年3月25日修订的《关于职工工作时间的规定》,已将劳动法规定的平均每周工作时间不超过44小时工作制度,改为每周工作40小时。关于劳动争议申请仲裁的时效,劳动法规定为60日,2001年3月22日最高人民法院发布《关于审理劳动争议案件适用法律若干问题的解释》第3条,已突破了这一时限,劳动法应就诉讼时效问题作出新的规定。(5)对有关违反劳动法行为的惩处规定不够有力。用人单位把劳动法看做可以遵守可以不遵守的规范,例如每年都有大量的拖欠、克扣工资的案件发生,至今仍未能妥善解决这一问题。对企业忽视职工安全卫生,"只让工人干活、不管工人死活"的违法行为,出现打击不力的现象。(6)劳动法的立法层次不高,影响人们对劳动法的重视。按理说劳动法这部关系到每个劳动者切身利益,对社会安定和促进生产发展具有重要意义的法律应由全国人民代表大会通过。并且在立法上也应像婚姻法、企业法等法律一样在通过前交付全国讨论。[25]

劳动法专家呼吁,在抓紧修订劳动法的同时,抓紧出台与劳动法配套的单项法律。劳动法调整劳动关系,须有配套的专门法律。例如,促进就业法、劳动合同法、工资法、安全生产法、劳动保护法、职业技能开发法、社会保险法、劳动争议处理法和劳动监察法。但是十年来,只出台了一部安全生产法,建立一个完整的劳动法律体系,有待于各项专门法律出台。[26]

关于劳动法的修订问题,也有不同的声音。有人认为,在目前情况下修订劳动法的条件尚不成熟。一是我国经济和社会领域的各项改革仍在深入进行,各种情况仍在迅速的变化中,从发展的角度看,劳动法的修改很难到位,几年后又需修订,会破坏劳动法的稳定性,二是目前比较紧迫和突出的问题是与劳动法配套的法律不完善,制约着劳动和社会保障制度改革的深入,因此,应抓紧制定就业促进法、社会保障法、劳动监察条例等配套法律。[27]

有人建议劳动法应当加强保护劳动者的基本权利。

㉕关怀:前引文。

㉖关怀:前引文。

㉗王连生:"常抓不懈 持之以恒 努力宣传贯彻劳动法"。

1. 生存权。劳动是人们谋生的手段,生存权是劳动者的基本人权,也是劳动法保护劳动者的基本权利。劳动法规定的劳动者取得工资、安全生产、社会保障等权利就是以生存权为基础的。就业歧视、强迫劳动者在不安全的条件下工作,延长工作时间,拖欠、克扣工资等行为是对劳动者生存权的侵害。

2. 工资权。从宏观上讲,工资权是宪法规定的"按劳分配"、"同工同酬"制度的具体体现。它关系到国家调节经济和社会发展,谋求消费与积累,平均社会分配关系的实现,国家以法律规定工资的宏观调整和最低工资。工资权是法定权利。从微观上讲,工资权是劳动合同的基本内容,合同中具体约定劳动者如何行使工资权,如工资的具体数额,取得工资的时间。同时劳动合同将按约定给付劳动者工资作为用人单位的义务,以保障劳动者工资权的实现。工资权是合同权利。

3. 劳动权。可以分为个体劳动权和集体劳动权。以个人行为实现劳动权的为个体劳动权。以集体协商实现的劳动权为集体劳动权。集体协商主要是以工会等劳动自治组织来实现的。所以集体劳动权包括结社权、集体谈判权、罢工权、参与权等。关于劳动权与劳动者有关的其他权利的关系,如就业权是劳动权中核心的权利,结社权是集体劳动权的核心权利。还包括取得劳动报酬权、休息休假权、劳动保护权、职业培训权、团体协商权等。劳动权的内容与其他权利如平等权、人身自由权、人格尊严权、健康权有交叉。

集体劳动权是通过集体合同体现的,集体合同是劳动法调整劳动关系的一项重要法律制度,是劳动法的核心制度。[28]在劳动法体系中它与体现个体劳动权的劳动合同并重甚至比劳动合同更为重要。集体合同有利于维护劳动者的合法权益,协调劳资矛盾,稳定劳动关系。随着市场经济的发展,集体合同的订立越来越普遍,但是劳动法关于集体合同的规定只有4条,工会法也只规定了3条。关于集体合同的立法相对滞后,法律规定的内容太原则,有的规定有缺陷。有的规定分散在其他法规中,因此有人建议制定统一的集体合同法,并指出集体合同法应突出的内容:(1)加强法的效力和强制力,以此推动和引导集体合同中的集体谈判制度。并且应建立多层次的集体谈判结构,不仅要有企业一级的集体谈判,还应有行业产业等层次的集体谈判。在集体谈判中充分发挥工会的作用。(2)注重集体合同内容的实效性。合同条款不是简单的照抄法律规定,对工资、工时、劳动纪律、奖惩、休息休假、解雇等,应通过集体谈判确定。(3)明确集体谈判中的雇主责任,即对企业在谈判中的行为加以约束,如企业在谈判中必须向工会和职工代表如实提供企业经营状态的信息。企业无正当理由或正当理由消失后不得拒绝集体谈判。(4)明确集体合同由全体职工批准。现行法律规定集体合同签订前经职工代表大会或全体职工讨论通过,集体合同涉及每一个职工切身利益,把批准权交给全体职工,从根本上防止集体合同形式化。[29]

㉘王向前:"我国集体合同制度研究述要"。

㉙姜颖:"集体合同单独立法研究"。

我国现行劳动法调整劳动关系以及与劳动关系密切联系的其他社会关系。劳动法的一个专章“社会保险和福利”就是调整与劳动关系有关的社会保障关系。之所以形成这种立法体系，是因为在20世纪改革开放初期，我国流行“劳动关系广义说”的理论，这个理论的形成与我国的计划经济体制有关，在计划经济体制下，国家、单位、个人形成一个纵向序列，每个劳动者被限定在单位这个狭小的空间。企业是国家的，个人是企业的。企业实际上没有独立的经济地位。劳动者通过对企业的依附来依附国家。企业将创造利润上缴国家，再由国家以扩大再生产的计划拨给企业，其中包括一部分福利。因此，企业承担的职工养老、工伤、生育保险待遇，体现为福利待遇。随着市场经济的发展，企业有了相对独立的经济利益，计划经济体制下职工社会保险的做法已不适应。另一方面，随着市场经济体制的建立和完善，社会保障越来越发展，它所针对的对象，不仅是企业职工，还包括企业之外的社会成员，我国已经制定了专门调整社会保障关系的行政法规，因此，劳动关系和社会保障关系应当分别由劳动法和社会保障法调整。[30]

[30] 刘明辉：“劳动法调整范围比较研究”。

关于当前审理劳资纠纷案件的调查报告

◆江苏省高级人民法院民一庭

调研背景： 2004年3、4月间，广东省东莞市台资企业发生了一系列的工人抗议事件，在当地产生较大社会影响，也引起海外一些组织和媒体的关注。为此，根据周永康同志在2004年12月1日新华社《国内动态清样》(第3617期)刊登的《东莞"兴昂事件"折射当前劳资纠纷新动向》一文上的批示精神，中央政法委、综治办会同中央政法有关部门，就正确处理企业劳资纠纷、维护社会稳定进行专题调研，并要求我省协助开展调研。根据省委政法委、省综治办的要求，我院于近期组成专项调研组，对当前我省法院系统审理涉及劳资纠纷案件的情况进行了全面、深入的调研并形成调研报告。报告对我省审理劳资纠纷案件的情况、特点及从中反映出的企业劳资矛盾的表现形式、产生原因进行了深刻的剖析，并就如何正确处理和化解劳资纠纷，构建和谐社会提出了相应的对策与建议。

近年来，随着经济结构的调整、企业制度与劳动制度的改革、农村劳动力向城镇转移、外向型经济及三资企业的发展等，我国的劳动关系发生了巨大而深刻的变化，由此引发了大量劳动争议。近年来，我省法院受理的劳动争议案件急剧增加。案件数量的增加折射出当前劳资矛盾日益激化的社会现实，反映了劳动领域出现的很多新动向与新问题，认真研究和解决劳动领域面临的这些重大问题，是摆在我们面前的一项十分紧迫而意义重大的任务。为此，我院成立了专项调研组，对全省法院审理劳动争议案件的情况进行了深入细致的调查研究，在此基础上形成本篇调研报告。

一、我省法院审理劳动争议案件的基本情况与特点

1. 案件数量高幅攀升。随着我国市场经济结构的调整加快和劳动用工制度改革的深化，劳动关系一改计划经济时期的单一性和稳定性，呈现出多样化和复杂化的特点，导致劳动争议案件的数量年年攀升。2004年我省法院受理的一审劳动争议案件已达6491件，是1995年的40多倍，比2003年增长31%，这种增长速度是其他类型的民事案件所

无法比拟的（见图一）。

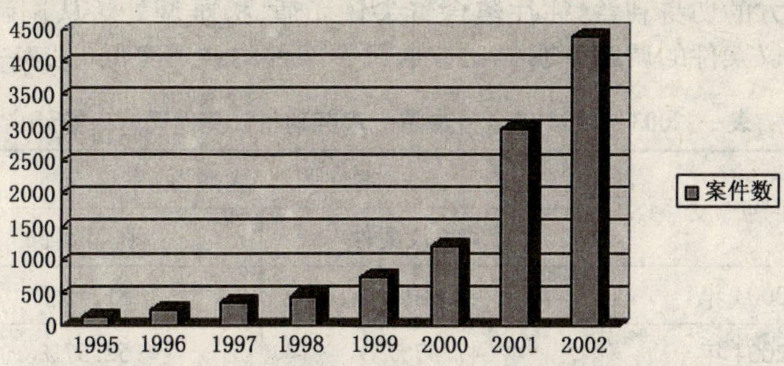

图一:1995～2004 年全省法院受理一审劳动争议案件数量统计

2. 纠纷主体多元化、案件类型复杂。近几年，伴随劳动争议案件数量的节节攀升，劳动争议的用人单位方主体也日益多元化，包含了国有企业、三资企业、民营企业和个体企业等各类经济主体；同时，争议类型几乎涵盖了劳动关系的各个方面，除了传统的开除、除名、辞退、辞职等身份性争议外，涉及劳动者经济利益的如工资、保险、福利、培训、工伤赔偿等权利性争议呈大幅上升的趋势，还有很多新类型争议不断出现，如竞业禁止争议、商业秘密争议、返还档案争议等。总的来说，我省劳动争议的类型及企业主体性质在不同地区体现出不同的特点：苏北、苏中地区的国有企业劳动争议案件所占比例较大，争议类型主要是因企业改制引发的买断工龄、给付经济补偿金的争议以及企业拖欠工资、养老金争议等（见图二）；苏南地区的私营企业、三资企业和个体企业劳动争议案件增幅最大，争议类型主要是集中于劳动合同（含事实劳动关系）、劳动报酬、劳动保险、职工福利与工伤赔偿等方面，其中又以劳动合同、工资和保险为非公企业中最常见的三大纠纷。以南京为例，2003 年非公企业的劳动合同、工资、保险争议案件分别占全部劳动争议案件的 21.3%、12.6% 和 10.8%，与去年同期相比平均增长 22.3%。

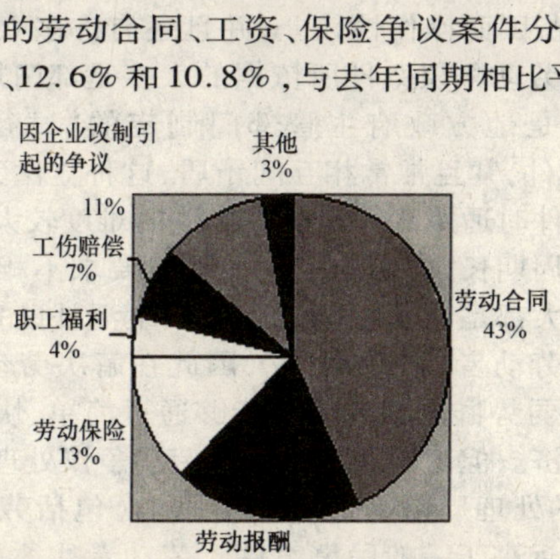

图二:2004 年南通市法院受理的一审劳动争议案件类型图

3. 矛盾尖锐,调解难度大。由于劳动争议案件涉及劳动者与用人单位双方的切身利益,往往蕴含着尖锐矛盾,极难调处。从调解率看,劳动争议案件的调解率明显比普通民事案件的调解率低(见表一)。

表一:2003~2004年全省法院一审劳动争议案件调解率统计

年　度	案件调解(含撤诉)率	
	劳动争议案件	民事案件
2003年	42.13%	51.46%
2004年	47.47%	52.57%

4. 群体性纠纷多。从统计数据看,我省法院受理的集体劳动争议数量并不多,但其存在两个客观原因,一是因原最高人民法院李国光副院长在全国民事审判工作会议上的讲话中要求:"企业职工下岗、整体拖欠职工工资是在企业制度改革和劳动用工制度改革中出现的特殊现象,不是履行劳动合同中的问题,由此引发的纠纷,应当由政府有关部门按照企业改制的政策规定统筹解决,不属于劳动争议,不以民事案件立案审理",故我省法院过去几年对改制中的群体性纠纷基本上采取不予受理的原则;二是为了防止群体性事件和突发事件的发生,我院曾于2002年初下发通知,要求各级法院在受理群体性劳动争议时,凡属于非必要共同诉讼的,一律分案处理。因此,我省法院近几年受理的集体劳动争议数量并不多,但不可否认的是,潜在的群体性纠纷仍然很多。

5. 适用法律难,执法尺度不统一。在劳动争议案件数量高幅攀升、争议内容日益复杂的发展态势下,我国现行劳动立法远远滞后于形势的发展和审判实践的需求,"劳动法"的规定过于原则,缺少与之配套的法律、行政法规,因而操作性较差,并且还有许多立法空白地带。目前人民法院审理劳动争议案件所依据的大多是部门规章和地方规章,甚至很大一部分是地方政府主管部门制定的"试行"、"暂行"、"意见"、"通知"等文件,并且常常相互间矛盾,这种立法无序、政出多门的局面导致审理案件时适用法律和统一执法的难度较大。

6. 案件处理周期长,与劳动争议的特殊要求不相适应。劳动争议案件的争议标的大都是劳动报酬、养老金、生活补助费等,这些费用用通俗的话说都是劳动者的"活命钱",因此在解决劳动争议时,本应尽可能使属于社会弱势群体的劳动者能够通过简单、快捷且收费低廉的司法程序获得救济。但由于我国目前的劳动争议处理机制仍是一裁两审制,导致案件的处理周期大都在一年以上(包括劳动仲裁时间和法院审理时间),远远高于一般民事案件。劳动者往往是打得起官司,耗不起时间,这既造成了诉讼资源的浪费,也使劳动者的合法权益难以得到及时、有效的保护。

二、我省劳资矛盾与纠纷的表现形式

从案件审理情况看,当前的劳资矛盾大致可以分为两类:一类是企业改制引发的劳动争议,主要是历史遗留下来的因企业制度改革与劳动制度改革带来的下岗职工的劳动关系处理和转制国有企业职工的身份转换问题;另一类则是私营、三资企业等非公有制企业中的劳资问题。随着我国非公有制经济的发展和国企改制的深入,国有企业的比例越来越小,大量的劳资问题转移到非公有制企业,由此引发的劳资矛盾成为近年来劳动争议的新动向和主要增长因素。

(一)企业改制引起劳动争议的具体表现

目前我省国有中、小型企业和集体企业的转制在多数地方已经基本完成,全省集中的大规模职工下岗已基本过去,随着由下岗到失业的并轨,多数下岗职工事实上已与原企业脱离了关系,但是这并不意味着国有企业和集体企业劳动关系问题的彻底解决。相反,由于在前一时期企业改制过程中存在着各种不规范和不公平的现象,导致改制后出现了很多后遗症,引发了很多群体性的劳动争议,并引起了社会的广泛关注。企业改制工作中存在的问题主要有:

1. 对下岗失业人员劳动关系的调整不彻底、不规范。企业改制是我国现代企业制度建立必须经历的过程与考验。在这个过程中,企业的产权关系和劳动关系势必发生重大变化。企业改制,理顺产权关系虽有难度,但劳动关系的梳理其实更为艰难。改制企业欲真正按照现代企业制度运作,就必须对企业的各项制度作出更深层次的改革,必须对企业劳动关系进行调整,许多改制前所签订的劳动合同需要重新清理和规范。但是一些地方和企业在转制过程中对劳动关系的处理和职工身份的转换没有给予应有的重视。一些企业在转制过程中,只进行了产权制度的改革,而没有处理企业职工的劳动关系和实现职工身份的转变,结果改制后的企业在裁员、辞退职工和终止劳动合同时遇到了种种麻烦和问题,再次导致纠纷的产生,也产生了很多侵害劳动者权益的现象。如很多企业在改制后与劳动者只签订一年的短期劳动合同,在合同到期后即与劳动者终止劳动关系且不支付经济补偿金,由此导致很多群体性纠纷。

2. 对劳动者的经济补偿不到位,补偿标准混乱。关于对改制企业职工的补偿问题,虽然各级政府都出台了很多政策,但很不统一,标准混乱。一些有能力的国有企业、垄断行业的企业动辄补偿五六万元、甚至十多万元;而一些困难企业在无力清偿所欠职工债务和无力支付补偿金的情况下,强行解除与职工的劳动关系,搞所谓"买断工龄",有的只给每个职工两三千元强行打发了之,我省宿迁市一些企业甚至分文不给。这种显失公平的做法理所当然会引起职工的强烈不满,甚至会引发严重的社会问题。还有一些地区,政府在主导改制工作中,未将原企业资产的财产所有权明晰,原企业与新设企业之间关系不明确,导致对职工的补偿金发放与退休金发放纠纷大量发生。如靖江市法院今年受理的朱芳等13名退休职工起诉靖江市纺织器材厂退休金纠纷一案,当地政府在出售原纺织器材厂资产时,与购买人签订了资产出售协议。约定将资产留一部分给购买人使用,购买人负责发放98名退休职工的退休金。但合同履行一年后,因新设企业无力支付退休金,当地政府不得不对企业进行二次改制,强行要求退休职工接受一次性了断安置处理,因此导致退休职工集体向法院起诉。类似的纠纷在我省苏北、苏中地区相当普遍,目前尚未得到很好的解决。而且此类劳动争议,往往是因政府主导的改制行为引起,牵涉面很广,法院很难处理,即使作出处理,也难以执行。

(二)非公有制企业劳资矛盾与纠纷的表现形式

我国非公有制经济从小到大,经过二十多年的成长和发展,已经成为推动经济发展的重要力量,其所吸纳的就业人数大大超过了国有企业。但在非公有制经济迅速发展的同时,与其相适应的劳动关系调节机制和制度并没有建立起来,导致劳资纠纷不断。这些纠纷的产生包括两个方面:一方面,由于我国大多数私营企业和很多中小型三资企业尚处于原始积累时期,对利润的过度追求导致企业主压榨劳动力、侵害劳动者权益的现象日益严重,使得劳动者与企业的矛盾日益激化,并且这种矛盾已直接显现为劳动与资本的对抗与冲突,给社会的稳定和经济社会的可持续发展埋下严重隐患。另一方面,由于我国的劳动法律尚不能完全适应目前市场化劳动关系的要求,导致劳动者与企业的权利义务关系不明晰或者不合理,使得在一些情况下企业的合法权益得不到维护。

1. 企业侵害劳动者权益的现实表现。

(1)克扣和拖欠工资现象严重。克扣和拖欠劳动者的工资,这已成为近年来一个全社会关注的问题,尤其是在非公有制企业中这一侵害劳动者权益的现象尤为突出。据南京市中级人民法院的调查结果显示,在该市法院受理的非公有制企业群体性劳动争议案件中,70%左右的诉讼案件即因拖欠工资而引发。此类纠纷集中高发于两个领域:一类发生在工程建设领域。据统计,2004年江苏全省法院共受理拖欠工程款案件和农民工追索劳动报酬案件5494件,审结5510件,比2003年上升了11%,结案标的额达人民币5.575亿元。从总体上来看,建设领域拖欠民工工资的原因有三个方面:其一,少数是施工企业和包工头恶意拖欠或克扣的;其二,更多的则是工程款层层拖欠而导致许多企业和包工头无力支付民工工资。在建筑工程中存在的环环相扣的链条中，民工位于债务链的末端，属于最无助、最弱势的一环；其三，由于目前不论是在理论上还是实务部门对于劳动关系和劳务关系的法律界定尚无定论，导致民工的合法权益很难通过合适、便捷的法律途径得到充分的救济，因此民工们不得不选择群体上访、申诉等非正常途径解决，甚至采取某些极端行为。另一类发生在餐饮服务、服装和加工制作等中小型非公企业密集的行业。这类企业的主要特点是通过不订立书面劳动合同、不断更换劳动力等规避法律的手段任意克扣和拖欠劳动者的工资。由于缺乏书面合同，劳动者很难证明被拖欠工资的数额。此外，一些非公有制企业通过确定不合理的劳动定额、计价报酬标准等规避手段，迫使劳动者为完成任务而"主动"加班加点方可取得最低工资报酬；还有一些企业还存在不按法定标准给付加班工资、任意自定标准减少支付甚至不支付加班工资的现象，严重侵害了劳动者的劳动报酬权和休息权。

（2）工作环境恶劣，工伤事故严重。相当多的私营和三资企业工作环境恶劣，工人常年在高温、有毒、有害的工作环境中工作，给他们的身心健康造成严重危害；安全生产条件差，工伤事故不断。据统计，2004 年全省法院受理的劳动争议类案件中，工伤事故赔偿纠纷比 2003 年增加了 11%。

（3）职工社会保险权利保障不到位。用人单位为劳动者缴纳社会保险是国家强制性规定，是用人单位的法定义务。全国包括江苏省近年来相继出台完善了养老保险、失业保险、医疗保险等相关规定，对新经济组织、灵活就业人员均制定了特殊保障政策。但当前非公有制企业不按国家法律、行政法规及地方政策规定办理社会保险登记手续、不为职工建立个人社会保险基金账户、不缴纳社会保险费的"三不"现象仍很突出。实践中规避手段多表现为：大量使用劳务工和外地劳动力，且不办理外地劳动力的申报办证手续；借口"试用期"不签劳动合同、使用几个月就更换一批劳动者；达到私营企业用工人数却隐瞒不登记实际用工数仍继续以个体户身份经营，逃避应给工人办理的相关保险，甚至以解除劳动合同为要挟迫使劳动者"主动"要求不办理社会保险等，由此引发的诉讼案件也不在少数。以我省南京市为例，2003 年该市劳动监察部门共督促用人单位为101，414名劳动者补缴社会保险费3658万元，其中查处私营企业、三资企业所占比例分别达到34.6%与23.5%。

（4）严重侵害劳动者的其他合法劳动权利乃至人身权利。包括：拒绝与劳动者签订劳动合同；不支付或少支付工伤治疗费；不按有关法律规定支付工伤赔偿费；拒绝与劳动者签订劳动合同；随意辞退和解雇劳动者；收取押金；拒绝执行有关女职工劳动保护的规定。甚至极少数的企业严重侵犯劳动者的人身权利，诸如实行限制劳动者人身自由的"封闭式管理"，侮辱劳动者人格的搜身，对劳动者实行野蛮的强制劳动和暴力管理，等等。这些违法行为不仅严重侵害了劳动者的基本权益,更是激化劳资矛盾、诱发劳动者对抗情绪的直接因素。

当然,并不是所有的非公有制企业都是如此。据调查,大部分大型的外资企业和合资企业(特别是欧美的企业),以及由国有企业转变而来的大中型股份制企业,基本上能够遵守劳动法律,尊重劳动者的权利。

2. 企业权益受到侵害的现实表现。

现阶段,由于资本在我国劳动关系中占有绝对强势的地位,因此劳动者权益得不到保护成为当前劳资矛盾的主流。但是,作为矛盾的另一面,企业的利益因种种原因得不到维护的现象同样不容忽视,其具体表现有:

(1)劳动者随意"跳槽"损害企业利益。在调查中,我们发现非公有制企业中劳动者的流动性比例明显高于其他经济实体。一些握有企业核心技术机密或销售网络的中层技术、销售及管理人员不按法律规定擅自离职甚至恶意"跳槽",给其所在单位的正常生产经营造成不可挽回的损失。与企业管理混乱、经营者任意辞退职工现象形成反差的是,上述问题在管理较为规范科学、严格依照法律规定未曾收取押金、保证金的大中型企业发生较多。近年来,企业要求职工违约赔偿的案件有所增加,有关商业秘密、竞业限制、劳动者"跳槽"给企业造成损失的纠纷,已成为劳动争议案件中的"新品种"。但是由于我省的《劳动合同条例》禁止当事人在劳动合同中约定提前解除劳动合同的违约责任,导致相关企业欲依合同约定追究劳动者的违约责任却往往无从下手,若采取扣留档案等过激手段又势必将被劳动仲裁、审判部门认定违法败诉,这成为我们在调查座谈中企业经营者反映较为集中的焦点问题。

(2)企业承担了很多不合理的负担。我国过去在"企业办社会"的指导思想下,出台了很多法律规定和政策,让企业承担了许多对劳动者的保险和福利义务,造成企业的负担过重。在实行劳动合同制度改革、劳动保险社会化之后,很多过去的法律规定和政策并没有废止,导致劳动者与企业为此纠纷不断,仲裁机构与法院在审理这些案件时适用法律和政策的标准也很不统一。如对职工独生子女的医药费,企业是否应予报销的问题,有的仲裁机构和法院认为应按《江苏省人口与计划生育条例》和地方政府制定的计划生育规章和政策予以报销,有的则认为不属于企业的法定义务,不应予以报销。类似的福利纠纷还有很多。

对于因企业权益受到损害而发生的纠纷,客观分析其原因,我们认为主要并不是因劳动者恶意违约,而往往是由于法律的不确定或规范的冲突,使得当事人难以对自己的行为后果作出正确的预期和选择,从而导致纠纷增加。例如上文所述劳动者"跳槽"是否违约的问题,即存在《江苏省劳动合同条例》与劳动法及劳动部相关规章是否冲突的争议。因此,这一问题的解决有赖于真正建立起一套适应市场化劳动关系调整需要的法律规范,才能正确引导企业和劳动者的行为,避免和减少纠纷的发生，构建和谐的劳动关系。

三、当前劳资矛盾与纠纷的成因剖析

我国目前正处于经济转轨和社会转型的历史性变革时期。经过二十多年的改革和发展，中国的劳动关系发生了深刻而巨大的变化。市场化劳动关系基本形成并逐步占据了主导地位，但这并不等于说我们由计划经济的劳动关系向市场化劳动关系转轨的任务已经完成，恰恰相反，随着改革的步步深入，一些深层次的矛盾和问题暴露出来，突出表现在两个方面：一是我们的劳动关系转轨还没有真正完成，经济结构调整和企业改制过程中下岗失业人员劳动关系的处理和转制企业职工身份转换问题尚未完全解决；二是虽然市场化劳动关系已经基本形成，但是适应这种劳动关系的调节机制和制度还没有建立起来。这正是造成目前劳资矛盾日益激烈、劳动争议大幅上升、群体性纠纷频繁发生的宏观社会背景。这一宏观背景与我国经济体制改革面临的问题其实是一致的，但仅有对宏观背景的认识还不足以拿出切实可行的解决方案，我们还必须对这些问题的具体原因进行进一步分析：

（一）政府在改制过程中缺乏统筹规划以及对国企改制法律规范的缺失造成大量群体性劳动争议

关于企业改制过程中发生的纠纷，仍属对计划经济向市场经济转轨过程中劳动者、企业、国家各方利益的重新分配与调整问题，并不完全是劳动者与企业双方之间的矛盾，因此我们仍沿袭传统的用语将其称为“劳动纠纷”，而不把其称为“劳资纠纷”。对于这类纠纷的产生，我们认为，至少有以下几方面的原因：

1. 改制过程中过于偏重效率原则，只图降低改革成本，对改制职工利益的维护不够。企业产权制度的改革实际上也是对利益格局大调整和对社会财富重新分配的过程，在这一利益调整过程中应该也必须维护广大国有、集体企业职工的基本权益，以实现起码的社会公正。但是很多地区和企业在改制过程中只考虑如何降低改制成本，而忽略了对职工的权益保障。甚至一些企业借改制之机变相侵吞国有资产，而把职工“扫地出门”，极大地损害了广大职工的利益。这种利益分配的巨大反差理所当然引起广大职工的不满情绪，导致大量的群体性上诉。并且在改制职工的基本生存权得不到保障的情况下，虽然从短期看企业完成了改制，但问题和包袱被甩给了政府和全社会，必然对社会的稳定造成长期的隐患。

2. 政府在改制过程中缺乏统筹规划与宏观运作，造成对职工的补偿标准悬殊，且留下很多后遗症，埋下了产生纠纷的隐患。在国有企业和集体企业改制过程中，不少地方政府对改革和职工的安置处理没有进行周密的规划和统一的政策安排,而是让企业各自为战,各搞各的。以致产生对职工的补偿标准悬殊的情况,好的企业补偿多,坏企业补偿少。而那些困难的企业既难以破产,也谈不上改制,活不了,也死不成,职工就年复一年靠政府长期养着。此外,很多地方采取临时应付和得过且过的态度——只要职工不闹,问题就得不到解决,结果形成一种"小闹得小益,大闹得大益,不闹没人理"的局面。这既加剧了职工的不满情绪和矛盾,助长了一些人"赖政府"的风气,也损害了部分职工的利益。而且使问题无法得到彻底的解决,造成了很多后遗症,并且给后面将要进行的改制制造了更大的困难。

3. 对改制职工劳动关系的处理缺乏法律规范,使这类纠纷无法通过法律途径予以解决。企业改制对劳动者的补偿安置,归根到底就是两个问题:一是确定相对公平、合理的经济补偿标准;二是对职工的劳动关系进行符合市场化要求的调整与变更。关于这两个问题,虽然国家和地方出台了很多政策性规定,但是都没有上升到法律、行政法规的层次,并且国家和各地的政策时有冲突,导致这类纠纷无法通过法律途径予以解决。虽然过去一段时间,根据原最高人民法院李国光副院长的讲话精神,我省法院对于改制引起的纠纷大多不予受理。但是从长期看,将这类纠纷排除出司法救济途径之外,不论对于保障劳动者的权益,还是对于维护国家法制的统一和社会秩序的稳定都是有百弊而无一利的。因此,在即将进行的国有大型企业的改制中,将因劳动关系而发生的争议也纳入司法救济的范围已经成为社会的普遍呼声。但是通过司法途径最终解决改制中劳动纠纷的前提是必须将经过周密规划、统一部署的政策上升到法律的层次,使法院在处理这类纠纷时有法可依。

(二)缺乏适应市场化劳动关系的有效的调节机制导致非公有制企业劳资矛盾日趋激化

如果说国有、集体企业改制引起的劳动纠纷仅仅是过渡时期的过渡问题,那么相比起来,非公有制企业的劳资矛盾就更值得我们重视。因为非公有制企业中的市场化的劳动关系代表着我国劳动关系的发展方向,我国国有企业实现股份制改造后,其劳动关系的调整模式也将越来越走向市场化,因此,如果这部分劳资矛盾如果不加以很好的解决,必然影响到国民经济的长远发展和社会的稳定。

1. 劳资力量对比的严重失衡是造成非公有制企业劳资纠纷的宏观社会背景。

目前,我国非公有制企业与劳动者之间的劳动关系已经完全实现了市场化。市场化的劳动关系与计划经济条件下的劳动关系最大的区别即在于市场化的劳动关系是一种契约关系,劳动者与企业通过平等、自由协商订立劳动合同;而计划经济体制下的劳动关系则是通过政府计划,即通过政府为劳动者"分配"工作而建立起来的,这种劳动关系是一种建立在等级制、身份制基础上的行政依附关系。在劳动用工制度上坚持市场化的取向无疑是正确的，是市场经济的必然要求。但是这种市场化的劳动关系并不是十全十美的制度选择，其最致命的缺陷在于市场化的劳动关系只维护形式平等，却忽视了劳动者与企业之间实质上的不平等。因为在这种市场化的劳动关系中，企业与劳动者之间的关系实际上就是资本与劳动两种力量的对抗，在这种对抗中，资本显然是占有优势的。而且资本的优势地位在我国目前就业压力巨大的情况下显然格外触目惊心，进一步促使劳资关系向不平衡发展。据统计，我国 2003 年的城镇新增劳动力 1000 万人，国有企业和集体企业下岗职工共 600 万人，以及登记失业人员 800 万人，而受到经济增长的限制，当年新增就业仅 1000 万人，年度劳动力供大于求的差额在 1400 万人左右，[①]再加上由于农村产业结构调整而需要转移的大量农村富余劳动力，导致我国劳动力市场成为绝对的供方市场。在这种情况下，劳动者放弃自己应有的合法权益就成了获取生存的惟一选择，资本自然获得了选择劳动力的广阔空间和苛求劳动者的优势地位。当这种劳资力量的不平衡达到劳动者无以忍受的程度，劳资矛盾的大爆发就是不可避免的结果了。事实上，我省劳动争议受理案件数近年来呈高速增长的态势，在某种程度上已经说明了劳资领域的矛盾已经成为影响社会稳定的重要因素。

2. 缺乏有效的调节机制平衡劳资双方利益、维护劳动者权益是造成非公有制企业劳资纠纷的制度背景。

事实表明，在目前劳资力量严重不平衡的情况下，对市场化劳动关系必须进行适度的限制和调节，建立起能够有效维护劳动者权益的劳动关系调节制度，以实现劳动者与企业之间真正的平等。客观地说，我国在过去十多年的努力下，已经制定了相当多的劳动法律、行政法规和政策，劳动法律体系已经基本形成，对劳动者权益进行保障的规定也不可谓不多，但是为什么劳资纠纷并没有得到遏制，其根本原因恐怕在于这些制度仅仅停留在纸面上而没有得到切实有效的贯彻实施。

（1）适应市场化劳动关系的立法严重滞后，立法空白与规范冲突并存，导致法律的不确定性和纠纷的增多。由于劳动法制定于我国刚刚确立社会主义市场经济体制的改革目标之时，本身侧重于建立基本的劳动秩序，劳动关系的调整方式也正在由行政管理向劳动合同制度转变，因而不可能充分预见劳动关系的具体调整方向，由此导致劳动法总体上原则性强，操作性弱，缺乏对许多具体问题的规范。我国的社会保障立法更是刚刚起步，至今尚无一部统一的社会保障法。法律规范的缺失随着劳动用工制度改革的深入而愈为明显和突出，正是在这种情况下，劳动行政法规、规章与政策大量出台。这些行政法规、规章与政策在为具体劳动关系的调整提供依据的同时，也导致劳动规范体系的庞杂，增加了适用法律的难度和统一执法的难度。不同地方法规和

①转引自赵振远著："论新形势下的劳动者权利保护"，载"深圳劳动争议仲裁网"2003年2月26日劳动论文专题。

规章对于同样问题却有不同的规定,例如:劳动合同的设立条件、竞业限制的范围、三资企业经济补偿金的标准等,造成省与省、省与部之间规定的冲突,不利于法律的统一实施,对地方投资环境也造成不利影响。同时,由于立法空白与规范冲突的存在,导致法律的不确定性和后果的不可预测性,行为的失范与纠纷的增加也就在所难免。

(2)劳动执法不力,导致劳动领域的违法行为得不到追究。"徒法不足以自行",劳动保障法律规范的普遍实施既有赖于劳动者和用工单位的自觉遵守,也离不开国家强制力的保障。劳动监察制度是保证法律规范普遍实施的重要手段,是维护和发展稳定、和谐、可持续发展的劳动关系的最重要的环节之一,是全部劳动用工法律规范的"总执法者"。由于计划体制中职工与单位的人身依附观念的影响,长期以来人们对劳动保障行政机关在解决劳动争议中的重要作用有着模糊的认识。劳动监察法律滞后、劳动监察人员数量严重不足、地方政府对企业的片面保护及对吸引投资的片面关注,使得劳动监察职能严重缺位。在当前社会转型期,就业难、农民工欠薪、劳动保护条件恶化、矿难等重大恶性事故的发生,可以说从不同的侧面反映了劳动监察制度缺位的严重后果,且已经影响到社会的和谐与稳定。劳动监察执法力度不严既不利于保护企业的公平竞争,也不利于对劳动者这一弱势群体的保护。

(3)劳动争议处理机制存在严重的缺陷,已不能适应新形势的需要。我国目前劳动争议处理的基本方式可以概括为"一调一裁二审制,仲裁前置"。即:①企业内部设立劳动争议调解委员会,负责调解本企业发生的劳动争议;②地方设立劳动争议仲裁委员会,对当事人申请的劳动争议进行仲裁;③当事人不服仲裁裁决的,可向基层人民法院起诉,人民法院实行两审终审。劳动争议仲裁是提起诉讼的必经程序。随着形势的发展,现行劳动争议处理体制的弊端日益突出,主要体现在:其一,企业调解委员会由于企业工会发挥不了作用,致使劳动争议在企业一级基本得不到解决,大多数劳动争议都要通过仲裁或者劳动监察和诉讼程序加以解决,不仅给劳动仲裁机构和法院造成巨大压力,而且一旦争议发生,往往具有矛盾激化和难以挽回的后果。其二,一裁二审制的程序繁杂冗长,不利于劳动者权益的保护和社会秩序的稳定,也造成司法资源的巨大浪费。且这一机制在仲裁与诉讼的衔接上也存在诸多难以解决的问题,如仲裁时效与诉讼时效的问题、对仲裁裁决的维持与变更问题、当事人主体地位问题、适用法律规范的冲突问题等等。因此,我国劳动争议处理机制已到了非改革不可的地步。

(4)集体协商制度流于形式,导致劳资矛盾无法通过和平的渠道解决。集体协商,也称为集体谈判,是指企业工会或者劳动者代表与企业或企业代表,以签订集体合同为目的而进行的磋商和谈判。应该说,我国在构建集体协商制度上已经取得了很大的成就:首先,通过立法确定了集体协商制度,在劳动法、工会法、劳动和社会保障部《关于工资集体协调暂行规定》等法律与规章中都对集体协商和集体合同作了规定。其次，我国的集体合同签订率和覆盖人数已达到相当高的比例。据统计，截至2003年底，全国共签订集体合同67.29万份，覆盖企业121.4万个，覆盖职工1.035亿人。但另一方面，我国的集体协商和集体合同流于形式的问题十分突出。众所周知，集体协商和集体合同制度的关键与核心是“谈判”，而我国的集体合同基本上不存在“谈判”的过程。集体协商制度对于调节劳动关系的作用可以说是举足轻重的：其一，可以使劳动者联合起来与企业谈判，维持劳资关系双方的力量平衡，以实现真正平等意义上的自由协商；其二，可以使双方在发生争议时通过和平协商的途径加以解决，避免劳资矛盾转为恶性的对抗，引发社会问题。然而，我国目前的集体协商制度显然起不到这两方面的作用，究其原因，最核心的问题在于缺乏真正的谈判主体，即没有能够真正代表工人的工会组织以及代表企业的组织。

四、正确化解劳资纠纷，构建和谐社会的对策和建议

（一）我省法院为正确处理劳资纠纷、维护社会稳定采取的对策

1. 贯彻科学发展观，全面树立以人为本、协调发展的新型劳动关系理念。十六届三中全会明确提出了“坚持以人为本，树立全面、协调、可持续的发展观，促进经济社会和人的全面发展”。贯彻科学发展观对于劳动争议案件的审理至关重要：一方面，立足劳动法的宗旨，要充分维护作为弱者的劳动者的权利，依法制约企业滥用权利侵害劳动者利益的行为；另一方面，又要维护企业正当的用工自主权和正常的生产经营秩序，促进企业的可持续发展，维护劳动关系的和谐与稳定，以实现经济社会的全面发展。在这一思想指导下，我省三级法院在审理劳动争议案件中，逐步摸索出保护劳动者合法权益，促进和完善劳动合同制度、尊重当事人意思自治，有利于社会稳定，着重调解等四项原则。

2. 充分发挥审判职能，全力清理拖欠工程款和农民工工资案件。今年年初以来，全省法院认真贯彻落实党中央、国务院和最高人民法院关于清理拖欠农民工工资的重要部署，开展了声势浩大的清理拖欠工程款和农民工工资案件的活动。2004年，我院下发了两个关于审理“两类案件”的紧急通知，对全省法院依法及时审理好“两类案件”提出了要求。全省法院迅速行动起来，全年共受理拖欠工程款和农民工追索报酬案件5494件，审结5510件，比2003年上升了11%，结案标的额达人民币5.575亿元，切实维护了进城务工农民的合法权益。

3. 注重通过调查研究解决疑难问题，不断提高执法水平和统一执法尺度。近年来，针对我省劳动争议审判的热点问题，我院开展了多项专题调研活动，先后起草了三个调研报告、一个法律适用问题解答，并制定下发了《关于审理劳动争议案件若干问题的意见》，明确了处理此

类案件的基本原则和要求,解决了困扰此类案件处理的若干法律问题,统一了全省法院的执法尺度。

4. 加强与劳动仲裁机构、工会组织的沟通联系,加强司法建议工作,将劳动争议案件的审理工作有机带入对劳动争议的社会综合治理之中。

(二)化解劳资纠纷,构建和谐社会的建议

我国目前正处在如火如荼的社会变革时期,劳动关系作为现代经济社会中最基本、最重要的关系之一,也必然处于急剧的变革之中。这种变革在使传统的计划体制下的劳动关系走向现代化的同时,也不可避免地给劳动关系带来了不和谐与不稳定的因素,导致劳资矛盾的激化和劳动争议的剧增,给社会的稳定和经济社会的可持续发展造成了很大的负面影响。我们必须正视目前在劳动领域面临的这些重大问题,寻找解决问题的切实有效的对策。为此,我们提出以下几个方面的建议:

1. 完善劳动与社会保障立法。

(1)在国家立法的层面上,目前急需制定出台劳动合同法、社会保险法、集体合同法等单行法,建立能够体现现代市场经济精神和有效维护劳动者权益的劳动关系法律制度。此外,应抓紧研究国有企业改组改制中劳动合同解除变更问题、经济补偿问题等,从法律层面上提出解决方案,以实现企业改制的统一运作。

(2)在地方立法的层面上:第一,对全省国有企业和集体企业改制后的遗留问题进行深入调研,在此基础上制定全省统一的规范,统筹规划、统一运作改制遗留问题的解决及国有大型企业改制中职工的补偿与劳动关系的处理。应坚持两个原则,一是必须坚持以经济补偿解决职工身份转换的原则,至于职工劳动关系变化后的权利保障问题,应通过市场化的劳动关系调节机制来实现;二是要制定公平、合理与统一的经济补偿标准,特别要通过经济补偿的方法将过去凝聚在国有资产中工人的社会保障基金交还给工人,以维护起码的社会公正,对于财政困难、无力支付经济补偿的地区,省里应通过加大财政转移支付力度来解决。第二,在关于市场化劳动关系调节制度的建立上,目前最紧迫的任务有三个:一是应抓紧对短期工、小时工、兼职工等非正规就业人员的劳动关系和社会保险关系的协调方式的研究,保障这些灵活就业人员的劳动权益。二是抓紧对建筑行业的劳动关系进行研究,彻底理顺建筑行业的劳动关系,保障民工的合法权益,防止施工企业以劳务关系为由规避劳动法上的责任。关于这一点,2004年出台的《江苏省工资支付条例》虽然有所涉及,但尚未彻底解决。三是对过时的、尤其是计划体制下的法律、行政法规和政策及时清理,实行统一标准,保证法律的统一实施。如关于企业应向劳动者提供的福利待遇问题,应以国家法律所确定的劳动基准为限度,不能以地方政策加大企业负担。我们必须认识到,减轻企业的负担可以促进企业和社会经济的可持续发展,最终对增进劳动者的福利也是有利的。因此在维护劳动者权益和企业权益的关系上,必须找到适当的平衡点。

2. 强化劳动执法。

(1)尽快制定和出台劳动监察法,用法律保障劳动执法的各项权力。

(2)针对我国目前地方保护主义严重的情况,建立垂直和纵向管理的劳动监察体制,由上级劳动监察部门对下级劳动监察部门实行有效的管理、监督和制约。

(3)健全劳动监察工作机构,配备足够的劳动监察人员,充分发挥劳动监察的事前防范作用,加大对劳动违法行为的查处力度。

3. 改革劳动争议处理机制。

(1)建立有效的劳动争议调解制度。由于工会的健全与完善不是短期内可以完成的任务,因此必须对现行的企业调解委员会调解制度进行改革,建立区域性的劳动争议调解机构。如上海市近年来实行的区域性劳动争议调解机制即取得了良好的效果。我省也应对这一制度进行积极的探索和尝试。

(2)改革一裁二审的劳动争议单轨处理机制。应将劳动争议区分为权利争议和利益争议,对于涉及劳动合同的订立与变更的,属于利益争议,由劳动仲裁机构进行仲裁;对于涉及劳动合同的履行和终止的,属于权利争议,通过诉讼途径解决,实行"裁审分轨、各自终局"的双轨制。当然,这一问题有赖于从立法层面上加以解决。

4. 建立真正的集体协商制度。

相比起来,这是一项最任重而道远的任务。因为构建集体协商制度是一项社会系统工程,既涉及经济体制和法律制度,也涉及政治体制的问题。但是我们也必须认识到,集体协商制度最终是解决劳资矛盾和劳资纠纷的根本之道,因为集体协商模式正是为了应对和消除劳资矛盾的破坏性后果而产生和兴起的,它是建立在这样的理念基础上的:即在承认劳资双方利益矛盾的基础上,更强调二者的共同利益和合作,并相信这种矛盾是能够通过一种制度安排得到解决并使二者为了共同的利益走到一处的。在如何建立真正的集体协商制度问题上,应着重解决以下几方面的问题:第一,培育真正的谈判主体,主要是培育真正能够代表工人的工会组织;第二,明确规定集体协商中企业的责任,包括企业在有关劳动条件的决定方面必须与工会或职工代表进行协商,企业在协商中必须向对方提供一切必要的信息和材料等;第三,规定明确的违约责任,建立处理集体合同争议和违约处罚的司法制度。

关于审理劳动争议案件适用法律若干问题的探讨

◆厦门市中级人民法院民一庭

近年来,劳动争议案件呈逐年上升之势。据统计,我院2000年、2001年、2002年三年来分别受理劳动争议案件161、263、330件,分别占年度受理各类民事案件总数的27.4%、36.3%、37.6%,这些案件涉及的纠纷类别主要为:追索劳动报酬、终止或解除劳动关系后经济补偿金支付、欠缴劳动保险费、工伤事故损害赔偿等问题。如何正确适用法律,审理好劳动争议案件,已成为目前民事审判中的热点、难点问题。为此,厦门市中级人民法院民一庭组成课题组,通过对三年来两级法院审理的劳动争议案件进行调查分析,从五个方面对审理劳动争议案件适用法律若干问题提出探讨意见和观点:

一、关于劳动关系的审查和认定

(一)对劳动关系与劳务关系的审查与认定

劳动者与用人单位是否存在劳动关系,涉及劳动关系解除后用人单位是否应支付经济补偿金、社会保险金。审判实践中,劳务关系与劳动关系的界限不易分清,因此严格区分劳动关系与劳务关系尤为重要。

所谓劳务关系,也即雇用关系,是指一方向他方提供劳务,另一方给付报酬的权利义务关系。给付报酬一方为雇用人,提供劳务一方为受雇人。劳务关系一般由劳务合同确认。劳务合同也叫雇用合同,是指当事人一方为他人提供劳务,他方给付报酬的合同。劳务雇用是现代生活中十分普遍的现象,尤其是改革开放以来,私人企业兴起,雇工现象大量出现,劳务关系越来越普遍。主要表现形式有:(1)公民之间的劳务关系。根据劳动法的规定,自然人之间的劳务关系不受劳动法调整,因而他们之间所签订的雇用合同应为劳务合同。诸如家庭保姆与雇主之间的关系,家教与其雇主之间的关系,以及我国农村存在的大量的雇工现象,城市建筑市场上的大量民工现象。(2)个人与用人单位之间的劳务关系。劳动法第2条规定:在中华人民共和国境内的企业、个体经济组织(以下统称用人单位)和与之形成劳动关系的劳动者,适用本法。国家机关、事业组织、社会团体和与之建立劳动合同关系的劳动者,依照本法执行。根据该条规定,可以看出,公民行使劳动权利和劳动行为一般只会形成一种劳动法律关系,不能同时存在两个或两个以上的劳动法律关系。但是随着市场经济的发展,人才和技术的流动使兼职成为必然,一些劳动者在完成主业的同时,基于个人的需要利用业余时间从事另一有偿劳动,从而形成又一劳动法律关系,这种劳动法律关系是一种劳务关系,其表现形式大体为:①企业的科技人员在完成本职工作和不侵犯本单位的技术权益、经济利益的前提下在其他单位业余兼职,而签订的聘用合同是劳务合同。②退休人员被其他用人单位聘用而签订的聘用合同是劳务合同。③长期被外单位借用的人员、带薪上学人员,以及其他非在岗仍保持劳动关系的人员被其他用人单位聘用而从事工作的属于劳务供给。④在校生利用业余时间勤工俭学,不视为就业,其工作应视为劳务。(3)根据劳动法的规定,劳动合同的主体限于中华人民共和国境内的企业、个体经济组织、国家机关、事业组织和社会团体,故劳动者给非劳动法规定的劳动法律关系主体中的用人单位提供劳务,如与不具有用工权的单位、外国企业签订劳动合同,由于用人单位主体不合格,双方签订的合同属于劳务合同的调整范围。

所谓劳动关系是指劳动者与用人单位为实现劳动过程而发生的劳动力与生产资料相结合的社会关系。劳动关系由劳动合同确认，劳动合同是劳动者与用人单位确立劳动关系、明确双方权利和义务的协议。劳动关系与劳务关系有一定的联系但又有所区别,主要体现在:(1)调整的法律不同。劳动合同由劳动法调整,劳务合同由民法调整。(2)合同订立的主体以及主体的法律地位不同。劳动合同的主体一方是职工个人,一方为企业、个体经济组织,劳动合同生效后一方与另一方产生组织领导关系、管理与被管理关系。劳务合同是雇用人与受雇人签订,双方的法律地位平等,不存在组织领导关系,管理与被管理关系。(3)合同的内容受国家干预的程度不同。劳动合同的某些条款国家常以强制的形式作出规定,以干预劳动合同内容的确定;劳务合同的双方当事人在合同内容上有较大的自由协商余地。(4)劳动合同受劳动法的调整,劳动报酬在我国主要依据劳务分配原则进行分配;劳务合同受雇人的报酬由双方按等价有偿原则协商而定。(5)劳动合同关系中的劳动者必须年满16周岁(特定情形除外),因年满16周岁的公民才有劳动权利能力和劳动行为能力,才能享有和行使劳动权利和承担劳动义务。劳务合同主体的雇工,可以是年满10周岁的未成年人和成年人,因为民法规定,10周岁以上的未成年人是限制行为能力人,可以进行与其年龄、智力、精神健康状况相适应的民事活动。(6)纠纷处理程序不同。劳动合同根据劳动法的规定,仲裁是处理劳动争议案件的必经程序;劳务合同的当事人则可以直接向法院起诉。

(二)对事实劳动关系的确认

事实劳动关系是指用人单位与劳动者之间既无劳动合同又存在着劳动关系的一种状态,事实劳动关系中的双方当事人存在着劳动关系的权利义务,但欠缺劳动法律关系赖以确立的法律事实的有效要件。如未签订劳动合同或劳动合同无效等。实践中,我们认为以下四种情况应确认为事实劳动关系:(1)用人单位与劳动者确立劳动关系时,未按国家有关规定签订劳动合同。(2)当事人履行无效劳动合同而产生的劳动关系。实践中如用人单位未经工商登记,不具备劳动法所规定的用工主体资格,但事实上已进行生产经营活动,应当作为用人单位参加诉讼。双方是否存在劳动关系,则需从事实劳动关系的角度去考察,如劳动者为用人单位提供了劳动,接受用人单位的管理,遵守用人单位的劳动纪律,获得用人单位支付的劳动报酬,受到用人单位的劳动保护,则应认定双方存在事实劳动关系。(3)劳动合同期满后,当事人既没有续订劳动合同,又没有终止劳动合同,而形成事实劳动关系。(4)在隐性失业状态下形成的隐性就业状态,即在劳动制度改革过程中,出现了一部分职工与用人单位保持虚化的劳动关系,即下岗、待工等,同时又与另一些用人单位形成事实劳动关系。

二、关于审理劳动保险案件适用法律存在的问题及对策

近年来,劳动保险纠纷案件在劳动争议案件中所占的比重不断增加,纠纷主要原因是用人单位对社会保险的意义和重要性没有充分认识,实践中欠缴社会保险金的现象十分突出。

当前在审理此类案件中,主要存在以下三个问题:

1. 劳动法第九章有关社会保险和福利的规定中,只是原则地规定劳动者享有社会保险的权利,但对保护的措施和手段没有具体的规定。由于劳动法这一调整劳动关系的基本法可操作性不强,造成在审理中难度较大。主要体现在:一是对劳动保险纠纷案件人民法院是否应当受理,法律、行政法规没有明确规定。最高人民法院《关于审理劳动争议案件适用法律若干问题的解释》第1条人民法院受理劳动争议案件范围的第3项“劳动者退休后,与尚未参加社会保险统筹的原用人单位因追索养老金、医疗金、工伤保险待遇和其他社会保险费发生的纠纷”的规定,只规定“劳动者退休后”追索社会保险费的,人民法院应当受理,而没有规定劳动者退休前或解除劳动合同时劳动者提出补交社会保险费的案件是否应受理,而在审判实践中劳动保险纠纷案件约95%属此类情况。二是劳动保险纠纷案件是否受诉讼时效限制,法律、行政法规没有明文规定。根据最高人民法院《关于审理劳动争议案件适用法律若干问题的解释》第3条的规定:“劳动争议仲裁委员会根据

劳动法第82条之规定，以当事人的仲裁申请超过60日为由，作出不予受理的书面裁决、决定或者通知，当事人不服，依法向人民法院起诉的，人民法院应当受理；对确已超过仲裁申请期限，又无不可抗力或者其他正当理由的，依法驳回其诉讼请求。”该解释明确规定了劳动争议案件应适用60日的时效。但对于缴纳社会保险费是否适用60日时效没有作出规定。在此类案件中，据不完全统计，有90%以上是劳动者在知道自己权利被侵犯超过60日后才提出请求。因为在当前就业难的情势下，劳动者明知用人单位未为自己缴纳社会保险费，因顾忌一旦提出很可能要面临失业的危险，所以劳动者只能到解除劳动合同时才请求用人单位补缴社会保险费。

2. 地方法规中存在劳动保险待遇因人而异、因用人单位性质而异的情况，客观上造成公民待遇不平等的现象。实践中主要表现为以下三种情况：

(1) 乡镇企业劳动者的社会保险待遇没有保障。《厦门市职工基本养老保险条例》规定，参加社会保险的对象不包括乡镇企业，因此乡镇企业劳动者请求缴纳社会保险费无法予以保护。

(2) 机关、事业单位非在编人员的社会保险待遇不能得到有效保障。按照我国人事管理方面的有关规定，机关、事业单位应按编制规定额招收职工。但在实践中大部分机关、事业单位招收非在编人员为临时工，未为其缴纳社会保险费。

(3) 退休人员因用人单位欠缴社会保险费而导致养老待遇无法保障。

3. 实践中存在用人单位为劳动者办理商业保险代替社会保险的问题。

虽然社会保险与商业保险都具有互助互济、保障人民生活安定的功能，但其不论是在性质、作用还是在待遇水平上都有明显的不同。社会保险强调用人单位和劳动者必须按规定的比例缴纳保险费，缴纳社会保险费之后才能获得享受社会保障的权利。商业保险的保险金额可多可少，其保障水平完全取决于投保人缴纳保费的多少和投保时间的长短。因此，用人单位为劳动者办理商业保险，到劳动者退休时，其退休金、医保等社会保障利益无法得到充分的保护；或劳动者解除合同后，以前商业保险险种的空白，直接影响其享受各项社会保险待遇，如失业救济金无法领取，退休金减少等。

根据上述问题，我们认为要审理好劳动保险案件，应采取以下对策：

1. 改变原有劳动争议处理模式，建立与之相适应的“或裁或审”制度。“先裁后审”的处理模式是当前劳动争议案件处理难的根本问题所在，建立“或裁或审”制度，既能理顺仲裁与诉讼程序的关系，又能减少当事人的累讼，使当事人的合法权益能得到及时、充分的保护。同时,人力、物力、财力资源上也得到充分合理的运用,改变人们对劳动争议案件"三审终审"的消极理解。

2. 完善立法及加强司法解释工作,克服司法实践中难以操作的局面。由于当前立法上的不尽完善,司法解释的滞后,导致司法实践中适用法律存在一定的问题,有些规定互相冲突、互相矛盾,人大、国务院、最高法院应进一步对与社会保险相关的法律、行政法规作出明确、具可操作性的规定,以促进社会保障体系的完善。建议对以下两个问题作出明确规定:

(1)社会保险金纠纷案件应属法院受理范围。理由是,其一,参加社会保险统筹,缴纳社会保险费是劳动法规定的用人单位、职工的一项义务,若单位未为职工缴纳社会保险费由此产生纠纷,属劳动法调整的范畴。其二,最高人民法院《关于审理劳动争议案件适用法律若干问题的解释》第1条第3项明确规定,尚未参加社会保险统筹的劳动者退休后追索社会保险费发生的纠纷法院应予受理。未参加社会保险统筹的未退休劳动者与已退休劳动者在追索社会保险费方面属同一性质,而且在未退休时补缴比退休后补缴更便于处理。对于已参加社会统筹的劳动者,因单位欠缴保险也是属于因单位未履行义务而引发的纠纷,也应属受理范围。

(2)对劳动保险纠纷案件不应适用诉讼时效的规定。从立法精神上来看法律对诉讼时效的规定,其目的是为了加快民事关系的调整,防止民事关系的冻结,促进社会在动态中有序的发展。以时效规定的作用来看,是对当事人权利的一种限制,要求当事人及时主张合法权利,便于纠纷的解决。但时效并不是所有的法律关系均能适用,我们认为,社会保险费的缴纳不适用时效的规定。理由是:其一,缴纳社会保险费是国家强制要求单位为职工缴纳,目的在于保障劳动者老、病、残和失业时的基本生活,若适用时效的规定,一超过60日单位就可以合法的理由违反法律规定,不缴纳社会保险费,这样势必造成用人单位公开规避法律行为的产生;其二,社会保障统筹在我国刚起步,由于法律、行政法规的不完善及行政执法力度微弱,加上当前就业难的局势,劳动者在就业期间为保住职业而不敢提出交纳社会保险费,只有等到失业或解除劳动合同时才能提出请求,若适用时效规定,劳动者的利益根本无法得到保障。

3. 加大行政执法力度,堵住欠缴社会保险费的源头。在目前整个社会就业状况不佳的情况下,作为劳动者往往为了保住工作,在职时不敢提出异议,在这种情况下,只有依赖行政执法部门定期主动对用人单位进行监督检查,才能使社会保险费的缴纳落到实处,有效地保护劳动者的合法权益。另外,法律、行政法规应对劳动监察部门不作为的行为作出相应规定,对于劳动者向劳动监察部门投诉单位未缴纳社会保险费的,行政执法部门理应查实后予以处理。对不予核实,以及查明单位未缴纳又不责令补缴或罚款的，投诉人可以对该行政机关提起行政诉讼要求其作为。据此，造成劳动者经济损失还应给予国家赔偿。

4. 规范企业用工，建立完善的劳动力就业机制。在劳动者与用人单位签订劳动合同提交劳动部门鉴证时，即要求用人单位为劳动者办理好社会保险手续，对未与劳动者签订劳动合同又未缴纳社会保险费的企业应加大监督处罚力度，在制度上促使用人单位依法用工。取消机关、事业单位在编与非在编的差别，将机关、事业单位后勤管理纳入社会化管理体系中，使后勤管理部门自负盈亏，这样既能杜绝因人事部门给予编制不足，机关、事业单位自己招收非编制职工不规范，对非编制职工工资发放各显神通（因非编制职工工资财政不拨款），社会保险不给予保障的现象，同时也有利于加强机关、事业单位效能的建设。

三、审理工伤损害赔偿案件存在的问题与对策

（一）劳动行政部门的工伤确认是否为处理工伤案件的法定前置程序

根据目前的法律、行政法规，劳动者因工与非因工受伤的待遇悬殊，因此是否认定工伤直接关系到劳动者的切身利益。在我市两级法院审判实践中，有以下两种观点及处理结果：

第一种观点认为，工伤的确认属于劳动行政部门的职权范围，法院无权确认，其根据是劳动部《企业职工工伤保险试行办法》第10条至第12条，即当劳动者或企业任何一方对劳动行政部门的工伤认定不服时，该办法第56条规定按照行政复议和行政诉讼的程序办理。当劳动者没有持劳动行政部门的工伤确认书向法院起诉或对工伤确认书不服向法院起诉变更确认书、重新认定，法院只能以当事人未经工伤确认的法定程序而裁定驳回起诉，而无需进行实体上的审理。

第二种观点则认为，工伤案件一般以相关行政部门的确认为前提，但行政部门的确认只是法院处理工伤案件中的一般原则，并非惟一原则，在审理中，如果发现双方之间存在劳动关系、劳动者因公受伤、劳动者自身无过错等情形，法院可以对工伤确认书不予认定或不以工伤确认书为法院受理的前提，在查明事实的基础上进行判决。理由是：(1)现有法律无明文规定工伤确认前置。劳动法第73条规定：“劳动者在下列情形下，依法享受社会保险待遇：……(三)因工伤残或者患职业病……劳动者享受社会保险待遇的条件和标准由法律、法规规定……”劳动者依法享受工伤待遇是劳动法赋予每一位劳动者的基本权利之一，在劳动法中无明确规定劳动行政部门工伤确认的前置程序。(2)劳动部《企业职工工伤保险试行办法》、《厦门市劳动安全卫生条例》，也只是规定用人单位或劳动者等其他相关人员应在规定期限内申报工伤，并未规定未申报者不得向法院提起诉讼。根据《厦门市劳

动安全卫生条例》第42条,对于有些用人单位故意隐瞒不申报工伤的,由劳动行政部门责令改正并处以罚款。由此来看,未申报工伤所导致的后果,就目前规定来看,还仅是一种行政处罚,不能推出工伤确认为法定前置程序的结论。(3)如用人单位恶意不申报工伤,或当事人由于自身素质的限制、法律知识的不足或其他非其本人主观过错原因,超过相关时效导致无法申请工伤鉴定或行使提起复议、行政诉讼的权利,若法院再硬性要求工伤确认书,将造成劳动者无从获得司法救济,从而有悖法律精神与司法正义。(4)在审理中存在双方对工伤事故均无异议或根据法院调查事实足以证实工伤的情形。

我们倾向第二种观点,但鉴于立法对此规定空白,工伤确认是否为审理工伤赔偿案件的前置程序亟待立法部门予以界定,以便审判实践的司法统一。

(二)如何正确认定"因工受伤"情形

该问题从上述关于不以行政部门工伤确认为前提,而由法院认定工伤的审判观点而产生。1996年《企业职工工伤保险试行办法》第8条、第9条,对属于工伤与非工伤的情形已作出规定,但其中不乏弹性条款与兜底条款,如第8条第10项、第9条第6项的"法律、法规规定的其他情形",审判实践中如关于实习生在用人单位实习期间所发生的伤害事故是否可认定为工伤等,确实难以把握。

我们的倾向性意见是:首先,正确确认双方的劳动关系。根据劳动法、劳动部《关于贯彻执行〈中华人民共和国劳动法〉若干问题的意见》中"适用范围"及《厦门市劳动安全卫生条例》的规定,适用工伤赔偿标准的主体应为发生在中华人民共和国境内的企业、个体经济组织和与之形成劳动关系(包括事实劳动关系)的劳动者,国家机关、事业单位、社会团体和与之建立劳动合同关系的劳动者之间,其中个体经济组织是指雇工在7人以下的个体工商户。其次,以劳动者无主观上的故意或过错来认定,根据《民法通则》第106条、第123条规定,工伤案件适用无过错责任原则,即用人单位无法证明工伤是由于劳动者故意造成(如故意自残、自伤)的,应由用人单位对工伤事故承担责任。

(三)工伤赔偿标准的法律适用

此为审理工伤案件的难点与突出问题。工伤赔偿标准涉及实体判决,目前劳动法规定滞后、地方立法分散的问题,在处理这一问题中尤显突出。目前我市审判实践涉及的规范性文件主要有:《福建省劳动安全卫生条例》(省人大通过,1995年1月1日实施)、《厦门劳动安全卫生条例》(市人大通过,1997年1月1日实施)及《企业职工工伤保险试行办法》(劳动部颁发,1996年10月1日实施)、《厦门市职工工伤保险暂行规定》(厦门市人民政府颁发,1995年1月1日实施)、厦社保

[1995]25 号文(厦门市社保中心、厦门劳动局、厦门市人事局三家联文)。这些规范性文件在适用时存在以下问题:

1. 同一个地区适用不同的地方法规,导致一地"两法"的现象存在。根据全国人大授权通知及人大办公厅复函精神,厦门市人大所制定的法规在非经济特区(即厦门下属的集美、杏林、同安等区)实施时,如果与福建省人大及其常委会制定的法规相冲突时,应适用福建省人大及其常委会制定的地方性法规。因《福建省劳动安全卫生条例》与《厦门劳动安全卫生条例》、《厦门市职工工伤保险暂行规定》等有关工伤赔偿标准不一,故我市岛外地区在处理工伤案件时只能依据全国人大通知及复函精神,适用与岛内地区不同的标准,又因两者差距较大,出现岛外企业工伤赔偿标准远远高于岛内企业的不正常现象(岛外企业的支付能力却往往低于岛内企业)。

2. 因立法的不统一及不完善,导致适用法律较为混乱。主要体现在:我市法院在处理岛内工伤案件中根据《厦门市劳动安全卫生条例》(地方法规)第 34 条规定,适用《厦门职工工伤保险暂行规定》(地方规章)及政府性文件厦社保[1995]25 号文,对上述地方规章、政府性文件中没有规定的,又适用劳动部规章《企业职工工伤保险暂行规定》,出现同一法律文书中引用法律、规章多,且互不统一的现象,从而造成法律适用的相对随意性,一定程度上削弱了法院判决文书的严肃性与权威性。

我们认为,工伤赔偿标准是处理工伤案件的重点,是劳动者合法权益是否可以得到充分保障的一个重要依据。鉴于目前审判实践中所遇到的法规冲突("两法"现象)、法律规定空白而导致的工伤赔偿适用法律依据杂乱的问题,不同立法部门应尽快进行协调,使同一地区的法规趋于一致,为劳动力市场提供一个公平、公正的法律保障空间。目前,法院审判中把握的原则是有法律规定的适用法律规定、无法律规定时适用相关政策规定,并同时做好当事人的息诉调解工作。

(四)工伤保险待遇与侵权赔偿责任如何适用法律

企业职工执行职务时因第三人原因受伤,一方面可依侵权行为法向加害人请求损害赔偿,另一方面可依据工伤保险的规定请求保险给付。两者如何适用,在审判实践中存有争议。主要有以下三种观点:观点一:以工伤保险取代侵权责任。即指遭受第三方伤害的职工,仅能请求工伤保险给付,而不能依侵权行为法的规定,向加害人请求损害赔偿。在此种制度下,职工得到的保险给付,通常低于依侵权行为法所能得到之损害赔偿,尤其是关于精神损害的抚慰金,受害人不得请求,最是不利。但此项制度的存在,又有以下两大理由:其一,受害人依侵权行为法不能请求损害赔偿,或虽能请求,但因过失相抵仅能获得少量的赔偿时,受害人仍可请求工伤保险给付,此时对保护职工利益则显为有利;其二,此项制度可以减少诉讼,避免劳资争议,符合减少救济成本、促进劳资和谐的社会政策。观点二:让受害人选择其一。指受害人可以在损害赔偿与工伤保险之间,选择其一。此项制度表面上似属妥当,实则对职工甚为不利。原因在于侵权行为损害赔偿数额虽较多,但须经过漫长的诉讼;工伤补偿数额虽较少,但确实可靠。职工遭受伤害,急需救助以度难关,故常被迫舍弃前者而选择后者。观点三:受害人可兼得双份利益。指受害人可依侵权行为法及工伤保险分别为请求并全额受偿。

我们认为,我国法律对工伤补偿及侵权赔偿的法律适用问题虽未作出具体规定,但并不意味着法院不能处理此类案件,参照有关法律、行政法规及部门规章所体现的精神,法院仍可作出裁判。理由有:(1)理论及立法依据。首先,应适用侵权赔偿先于工伤补偿原则。因为,侵害赔偿是基于民事侵权法的规定,以分配正义为指导思想,目的在于使被害人的受害状态因为得到赔偿而恢复原样,这是民事法律中的一条基本定律,是侵害者与被害人之间形成的一种侵权之债。而工伤补偿是基于劳动法律的有关规定,以维护劳动者的生存权作为其基本精神,目的是使工伤者在履行公职中发生伤害得到一种救济,主要适用于劳动者与用人单位之间。因此,民事侵权赔偿应先于工伤补偿。其次,运用补充赔偿原则。根据目前我国有关工伤补偿和侵权赔偿的计算办法,相互之间存在重复之处,如医疗费、丧葬费等,但也有不重复之处。一方面体现在侵权赔偿中工伤者或者其家属可以获得精神损害赔偿,而这在工伤补偿中是不予支持的,另一方面体现在工伤者或者其家属在提起侵权赔偿时,可能因为适用混合过错原则,即对侵权行为所造成的损害结果的发生或扩大,侵害人和受害人都有过错的原则,造成工伤者或者其家属获得的赔偿数额要低于工伤补偿,因为工伤补偿不以工伤者是否存在过错为前提。因此,当工伤者在侵权赔偿中得到的数额可能低于其实际损失时,应该由工伤补偿进行补充,但以实际损失为最高限额。(2)现有相关规定。查我国现行的相关规范性文件,主要有以下3条:①1991国务院国发第89号《道路交通事故处理办法》第43条规定,职工因交通事故死亡或者残疾丧失劳动能力的,按该办法处理后,职工所在单位还应按照有关部门的规定给予抚恤、劳动保险待遇;②劳动部劳部发[1996]266号《企业职工工伤保险试行办法》第28条,明确规定由于交通事故引起的工伤,应当首先按照《道路交通事故处理办法》及有关规定执行,工伤保险待遇则按若干种具体情况分别执行,但职工均不得受领“双重补偿”;③劳动部办公厅劳办发[1997]51号对《关于工伤确认等问题的请示》的复函中的第4条规定,除道路交通事故外,职工工伤涉及其他民事伤害赔偿的,其民事伤害赔偿和工伤保险待遇的处理问题,也应参照《企业职工工伤保险试行办法》第28条的规定办理。我们认为,上述理论依据及相关规定,基本构成了我国在工伤保险待遇与侵权损害赔偿竞合问题上的规范体系，同时对在司法实务中如何把握、适用这两种救济途径的关系提供了明确的指导。即可以得出，先按照民事侵权规定予以赔偿，侵权赔偿不足部分由企业按照工伤规定予以补足。另，企业是否为职工投保，虽然在厦门市范围内存在一市两法现象而导致职工由此而享有的工伤保险待遇有所不同（根据《厦门市劳动安全条例》，岛内无投保的职工适用与岛内投保职工一样的工伤待遇，但根据《福建省劳动安全卫生条例》，岛外未投保的适用另一工伤待遇，该待遇远高于岛内未投保职工，前文已述），但从立法本应统一的精神出发，我们认为，在工伤保险待遇与侵权赔偿责任的法律适用上两者不应再存有区别。

四、终止或解除劳动关系经济补偿金的法律适用

经济补偿金作为用人单位基于终止或者解除劳动关系而支付给劳动者的一种物质补偿，具有严格法律规定。审判中常见的问题有：

1. 终止或者解除劳动关系后，企业与劳动者达成补偿协议，劳动者以该协议主张双方存在一般民事债权债务关系及适用二年诉讼时效的，审判实践中，一般不认定双方已转化为债权债务关系，而仍应认定双方存在劳动关系并适用相关劳动法律法规。

2. 终止劳动关系支付经济补偿金的法律适用。根据劳动法第23条规定及《最高人民法院关于审理劳动争议案件适用法律若干问题的解释》第16条，终止劳动关系包括以下情形：(1)劳动合同期满或者当事人约定的劳动合同终止条件出现，劳动合同即行终止；(2)劳动合同期满，双方存在事实劳动关系时，一方提出终止劳动关系。随着劳动关系的发展及劳动法律法规的逐步完善，在用人单位终止劳动合同之后是否应支付经济补偿金的问题上仍存在立法滞后。如国营企业支付经济补偿金问题，按照原《国营企业实行劳动合同制暂行规定》，国营企业在劳动合同终止后应支付劳动者“生活补助费”，后该规定被废止。劳动和社会保障部随即出台部门规章（劳社厅函[2001]280号）指出：“《国营企业实行劳动合同制暂行规定》废止后，国有企业职工劳动合同期满与企业终止劳动关系后有关生活补助费的支付问题，地方有规定的，可以按地方规定……”但该规章对所谓的“地方规定”是指何种部门规定并未明确。我们认为，在省级有关部门出台相关规定前，审判实践中我市两级法院应引用厦门市劳动局制定的文件（厦劳发[2001]52号《厦门市劳动局关于劳动合同终止有关经济补偿问题处理意见的通知》）的相关规定，即“用人单位与劳动者约定的劳动合同期满或双方约定的劳动合同终止条件出现、双方终止劳动关系，用人单位可不支付给劳动者经济补偿金”进行处理。但由于所适用的是地方政府文件，不能作为判决适用的法律条文，劳动者对该类判决均表示无法理

解。这正是行政法规废止后地方法规相对空白的情况所造成的,审判实践中有人提出直接适用《福建省劳动合同管理规定》第14条,此种观点有待商榷。

3.解除劳动关系支付经济补偿金出现法律规定不合理之处。如依据劳动法第24、26、27条、《福建省劳动合同管理规定》第14条,用人单位在依法提出解除劳动合同时应支付劳动者经济补偿金的标准是:按劳动者在本单位的工作年限,每满1年支付1个月工资的经济补偿金。而另一方面,用人单位违反劳动合同提前解除劳动合同(非法定解除)情形的,依据《厦门市劳动管理规定》应按合同约定向对方支付违约金或赔偿金,劳动合同没有约定违约责任的,按劳动者解除劳动关系前12个月平均工资计算,每少履行1年合同期,向对方支付相当于劳动者2个月工资的违约金;提前解除无固定期限劳动合同的,支付违约金计算至劳动者法定退休年龄止,但支付对方的违约金最多不超过相当于劳动者20个月的工资。根据上述规定,法定解除劳动合同的,用人单位支付经济补偿金没有上限,而用人单位违法解除劳动合同的,经济补偿金却有上限规定(即不超过20个月),后者行为的违法性明显强于前者,而后者的法律惩戒却弱于前者,类似不合理的法律规定,势必不利于整个劳动法律体系的统一建立及发挥法律对劳动力市场这一社会领域的调整作用。

五、关于企业对职工作出除名决定效力的审查和认定

近年来,因除名引发的劳动争议案件日渐增多,正确处理除名引起的劳动争议,是维护企业用工自主权和职工劳动就业权、加强劳动纪律的重要前提。从我市两级法院审理除名纠纷的情况看,实践中应把握好对除名条件、除名程序、除名生效条件的审查和认定:

(一)除名条件的环节

《企业职工奖惩条例》第18条规定:职工无正当理由经常旷工,经批评教育无效,连续旷工时间超过15天,或一年以内累计旷工时间超过30天的,企业有权予以除名。从这一规定看,企业对职工除名必须具备三个条件:(1)无正当理由经常旷工。即除有不可抗力的因素导致职工无法履行请假手续外,职工不按规定履行请假手续,又不按时上、下班,连续旷工超过15天,或一年内累计旷工超过30天,即属于无正当理由经常旷工;(2)连续旷工15天。对连续旷工标准的把握,实践中有不同看法,主要分歧在于节假日是否应当扣除,一种观点认为不应扣除,另一种观点认为应当扣除,我们建议对此作出明确解释,以形成统一做法;(3)经批评教育不改。即必须是企业对违纪职工进行了批评教育,且职工没有改正错误。

（二）除名程序的审查

除名程序是指依据劳动法的规定，企业给予职工除名处理时必须遵循的步骤、方法和手续。实践中应审查企业有无履行下列程序：(1)收集职工违纪的有关证据材料，进行严格审核。有关结论性材料应和职工本人见面，允许本人申辩，如确属与事实不符，应当及时纠正。(2)进行批评教育，这是除名的必经程序。企业应针对违纪职工的旷工事实进行批评教育，给职工改正机会。(3)除名决定应由企业的厂长(经理)提出并征求工会的意见后决定。《全民所有制工业企业厂长工作条例》第25条规定：厂长应当按照法律规定，保障企业职工代表大会和工会行使职权；在决定同广大职工的切身利益有关的问题时，应当征求企业工会的意见。由于除名对职工是一种严厉处罚，直接关系到除名职工的切身利益，所以应征求工会意见。(4)制作除名决定书。除名决定一经作出，应当书面通知被除名职工本人，并报企业主管部门和企业所在地的劳动行政主管部门备案，处理决定应记入本人档案。除名决定送达被除名职工时，还应向职工交代，如对除名不服，可以在收到书面决定后15天内向劳动争议仲裁委员会申请仲裁。

（三）除名决定生效条件

审判实践中，对除名决定的生效条件争议较大，即如何理解《企业职工奖惩条例》第20条第2款关于“应当以书面通知被除名职工本人，并记入档案”的规定，能否将此规定作为除名的生效条件？一种观点认为，除名决定以书面形式作出后应送达职工本人，若企业不能证明该除名决定已送达职工本人，则除名决定尚未生效。另一种观点认为，企业虽无证据证明除名决定已送达被除名职工本人，但只要企业对职工的除名决定符合前述1～4项程序，除名决定一经作出即生效，因现今的法律、行政法规并未规定企业对职工除名应以除名通知送达职工本人为生效条件。实践中，多数倾向应以将除名决定送达被除名职工本人作为除名决定的生效条件。这是因为：首先，《企业职工奖惩条例》第2条第2款对企业而言应视为强制性的规定；其次，被除名职工只有在收到书面的除名通知后，才可能在不服的情况下向上级主管部门申诉，或者向劳动争议仲裁委员会申请仲裁。因此，将除名决定书面送达被除名职工本人，不仅可防止企业滥用职权，利用除名对职工进行打击报复，同时也是保障职工行使其申诉权的需要和要求。

2005年1月

【判例与学说】

特殊侵权行为

——雇用人侵权责任

◆王泽鉴*

* 王泽鉴,1938年生,毕业于台湾大学法律系。留学德国慕尼黑大学,获法学博士学位。历任台湾大学法律系教授、系主任、法律学研究所所长。曾在英国剑桥大学、伦敦政经学院、澳洲墨尔本大学研究并任德国柏林大学访问教授。曾任台湾"司法院"大法官(1995—2003年)。著有《民法学说与判例研究》(12册)《民法总则》、《债法原理》、《民法物权》等书(均由中国政法大学出版社刊行)。现为台湾大学兼任教授,继续从事民法的教学研究。

**编者注,本文中的"民法"、"最高法院"均指我国台湾地区的"民法"和"最高法院"。全文用引号,以示区别。

目　次

(一)概说

(二)雇用人侵权责任与侵权责任体系

"民法"第188条与第184条

"民法"第188条与第28条

"民法"第188条与第186条及"国家赔偿法"

(三)雇用人侵权行为与契约责任的发展

"民法"第188条与第224条

雇用人侵权责任与不完全给付债务不履行责任

雇用人侵权责任与缔约上过失

六、结论

一、概说

(一)问题的提出

在现代分工的社会生活及经济活动,事必躬亲,殆不可能,无论个人或企业,均须藉助他人以从事一定的工作或事业。于此情形,被使用之人(受雇人)因执行职务,不法侵害他人权益时,应如何规定其雇用人的损害赔偿责任,乃成为法律上的重要课题。兹举一例加以说明:甲为修建屋顶花园,招乙施工,乙雇用的工人丙因疏失致鹰架倒塌,撞伤路人丁。在此案例,其应探讨的有二个问题:

1. 被害人丁得否向甲请求损害赔偿?

2. 被害人丁得否向乙请求损害赔偿?

关于丁的请求权基础,[①]首先应考虑的是,"民法"第184条第1项前段规定:"因故意或过失不法侵害他人之权利者,负损害赔偿责任。"关于本项的适用,应由被害人就甲(或乙)对丙的侵害行为的发生具有过失,及此项过失与丁身体健康受侵害具有因果关系,负举证责任。此项举证责任涉及甲或乙与丙间的内部关系,显属困难。为保护被害人,须创设一种"雇用人侵权责任"的"特殊侵权行为"。在规范设计上应思考以下核心问题:

1. 如何规定雇用关系的当事人,就前举例题言,应否区别甲或乙?如何区别?

2. 如何规定其归责原则:过失责任、过失推定或无过失责任?

3. 雇用人责任的成立,须否以受雇人的加害行为具备侵权行为的要件(尤其是具有过失)?

4. 雇用人对被害人为赔偿后,得否或如何向受雇人求偿?

(二)雇用人特殊侵权行为及其重要性

关于雇用人侵权责任,台湾"民法"于第188条设其规定,分为3项:受雇人因执行职务,不法侵害他人之权利者,由雇用人与行为人连

①关于请求权基础的思考方法,参阅拙著:《法律思维与民法实例研究》,2003年自版。

带负损害赔偿责任。但选任受雇人及监督其职务之执行,已尽相当之注意或纵加以相当之注意而仍不免发生损害者,雇用人不负赔偿责任(第1项)。如被害人依前项但书之规定,不能受损害赔偿时,法院因其声请,得斟酌雇用人与被害人之经济状况,令雇用人为全部或一部之损害赔偿(第2项)。雇用人赔偿损害时,对于为侵权行为之受雇人,有求偿权(第3项)。

本文旨在综合整理判例学说,分析讨论"民法"第188条的规范意旨及其解释适用的问题。须先强调的,第188条乃"民法"上最为重要的规定之一。其适用范围甚广,实务上的案例,包括车祸、公害、医疗、建筑、新闻报导、证券交易等各种社会活动。其责任主体多为厂商企业,因此亦具有规范企业责任的功能。又"民法"第188条规定雇用人侵权责任与"民法"第28条、第184条、第24条及第227条的适用关系,构成民事责任的架构,亦将作较详细的说明。[②]

二、"民法"第188条的规范模式、立法政策及解释适用

(一)二种规范模式

要了解台湾"民法"第188条规定,必须先作比较法的观察。[③]关于雇用人侵权责任,自古有之,各国法律多设有特别规定。就其基本规范模式言,可分为二类,一为无过失责任,一为推定过失责任。分析如下:

无过失责任

罗马法对雇用人侵权责任并未发展出一般原则,仅就个别情形设其规定,例如家长应对其奴隶侵害他人的行为负责。近代法律对雇用人侵权责任设一般规定的,系法国民法第1384条第5项:"主人及业主,就其仆役及受雇人于执行事务所生损害,负赔偿责任。"法国通说认本条系采一种担保性质的无过失责任,主人及业主不能证明对其仆役及受雇人的选任及监督,已尽必要注意义务而免责。[④]

值得注意的是,英国及美国侵权行为法上有一种称为vicarious liability的侵权行为(Tort),即雇主(Employer)对其受雇人(Employee)于雇用过程中(in the course of employment)因侵权行为所致他人损害应负赔偿责任。Vicarious liability,系就他人行为负责,[⑤]不以雇主本身具有过失为必要,乃属一种严格责任(无过失责任,strict、no-fault liability)。[⑥]法国民法第1384条第5项及英美法上的vicarious liability所以使雇用人负无过失责任固有其不同的社会经济背景,但均出于保护被害人,主要系认使用他人以扩张自己活动者,应就使用之人所致损害,负赔偿之责,即受其利者,亦须任其害(报偿理论)。[⑦]此项无过失责任的特色,系将受雇人的侵权行为归由于雇用人负责(respondeat sperior,归责于上),使雇用人就受雇人的侵权行为负损害赔偿责任,学说上称为雇用人客观或间接责任(objektive、indirecte Haftung[⑧]),为便于观察,图标如下:

②关于雇用人侵权责任的基本问题,参阅史尚宽:《债法总论》,1954年自版初版,第179页;郑玉波著,陈荣隆修订:《民法债编总论》,三民书局2003年版,第204页;孙森焱:《民法债编总论》,2004年自版,第298页;丘聪智:《债法通则》,2000年自版,第142页;黄立:《民法债编总论》,1996年自版,第294页;曾隆兴:《详解损害赔偿法》,三民书局2003年版,第139页。郑玉山:"雇用人求偿权之限制与时效免责之抗辩(上、下)",载《台湾本土法学》杂志第31期(2002年2月),第1页;第32期(2002年3月),第1页。从比较法的观点言,对雇用人侵权责任作颇为精细的论述,甚具参考价值。

③关于雇用人侵权责任的比较研究,参阅Zweigert/ Kötz, Einführung in die Rechtsvergleichung (Tübingen, 3. Aufl. 1996), S. 632ff.; Christian v. Bar, Gesamt-europöisches Deliktsrecht(München, 1996), S. 189f (RdNr. 189~205)。

④参阅Zweigert/ Kötz,注③书,S. 639以下;Murad Ferid, Das Französiche Zivilrecht, Ersten Band (Berlin, 1971), S. 848ff.; Bell/Boyron/Whittaker, Principles of French Law (Oxford, 1998), p.388.

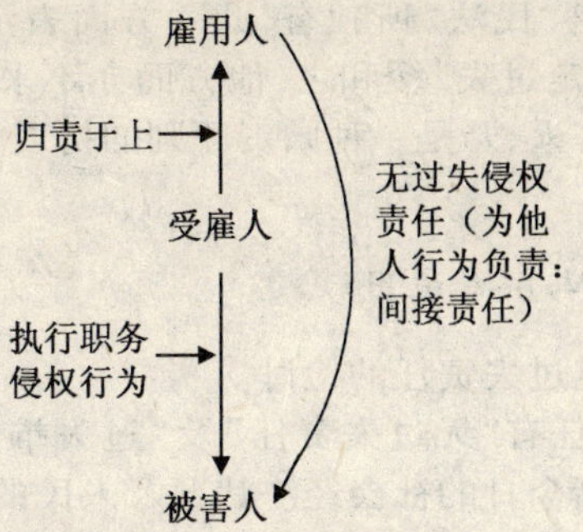

推定过失责任

关于雇用人侵权责任的另一种规范模式，系采推定过失责任，即推定雇用人对于受雇人的选任、监督具有过失（culpa in eligendo vel in vigilando），雇用人须证明其对选任、监督已尽必要注意，始得免责。德国民法第 831 条规定："为某事业雇用他人者，对他人为其事业之执行，不法加损害于第三人时，负赔偿之义务，雇用人对受雇人之选任，及雇用人装置机械或器具及指挥为其事业之执行时，如其装置或指挥，已尽交易必要之注意，或纵加以此之注意，仍不免发生损害者，不在此限。"⑨德国民法所以设推定过失责任，其理由有四：⑩

1. 坚持 19 世纪德国法学界对过失责任的信念，德国伟大法学家 Jhering 氏曾谓，其所以使人负损害赔偿责任的，不是因有损害，而是因行为人有过失，其道理浅显明白，犹如使蜡烛燃烧的不是火光，而是空气中的氧。

2. 为顾及家庭及小型企业的负担能力。

3. 德国民法立法者曾经检讨法国民法第 1384 条第 5 项关于雇用人无过失责任的规定及实务案例，认其乃基于一种功利思想，与德国人的法意识相去甚远，不宜采纳。⑪

4. 推定过失乃举证责任的倒置，足以保护被害人而不背离过失原则。

（二）"民法"第 188 条规定的特色

关于雇用人的侵权责任，台湾"民法"系于第 188 条设其规定，前已提及，查其内容，系采"推定过失"的规范模式，并具有二个特色：

连带责任

各国立法例上多仅规定雇用人的责任，台湾"民法"则明定雇用人应与受雇人负连带赔偿责任（"民法"第 188 条第 1 项），其所涉及的问题，将于相关部分再行说明。

衡平责任

被害人因雇用人举证免责，不能受赔偿时，法院依其声请，得斟酌雇用人与被害人之经济状况，令雇用人为全部或一部之赔偿，此种所谓

⑤史尚宽，注②书，第 180 页谓："雇用人就受雇人侵权行为之责任，为侵权行为之代理责任（vicarious liability）。"Vicarious liability 如何译为中文，诚为困难，译为代理责任，有待斟酌，盖"代理"在台湾"法"上有其固有意义。又台湾"民法"上的雇用人责任不同于英美法，不能以 vicarious liability 称之，自不待言。

⑥英国法，参阅 P. S. Atiyah, Vicarious Liability in the Law of Torts（Oxford, 1967）; J G Fleming, The Law of Torts（LBC Information Service, 9th edition, 1998）, p. 409; B. S. Markesinis/ S. F. Deakin（Oxford, 4th Edition, 1998）, p. 532f.；美国法，参阅 D. B. Dobbs（St. Paul, 2000）, p. 509; R. A. Epstein, Cases and Materials on Torts（New York, 7th Edition, 2000）, p. 413.

⑦采雇用人无过失侵权责任的国家，除法国法系及英美法系国家外，尚包括希腊民法（第 922 条）、意大利民法（第 2049 条）、葡萄牙民法（第 500 条），及北欧诸国。值得特别提出的是，社会主义国家多采雇用人无过失责任，参阅王利明主编：《民法侵权行为法》，中国人民大学出版社 1993 年版，第 490 页。

"衡平责任",乃台湾"民法"所独有,此一方面表示台湾立法乃采过失责任原则,但藉"推定过失"缓和之,他方面亦不采无过失责任,但藉衡平责任,以保护被害人,乃是一种归责原则的折衷、妥协,但实际上则为具文(详见后文)。

(三)立法政策与解释适用

立法政策:推定过失责任的检讨

关于雇用人责任有"无过失责任"及"过失推定责任"二种规范模式,已如上述。衡诸今日的社会经济状况及人民的法律意识,在立法政策上,实应采无过失责任。⑫就公平正义言,雇用人利用他人扩大其活动范围,理应承担受雇人所致损害的责任,始足保护被害人(损益兼归原则)。又从经济分析的观点言,雇用人(通常为企业),得以较少的成本预防损害的发生,并透过价格机能或保险分散损害,较具资源配置的效率。⑬基此认识,在采推定过失责任的国家,如何排除或限制雇用人的"举证免责",乃成为立法修正或法律解释的重要课题。

解释适用:举证免责的规避

在德国,为克服德国民法第831条关于雇用人责任举证免责的规定,曾于1967年由联邦司法部提出的损害赔偿法草案明定采无过失责任:"使用他人从事一定事业者,应就其于实施事业中因故意或过失所为不法行为致第三人受损害,与该行为人同负损害赔偿责任。"⑭此项草案并未能完成立法程序。2002年8月1日施行的德国第二次损害赔偿法修正法根本未提及雇用人责任问题,其理由系德国实务上已探取各种方法排除德国民法第831条关于举证免责的规定,其主要的规避策略(escape devices),除严格认定举证免责外,系于德国民法第823条(相当台湾"民法"第184条)创设雇用人的"组织过失责任(Organizationsverschulden)",并扩张契约法的适用(如缔约上过失,积极侵害债权)等,⑮此项发展对台湾"民法"的解释适用具启发性,俟于论及"民法"第188条与民事责任体系时,再作更进一步的说明。

在台湾,"法务部"于1987年所提出的"民法"债编修正草案初稿,曾设有修正规定,其后则被删除。⑯实务上所采策略较为直接,即对雇用人的举证免责,作严格的认定,其能举证免责者,罕见其例。须说明的是,法律既设有举证免责规定,雇用人常因此不愿和解,在诉讼上多方设法证明其选任监督已尽相当注意,此难免导致浪费资源;改采无过失责任,较能保护被害人,并具经济合理性。⑰

三、雇用人推定过失的侵权责任

(一)规范结构

依"民法"第188条第1项及第2项规定,雇用人应负"推定过失"

⑧Christian v. Bar,注③书,S.190。

⑨采此种推定过失规范模式,尚有瑞士债务法第55条:"雇用人就其使用人或劳动者为执行职务上或营业上之事务所加之损害,如不能证明依该损害之类已为相当之注意,或纵加以相当之注意仍不免发生损害者,应负责任。雇用人对于加害之人,于其人有损害赔偿之义务时,得请求偿还。"日本民法第715条:"为某种事业而使用他人者,就被用人因执行其事业,所加于第三人之损害,负赔偿责任;但使用人对于被用人之选任及事业之监督,已为相当之注意,或纵为相当之注意而仍可发生损害者,不在此限。代使用人监督事业者,亦负前项之责任。前二项规定,不妨碍使用人或监督人对被用人行使求偿权。"关于瑞士法,参阅Oftinger/Stark, Schwiezerisches Haftpflichtrecht, Band II,(Zürich, 1995), S.144ff.; Heinrich Honsell, Schweizerisches Haftpflichtrecht (Zürich, 3. Aufl. 2000), S.122f. 关于日本法,参阅前田达明:《不法行为法》,青林书院新社昭和55年版,第141页;几代通:《不法行为法》,有斐阁平成5年版,第195页;川井健:《不法行为法》,日本评论社1986年版,第144页。

的侵权责任,其要件有四:

1. 须具雇用人及受雇人关系。

2. 须受雇人不法侵害他人之权利。

3. 须受雇人执行职务。

4. 须雇用人选任受雇人及监督其职务之执行具有过失;其过失与损害发生,具有因果关系。此二者均由法律推定(所谓的双重推定),雇用人得反证推翻之。

兹为便于观察,将此项雇用人推定过失责任的规范结构图标如下:

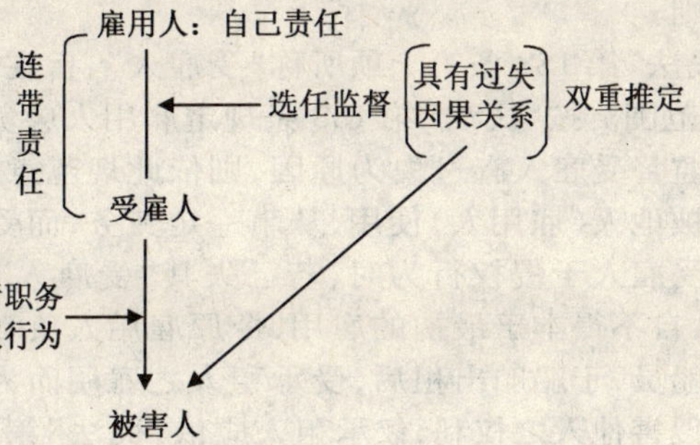

关于前揭规范结构,应说明者有二:

1. 雇用人所负的侵权责任,性质上系采推定过失责任。[18]非属"为他人行为而负责",乃是"自己责任",即选任受雇人及监督其职务,未尽相当注意,其所违反者,系一种社会安全义务(交易安全义务,Verkehrspflicht),即使用他人以从事一定工作者,应为必要的注意,以保护他人不因此而受损害。[19]

2. 前揭雇用人侵权责任的第一、二、三个要件,乃在规定雇用人的负责范围,各国立法例无论采何种规范模式,基本上均属相同,在解释上可供参照。第四个要件系免责规定,乃属所谓的消极要件。

(二)成立要件

雇用关系:谁为受雇人

1. 规范功能的解释

"民法"第188条所使用的概念:"受雇人与雇用人",同于雇佣契约的"受雇人与雇用人"。"最高法院"1967年台上字第1612号判例:"雇佣契约于当事人间,固以约定一方于一定或不定之期限内为他方服劳务,他方给付报酬为其成立之要件,然其与第三人间之关系,受雇人既系以听从雇用人之指示而作为,倘受雇人确系因服劳务而生侵害第三人权利之情事时,雇用人即不能借口曾与受雇人有何约定,而诿卸其对第三人之责任。"须注意的是,不能据此而认二者同其意义。盖诚如"最高法院"1968年台上字第1663号判例所强调:"'民法'第一百八十八条第一项所谓受雇人,并非仅限于雇佣契约所称之受雇人,凡客

⑩以下说明参照Seiler, Die delikische Haftung in historischer Sicht, JZ 1967, 530。

⑪ Christian v. Bar,注③书,S. 194 (RdNr. 186)认此突显德国人的高傲(hochnäsig)。德国民法制定时,曾深入分析检讨法国民法关于侵权行为规定及其解释适用,但多不采之。

⑫拙著:"雇用人无过失责任的建立",收录于《民法学说与判例研究》,2004年自版,第1~30页。

⑬关于雇用人侵权责任的经济分析,Kötz/Wagner, Deliksrecht (9. Aufl. 2001), S. 122f.; Sykes, The Economics of Vicarious Liability, 93 Yale L. J. 1230 (1984)。关于法律经济分析在德国法院判决中的适用及分析,参阅 Kötz/Schöfer, Judex Oeconomicus, 12 höchstrichterliche Entscheidungen kommentiert aus Ökonomischer Sicht (Tübingen, 2003),甚具阅读价值。关于法律经济分析的一般理论及在台湾"法"的应用,参阅简资修:《经济推理与法律》,元照2004年版。

⑭此项规定的原文为:Wer einen anderen zu einer Verrichtung bestellt, ist, wenn der andere in Ausführung der Verrichtung durch eine vorsötzliche oder fahrlössig begangene unerlaubte Handlung eine, Dritten einen

观上被他人使用为之服劳务而受其监督者均系受雇人。"此系依法律规范意旨而为解释,乃适用侵权行为法规定所应采取的解释方法。[20]例如"民法"第190条规定的动物"占有人",应不同于"民法"物权编所称占有人;"民法"第194条规定:"不法侵害他人致死者,被害人之父、母、子、女及配偶,虽非财产上之损害,亦得请求赔偿相当之金额。"其所称之"子、女"应包括非婚生子女在内。此等问题将于相关部分再为说明。

2. 受雇人的认定基准

一般原则

谁为"民法"第188条第1项所称"受雇人",旨在规定雇用人关于"人"的负责范围。按"民法"第188条规定雇用人应负损害赔偿责任,系以选任或监督受雇人有过失为原因,则依此规范意旨,所谓受雇人,系指客观上被他人(雇用人)使用,从事一定劳务,而受其监督,服从其指示之人。受雇人于侵权行为时,若已失其"受雇人"的资格,雇用关系不复存在,自不得本于最初的雇用,令原雇用人负责,例如船舶之出租人选任之船员,于船舶出租后,受承租人之雇用而为船员者,如因执行职务不法侵害他人之权利,仅承租人应依"民法"第188条之规定负损害赔偿责任。[21]

受雇人的特征在于受雇用人的监督,纳入其组织,服从其指示。监督上的指示包括受雇人从事一定劳务的时间、地点及方式,得为概括或具体。至于劳务的种类、报酬的有无、时间长短,其所从事的究为事实行为或法律行为,有无代理权限,均非所问。雇用人得为自然人或法人,受雇人通常为自然人,但亦得为法人。其属受雇人者,例如公车的司机、公司的送货员、周刊杂志社的编辑、快餐店或加油站的工读生。

医生、飞机驾驶员、船长虽具专业性,但因纳入雇主的组织,须遵守服务规则,仍属受雇人。律师从事专业服务,为司法的一环(参阅"律师法"第1条),具独立自主性,应认非属当事人的受雇人。[22]

须注意的是,父母子女间亦得成立"雇用关系",例如父、母嘱其子女送客至机场,妻授权夫管理其财产。关于法定代理人虽有"民法"第224条的适用,但非属受雇人。合伙人间互不为他人的受雇人。

车辆靠行营业;乘客与出租车司机

车辆靠行营业

值得特别提出的是,车辆(尤其是出租车)靠行营业,是否成立"雇用关系",而有"民法"第188条的适用,系实务上重要问题。[23]"最高法院"向采肯定的见解,1988年台上字第665号判决论述甚详,强调:目前在台湾经营交通事业之营利私法人,接受他人靠行(即出资人以该交通公司之名义购买车辆,并以该公司名义参加营运),而向该靠行人(即出资人)收取费用,以资营运者,比比皆是,此为周知之事实。是该靠行之车辆,在外观上既属该交通公司所有,乘客又无从分辨该车辆是

Schaden zufügt, neben dem anderen zum Ersatz des Schadens verpflichtet. 相关讨论,参阅 Kötz/Wagner,注⑬书,S. 121。

⑮参阅 Kötz/Wagner,注⑬书,S. 115 以下。

⑯"民法"债编修正草案初稿增订第188-1条,规定从事一定事业者的无过失责任:"一定事业之受雇人因执行职务,不法侵害他人之权利者,由雇用人与行为人连带负损害赔偿责任。雇用人赔偿损害时,对于为侵权行为之受雇人有求偿权。但雇用人监督受雇人职务之执行有过失者,法院得减少其求偿之金额。前项但书之情形,受雇人赔偿损害时,得请求雇用人分担相当之金额。"(前"司法行政部":"债编修正草案初稿",第42~43页)

⑰参阅拙著,注⑫文,第1~30页。

⑱为说明台湾"民法"雇用人责任的性质或依据,台湾学者有采过失责任说、中间责任说、无过失责任说(不纯粹无过失责任说,准无过失责任),参阅史尚宽,注②书,第179页;孙森焱,注②书,第297页。其见解的不同,系因雇用人侵权责任的结构特色,一方面以雇用人选任监督过失为依据,他方面又以受雇人为侵权行为为要件,着重于前者,可称之为推定过失,顾及后者,有称之为不纯粹无过失责任。

否他人靠行营运者，则乘客于搭乘时，只能从外观上判断该车辆系某交通公司所有，该车辆之司机即系受雇为该交通公司服劳务。此种交通企业，既为目前台湾社会所盛行之独特经营形态，则此种交通公司，即应对广大乘客之安全负起法律上之责任。盖该靠行之车辆，无论系由出资人自行驾驶，或招用他人合作驾驶，或出租，在通常情形，均为该交通公司所能预见，苟该驾驶人系有权驾驶（指非出自偷窃或无权占有后所为之驾驶），在客观上似应认其系为该交通公司服劳务，而应使该交通公司负雇用人之责任，方足以保护交易之安全。[24]

"最高法院"前揭判决的结论，实值赞同。其所以认定成立雇用关系的主要理由系乘客仅能从客观上该车辆是否为某交通公司（车行）所有，使车行负雇用人责任，始足保护交易安全。关于此点，应说明者有二：A. 此所涉及者，乃侵权行为，而非契约责任，其受保护者，不限于乘客，并及于路人等，是不能单纯从乘客的观点作为准据。B. 其雇用关系的成立，乃因车辆靠行在一定程度纳入该交通公司的组织，受其监督，尤其是由车行办理保险，此乃认定雇用关系的重要基准。

乘客与出租车司机

关于出租车，尚需说明的是，乘客与司机之间不具"雇用关系"，对乘客言，司机为自主独立营业者，不受其监督，乘客就车祸不依"民法"第 188 条负其责任。乘客嘱司机违规超车而肇致事故时，得成立共同侵权行为（"民法"第 185 条第 1 项前段）。

多数受雇人

受雇人以自己名义，更选任其他之人服务，以执行其职务时，其所雇用关系应分别情形认定之：受雇人有选任次受雇人的权限时，次受雇人为第一雇用人及第二雇用人所支配时，次受雇人同时为第一雇用人及第二雇用人的受雇人。受雇人无选任次受雇人权限，或虽有权限，次受雇人仅服从第二雇用人的监督时，第一雇用人非次受雇人的雇用人，就次受雇人的行为，不负"民法"第 188 条责任，就受雇人选任次受雇人的过失，则应负责。[25]

多数雇用人

共同雇用

数人为共同事务共雇一人，实例甚多，在合伙尤称普遍。在此情形，数合伙人对其受雇人因执行职务不法侵害他人所生之损害，应负连带赔偿责任。若受雇人因执行职务致侵害另一雇用人的法益时，其他共同雇用人应否负责，应分别情形加以处理，即侵权行为系因执行通常职务发生者，受害的雇用人，不得请求赔偿。若侵权行为系针对某特定雇用人者，例如诈欺或诽谤，则其他雇用人仍应负责，但由于受害的雇用人对损害的发生，亦有选任监督的过失，应适用"民法"第 217 条过失相抵规定，分担其损害。

出借受雇人（burrowed servants）

⑲关于社会安全义务（交易安全义务，Verkehrs－pflicht，Verkehrssicherungspflicht），详阅林美惠："侵权行为法之社会活动安全义务理论之研究"，国立台湾大学法律学研究所 1989 年度博士论文，其所研究者，系侵权行为法核心理论问题。

⑳关于法律解释，尤其是文义解释、体系解释及规范目的解释，参阅拙著：《法律思维与民法实例研究》（注①书），第 264 页以下。

㉑"最高法院"1932 年上字第 257 号判例。

㉒德日实务上认律师系当事人的受雇人，引起争议。关于德国法，参阅 RGZ 96，177；BGH VersR 1957，301；Münch Komm/Mertens，Münchener Kommentar zum BGB（München，2. Aufl. 1984）§831，RdNr. 33；关于日本法，大判昭7.1.1；四宫和夫：《事务管理、不当得利、不法行为》（下卷）（青林书院，1985 年），第 649 页。关于律师责任，参阅姜世明：《律师民事责任论》，元照 2000 年版，第 167 页以下；本书系台湾第一本关于律师民事责任的专门著作，内容充实，具参考价值。

雇用人(一般雇用人)基于契约或其他关系,将其受雇人让与他人使用(临时雇用人),而于执行职务时致生损害,颇为常见,例如某百货公司增建房屋,以自己司机供建筑商使用,搬运材料,司机于执行职务之际侵害他人权益。在此种情形,首应说明者,系一般雇用人与临时雇用人之间纵有求偿的约定,亦属内部关系,对被害人依侵权行为法规定请求赔偿的权利,不生影响。受雇人因执行职务侵害一般雇用人之权益时,应由谁方负责,原则上应解释当事人间的契约内容而定之。"出借"的受雇人侵害第三人时,究应由一般雇用人或临时雇用人负责?此应适用"民法"第188条第1项规定,视发生损害时,谁监督受雇人的行为而定。有疑义而不能决定时,应使一般雇用人与临时雇用人负连带责任。

关于"出借受雇人",台湾实务上有一则法律问题:甲雇用乙为怪手司机,丙营造公司向甲承租以乙为司机之怪手进行整路工程,某日乙于施工时因过失而挖断电缆,则应由何人负连带赔偿责任?"司法院第一厅"研究意见认为:题意丙与甲、乙间之法律关系并不明确。因怪手司机丙不能作为租赁之客体。本题丙如系向甲租用怪手,另商得乙同意帮忙操作怪手并受丙监督或另由丙雇用乙操作怪手,进行整路工程,则丙为雇用人,乙为受雇人("最高法院"1968年台上字第1663号判例参照),甲、丙仅为机器出租人与承租人之关系,此时应由乙、丙负连带赔偿责任;如系甲向丙承揽整路工程,甲雇用乙为怪手司机,则甲为雇用人,乙为受雇人,甲、丙则仅为承揽人与定作人之关系,此时,应由甲、乙负连带赔偿责任。[26]

值得比较研究的是英国 *Mersey Docks v. Coogins* 一案。[27] Mersey Docks 公司拥有数部起重机,某日将一部起重机出租于某公司,起重机之操作师亦随同前往。当事人的约定,超重机的操作师系为承租人的受雇人。但由出租人支薪,并仅其有权免职。操作师于搬运货物之际,因疏懈致伤害他人,于事故发生时,承租人对于运搬何种货物虽得为指示,但对于起重机的操作,则无权指挥。英国上议院认为 Mersey Docks 公司系一般雇用人,故应负责。Porter 法官指出:"处理类此案件,并无固定标准,可资遵循,责任谁属,应斟酌由何人支薪,何人有权免职,工作时间及使用之工具而决定之。"其尚应考虑的是,一般雇用人从事出租机器设备及人员的业务,较能符合经济地吸收事故的成本,并基于对特定事故危险的经验而为必要的保险。

非属受雇人的独立营业者

独立营业者与受雇人的区别

其非属"受雇人"者,系独立自主从事一定营业之人,例如运送人、旅馆经营者、建筑业者、水电业者、手工艺者等(英美法上称之为 independent contractors,德国法上称为 selbständige Unternehmer)。此等独立营业者的特征在于独立执行业务,不纳入他人的组织而受其监

㉓有系统的整理分析讨论,参阅林更盛:"车行对靠行司机侵权行为的雇用人责任",载《台湾本土法学》杂志第57期(2004年4月),第123页。

㉔参照"最高法院"1984年台上字第2691号判决:"民法"第一百八十八条第一项所谓雇用人,只须外观上行为人系为其服劳务即足,本件裕○公司允许黄某驾驶靠行该公司之大货柜车,以该公司之名义发给所得税扣缴凭单,并投保劳工保险,已据证人王某证述在卷,在外观上显已足认裕○公司为黄某之雇用人,被上诉人依"民法"第一百八十八条第一项规定,请求裕○公司与黄某负连带赔偿责任,自无不合。

㉕以上说明,参照史尚宽,注②书,第182页。此亦为德国通说所采见解,RGZ 55, 171f.; 170, 321。

㉖"司法院"1993年7月23日厅民1字第13700号函复台"高院"。

㉗[1974] AC 1。关于此件判决的讨论,参阅J G Fleming,注⑤书,p.419。

督，惟此并不排除其须受一定范围的指示。究为“受雇人”或“独立营业者”，有疑义时，应视何人得为有组织的控制及掌握其危险，并适于为保险而定。[28]准此以言，在前揭甲招乙修建屋顶花园之例，乙无论其为公司或个人，均属独立营业者，而非甲的受雇人。

侵权责任及请求权基础

举一例说明使用“雇用人”或“独立营业者”的侵权责任。甲参加乙旅行社所举办的台东红叶温泉三日游。甲住宿于丙旅馆，因阳台具有缺陷，甲掉落身受重伤。在此情形，其应检讨者，系甲在侵权行为法上得向乙请求损害赔偿的规范基础（请求权基础）：

A. 甲得依“民法”第188条第1项规定向乙请求损害赔偿，须以乙为甲的“受雇人”为要件。旅馆业者丙系独立、自主营业，不受旅游营业人乙的监督指示，非属其受雇人，无“民法”第188条的适用。

B. 甲得以“民法”第184条第1项前段规定为请求权基础。乙经营旅行社，乃旅游营业人（“民法”第514条之一以下），须依债之本旨履行其安排旅程及提供交通、膳宿等义务。此外，乙并因其开启营业，而负有社会交易安全注意义务，防范危险，对旅客住宿旅馆的安全应为适时必要检查。乙违反此项义务时，就因其过失不法侵害丙身体健康，应负损害赔偿责任。

须受雇人为侵权行为

“民法”第188条第1项规定：“受雇人因执行职务，不法侵害他人之权利者，由雇用人与行为人连带负损害赔偿责任。”所谓“不法侵害他人之权利”，文义未臻明确，应说明者有四：

1. 侵权行为的要件及保护客体

就法律规定雇用人与受雇人的连带责任及雇用人为赔偿后得向受雇人求偿之规定观之，所称“不法侵害他人之权利”须具备“民法”第184条所定一般侵权行为的要件，除该条第1项前段（权利侵害）外，尚包括第1项后段（背于善良风俗方法加损害于他人）及第2项（违反保护他人的法律）。[29]其保护的客体，除权利外，尚及于其他利益（纯粹经济损失），此点甚为重要，应请注意。

2. 过失的要件及过失的判断基准

在采雇用人“推定过失责任”的立法例，有仅以受雇人不法侵害他人之权利为要件，不以具有过失为必要（如德国民法第831条、瑞士债务法第55条）。在台湾“民法”则必须以受雇人具有过失为要件。受雇人于行为时无识别能力，不成立过失时，雇用人虽不负“民法”第188条雇用人侵权责任，但对其选任监督的过失，仍有“民法”第184条第1项规定的适用。

受雇人的过失，应以交易上应有的注意（善良管理人注意）为判断基准。值得提出的是，新闻媒体（雇用人）对其编辑人员（受雇人）所为不实报导致侵害他人名誉，亦应负责。“最高法院”在最近一则重要判

㉘参阅 v. Cammerer, Reformprobleme der Haftung für Hilfspersonen: ZfRvgl 1973, 241; Kötz/Wagner, 注⑪书, S. 108; J G Fleming, 注⑤书, S. 433。

㉙其关于“民法”第184条第1项及第188条的适用，其值得参照者，系“最高法院”2002年台上字第1221号判决：按银行法系为健全银行业务经营，保障存款人权益，适应产业发展，并使银行信用配合“国家”金融政策而制定，为该法第一条所明定。由是以观，银行法之制定目的，并非仅在保护金融秩序而已，尚包括存款人权益之保障，故该法第29条第1项规定，自难谓仅保护金融秩序，并非保护他人之法律。查台湾境外金融机构派员来台直接吸收存款，“财政部金融局”认系违反“银行法”第29条第1项关于“非银行不得经营收受存款”之规定，且被上诉人瑞士银行于原审亦自承另一被上诉人陈〇长自香港来台招揽客户，则上诉人主张陈〇长来台游说其在瑞士银行香港分行开立账户从事外汇保证金买卖并存款于该分行，系违反保护他人之法律，依上说明，是否不足取，即有再推敲

决(2004年台上字第851号判决)认为新闻自由攸关公共利益,"国家"应予最大限度之保障,俾新闻工作者提供信息、监督各种政治及社会之功能得以发挥,倘严格要求其报导之内容必须绝对正确,则将限缩其报导空间,造成钳制新闻自由之效果,影响民主多元社会之正常发展。故新闻媒体工作者所负善良管理人之注意义务,应从轻酌定之。倘其在报导前业经合理查证,而依查证所得资料,有相当理由确信其为真实者,应认其已尽善良管理人之注意义务而无过失,纵事后证明其报导与事实不符,亦不能令负侵权行为之损害赔偿责任。惟为兼顾个人名誉法益之保护,倘其未加合理查证率予报导,或有明显理由,足以怀疑消息之真实性或报导之正确性,而仍予报导,致其报导与事实不符,则难谓其无过失,如因而不法侵害他人之名誉,即应负侵权行为之损害赔偿责任。此项关于媒体工作人员(受雇人)过失的认定,对媒体(雇用人)责任甚属重要,特在此补充说明之。

3. 被害人的范围

其被不法侵害之"他人",包括同一雇用人的其他受雇人,例如甲公司的乙业务员驾车送货,因超速肇事,致同车的丙业务员受伤时,亦有"民法"第188条第1项的适用。[30]实务上有一则法律问题:甲乙二人同为丙公司受雇之劳工,在同一场所工作,某日甲移动其工作场内机械,疏未防范,致乙经该处为倒塌机械压断腰椎骨,下肢瘫痪残废,甲因过失伤害并经判处罪刑确定,问某乙得向丙公司请求何项赔偿?研究意见认为:按雇主依"劳动基准法"第59条规定所负之补偿责任,系法定之补偿责任,并不排除雇主依"民法"规定应负之侵权行为赔偿责任,此由该法第50条规定"雇主依前条规定给付之补偿金额,得抵充就同一事故所生损害之赔偿金额"而自明。本题雇主对受伤之劳工乙除依"劳动基准法"第59条规定予以补偿外,并应依"民法"第188条规定就劳工甲之侵权行为连带负损害赔偿责任,惟得以补偿金额抵充损害赔偿金额。[31]

4. 举证责任

关于受雇人的侵权行为,应依一般原则,由被害人负举证责任。被害人应证明行为人系雇用人的受雇人,其能证明行为人确系受雇人,但不能知其中孰为加害者(例如甲有受雇人乙、丙,在山上丢弃废石,伤害路人丁,不知加害人究为乙或丙),亦得成立侵权行为(参照"民法"第185条第1项后段),而使雇用人负损害赔偿责任。[32]

执行职务

1. 一般判断基准

"最高法院"1953年台上字第1224号判例:客观说

雇用人侵权责任的成立,须受雇人"因执行职务"而不法侵害他人的权利。此项要件的解释适用,甚为困难,此固应就具体个案加以认定,但亦须有一般判断基准,裨供参照。"最高法院"1953台上字第

之余地。倘陈○长上节行为系违反保护他人之法律,又致生损害于上诉人,则上诉人请求被上诉人负连带赔偿责任,依"民法"第184条第2项前段及第188条第1项前段规定,要非无据。乃原审竟以"银行法"第29条第1项规定旨在保护金融秩序,难谓系保护他人之法律,而为上诉人不利之判断,自属可议。关于保护他人之法律,参阅拙著:《侵权行为法》,2003年自版,第341页;陈聪富:"违反保护他人法律之侵权行为",收于《侵权归责与损害赔偿》,元照2000年版,第77页以下。陈聪富著:《侵权归责与损害赔偿》及《因果关系与损害赔偿》(元照2004年版)二书,多从美国侵权行为法,对台湾"侵权行为法"加以比较,有所补充阐释,甚值参考。

[30] 英国的普通法(Common Law)曾认受雇人共同受雇于同一雇主(common employment),自谋冒险(assumption of risk)或有助成过失(contributory negligence)者,不得向雇主请求损害赔偿(学说上称之为三个不神圣的规定,unholy trinity),今则已因立法而遭废除,关于其社会背景分析,参阅J G Fleming,注③书,pp. 327、568、571。

1224号判例谓："'民法'第一百八十八条第一项所谓受雇人因执行职务不法侵害他人之权利，不仅指受雇人因执行其所受命令，或委托之职务自体，或执行该职务所必要之行为，而不法侵害他人之权利者而言，即受雇人之行为，在客观上足认为与其执行职务有关，而不法侵害他人之权利者，就令其为自己利益所为亦应包括在内。"据此见解，"最高法院"认某氏为高雄市商会（上诉人）的秘书兼业务组长，掌管配布事宜，以配布名义向被上诉人诈欺布款，系"因执行职务"不法侵害他人权利。

"最高法院"2001台上字第1991号判决：行为外观理论

在一则关于证券公司营业员盗卖股票的案件，"最高法院"2001年台上字第1991号判决就"因执行职务"的认定基准，作出了更进一步的阐释，强调："'民法'第一百八十八条第一项所称之'执行职务'，初不问雇用人与受雇人之意思如何，一以行为之外观断之，即是否执行职务，悉依客观事实决定。苟受雇人之'行为外观'具有执行职务之形式，在客观上足以认定其为执行职务者，就令其为滥用职务行为，怠于执行职务行为或利用职务上之机会及与执行职务之时间或处所有密切关系之行为，亦应涵摄在内。"[33]

2. 内在关连的判断基准

关于执行职务范围的认定，"最高法院"提出二个基本见解：

采取所谓的"外观行为"的客观上判断基准。

将执行职务范围分为：受雇人执行雇用人的命令等及滥用职务等二个基本类型。

受雇人的行为是否属于执行职务，不能依雇用人与受雇人的意思而决定，实值赞同。但悉以雇用人的行为外观而认定，亦值商榷。其所涉及者，系在决定雇用人的责任范畴，乃价值判断问题，含有法政策的意涵，不能单就行为外观加以论断，行为外观理论不足以说明雇用人应就受雇人行为负其责任的实质理由。[34]

诚如前述，雇用人责任的依据，系使用他人，享用其利者，应承担其害，负其责任，雇用人并具有较佳能力，得藉商品劳务的价格或保险分散损害。准此以言，关于执行职务范围的认定，应采"内在关联"的判断基准，即指凡与雇用人所委办职务具有通常合理关联的行为，对此雇用人可为预见，事先防范，并计算其可能的损害，内化于经营成本，予以分散。[35]

将执行职务的认定，分为若干类型，加以观察，具有实益。其属执行职务"概念核心"领域的，较为明确；其属"边缘地带"的，难免争议。类型具开放性，得为不同的组合，并作必要的调整。关于雇用人侵权责任的成立，各国法律不论采取何种规范模式，均以"因执行职务"不法侵害他人权益为要件，[36]其实务上的案例，可值参照。本文将以"最高法院"所提出的各种情形作为基础，并藉用比较法的若干案例，作较详

㉛"司法院"1985年10月司法业务研究会第7期。

㉜关于此问题，可资参照者，系台湾台北地方法院2001年度海商字第15号判决，其事实为：原告主张：其所有圣文森籍"救难皇后号"救难船，于1998年6月19日，于高雄港第15号码头准备加油出航时，为被告登记所有之巴拿马籍"明益轮"操船不当，致遭该船碰撞受损。虽不知何人实际操作该肇事轮船，仍依据"民法"第184条、第188条起诉请求损害赔偿。法院判决略谓：可认定肇事轮船上之船员乃被告所雇用，则本件不慎撞及救难皇后轮，不论是肇因于船长指挥错误或是海员操作或机械故障，皆系船舶上船员之责任，原告无从得知系被告之何受雇人之过失所致，但被告之受雇人既有故意或过失侵害原告权利之情事，被告之受雇人对于原告所受之损害，自应负赔偿之责。又侵权行为之发生，究系为何受雇人之故意或过失所致，原告显难以证明，若令原告就此负举证责任，始得请求损害赔偿，对原告显失公平。况于现代社会生活中，营利法人以受雇人为其手足扩展其社会生活之活动范围，并为其创造更多的利润，是雇用人以受雇人为履行辅助人从事社会活动，附带产生风险及成本，雇用人

细的分析讨论。

3. 职务的执行

其属执行职务范围的,乃职务本身的执行,其情形有三:

雇用人命令的执行:此指受雇人执行雇用人关于职务的指示,例如在某处丢弃废料,在某地埋设管线致挖断电缆,而侵害他人权利。此亦包括不作为在内,例如受雇人依雇用人指示,未在工地设置安全防范措施。

委托职务自体:此指受雇人执行雇用人委办事项,此最属常见,乃典型情形,例如店员驾车运送货物,水电工装设冷气,医生手术开刀时,不法侵害他人权利。

执行职务的必要行为:此究指何而言,实务上有一则某军人奉命采购军用品的案件,可供参考。"最高法院"2000年台上字第1161号判决引用1953年台上字第1224号判例认为:"奉命采购军用品完毕后,如以其私有轿车载送采购军用品回部队,是否非执行职务之必要行为,亦有再事研求之余地。"[37]应补充说明的是,类此案例亦可认系执行职务的方法,属之者,例如百货公司的保安人员误认顾客正在偷窃物品,而强制拘留;车站人员误认乘客搭错班车,将其拉下,致乘客受伤。[38]

4. 职务的违背与执行方法的违背

受雇人违背职务,尤其是违背雇用人所为的指示,是否属执行职务范围,应视其所违背的,究系职务本身或执行方法而定。

其属违背职务本身的,例如医院护士擅自为病人开刀;[39]公车车掌因司机迟到而擅自开车。[40]此等行为与职务的执行不具内在关联,雇用人不必负责。

其属违反职务执行方法的,德国实务上有一则案例可供参照。雇用人甲嘱其受雇人乙以A车运送货物。乙自认A车容量过小,须二次搬运,甚不经济,乃擅自使用B车,因B车具有缺陷,发生车祸。德国联邦法院认乙的行为与其执行职务具有内在关联,雇用人应为负责。[41]

5. 职务给与机会的行为

受雇人因职务给与机会,而为侵害他人的权利,多属故意行为,如何认定其属执行职务范围,颇为困难,将于下文再为讨论,兹先就二种情形说明之:

滥用职务的行为:此指以执行职务为手段,而为不法行为,例如邮差私拆信件,窃取汇款;[42]宅急便送货员窃取托送物品;歌剧院衣帽间管理员窃取寄托物品,此等行为与其职务具内在关联,均应由雇用人负责。

与执行职务具空间、时间或事物上有密切关系而具内在关联的,例如运送瓦斯的司机吸烟,引起爆炸。其不具内在关联的,例如前揭运送瓦斯的司机丢弃烟蒂于车外,致他人农舍引起火灾;清洁公司的工人在客户的场所擅自打电话,增加费用。[43]

自应就其创造之风险负责,是应肯认雇用人之侵权行为责任。至于何人系有过失之受雇人,则系被告公司间内部求偿之问题,与本件无涉。本件判决的结论,可资赞同。但所谓"营利法人"的受雇人,尤其是所谓是雇用人以受雇人为"履行辅助人"从事社会活动,未能明辨"民法"第188条受雇人与"民法"第224条履行辅助人的不同,应值注意。(本件判决系由台湾"台北地方法院"林鸿达法官所提供,并承其整理内容,谨致谢意。)

[33] 关于本件判决的问题,将于下文再作说明。值得提出的是,"最高法院"在本件判决使用"涵摄"此一在法学方法论具有重要意义的用语。"涵摄"乃德文Subsumtion的移译,意指将具体事实涵摄于抽象的法律概念之下,例如某甲的送货员某乙送货途中发生车祸,撞伤路人丙,此一具体事实可涵摄于"因执行职务"不法侵害他人之权利。至于"执行职务"应包括何种行为,则为法律概念解释问题,非属所谓的"涵摄"。参阅拙著:《法律思维与民法实例研究:请求权基础理论体系》,2003年自版,第240页。

[34] 日本民法第715条规定使用者的责任,亦须以执行职务"事业ノ执行二付キ"为要件,关于其判断基准,日本通说系采外形理论,偏重于保护被害人。关于此项外形理论的诞生、功能、解释适

6. 犯罪行为与执行职务:营业员盗卖股票,证券公司应否负责?

"最高法院"的判决:歧异见解

证券公司从业人员盗卖客户股票的行为,在何种情形构成违反职务,系实务上近年来的重要争议问题。"最高法院"判决前后见解不同,实值注意,特列专项加以讨论。

"最高法院"2001 年台上字第 1235 号判决:肯定说

在 2001 年台上字第 1235 号判决,"最高法院"采用 1953 年台上字第 1224 号判例的"外观形式理论",认为:"证券商负责人与业务人员管理规则"第 2 条及第 3 条虽规定:业务员之职务仅为证券之承销、买卖之接洽或执行,不包括股票交割;同规则第 16 条亦明定禁止营业员代客户保管股票、金钱、存折或印章,但营业员如利用代客买卖股票之机会,于营业时间内,在其雇用人之营业场所,私下代客户保管股票、印章或存折,或代客户办理股票交割等事务,乃系利用职务上予以之机会,而为与其执行职务之时间及处所有密切关系之行为,在客观上足认与其执行职务有关。本件被上诉人侯○彤系被上诉人雇用之营业员,受上诉人委托代为买卖股票,为两造所不争之事实,上诉人交付印章、存折予被上诉人侯○彤,无论仅为代办股票交割,或系包括代领股票及领取存款,既系于营业场所及营业时间内为之,尚难认与被上诉人侯○彤职务上之行为毫无关连,乃竟利用职务上予以之机会,不法侵害上诉人之权利造成损害,上诉人主张其雇用人即被上诉人大华证券公司应负连带赔偿责任,似非全然无据。即令上诉人将其印章、存折等资料交予营业员即被上诉人侯○彤,致其有机会盗卖股票侵占股款,亦属上诉人是否与有过失之问题而已。[㊴]

"最高法院"2003 年台上字第 48 号判决:否定说关于证券公司营业员盗卖股票,证券公司应否负责,"最高法院"2003 年台上字第 485 号采取否定见解:按"民法"第 188 条所定雇用人之连带赔偿责任,以受雇人因执行职务不法侵害他人之权利,始有其适用。倘系受雇人个人之犯罪行为而与执行职务无关,即与该条规定之要件不合,殊无因受雇人滥用职务或利用职务上之机会及与执行职务之时间或处所有密切关系之行为,其外观在客观上认与执行职务有关,不法侵害他人之权利,遽认雇用人应与该受雇人负连带赔偿责任。查证券经纪商为受托买卖有价证券而雇用营业人员为直接有关有价证券买卖之行为者,必该营业人员因执行与有价证券买卖有关之行为而不法侵害他人之权利者,始得令证券经纪商与该营业人员负连带赔偿责任,倘系营业人员个人之犯罪行为而无关有价证券买卖之职务者,尚难谓系因执行职务而不法侵害他人之权利。依管理规则第 2 条规定,业务人员之职务既系为证券商从事有价证券之承销、买卖之接洽或执行。同规则第 16 条第 11 款复明定,证券商之负责人及业务人员执行职务应本诚实及信用原则,不得挪用或代客户保管有价证券、款项、印鉴或存折。本件叶○真

用及检讨,简要说明及相关判例学说,参阅高木多喜男:《民法讲义,不法行为等》,有斐阁 1977 年版,第 210 页以下;田上富雄:"使用者责任における'事业ノ执行ニ付キ'の意义",收于《现代损害赔偿法讲座》(6),日本评论社昭和 50 年版,第 25 页。

㉟"内在关系理论(innerer Zusammung)"系德国通说所采见解,参阅 Jauernig/Teichmann, Bürgerliches Gesetzbuch(München, 10. Aufl. 2003), §831 Rd-Nr. 8; Fikentscher, Schuldrecht(Berlin, 8. Aufl. 1992), S.783。

㊱此项要件在日本民法第 715 条称为"事业ノ执行ニ付キ"(事业执行性),在德国民法第 831 条称为"In Ausführung der Verrichting",在英美法上称为"in the course of employment",用语有别,意旨则同。

㊲参阅吴瑾瑜:"受雇人执行职务之行为——评'最高法院'2000 年度台上字第 1161 号判决",载《中原财经法学》第 6 期(2001 年 7 月),第 124 页。

㊳本例系参照 Bayley v. Manchester, Sheffield and Lincolnshire Railway Co. (1983, LR CP, at 153); Markesinis/Deakin, Tort Law (Oxford, 4th Edition, 1998), p. 551。

为大昌公司营业员,"私下"代客户保管股票、存折及印章,并代客户操作股票买卖,而盗卖客户股票或侵吞款项,其因业务侵占罪,业经法院判处有期徒刑三年确定,为原判决所是认。则能否因其系在大昌公司营业场所及营业时间内"代"客户操作买卖股票,即谓其行为系为公司执行买卖有价证券之职务行为而非其个人之犯罪行为,尚非无研求之余地。[45]

分析讨论

营业员违法私下代客户保管股票等,利用机会盗卖股票,"最高法院"原肯定仍属职务范围,证券公司应连带负责。最近若干判决采否定说,此种歧异见解,究出于偶然,抑有意让二说并存,抑系以"后之判决"推翻"前之判决",不得确知。为维护法律安定及促进法律进步,事关人民权利,"最高法院"应尽速以较详尽的理由,明确表示究采取何种见解。

"最高法院""后之判决"的重要意义在于修正1953年台上字第1224号判例所采的客观说(外观行为),就此点而言,应值赞同。应强调的是,不得据此而认为受雇人的个人犯罪行为,根本与执行职务无关,雇主不必负责。其是否与执行职务有关,而属雇用人负责范畴,应依其是否与职务具有"内在关联"而定。其应特别考虑的是,其所执行的职务是否增加此项犯罪行为危险性,雇用人得否预见,并为防范。[46]具有此种内在关联的,例如歌剧院衣帽间服务人员偷窃客人交付的物品,前已提及。比较法上值得参考的是,德国通说认为委办职务具典型增加犯罪行为危险性的,雇用人亦应负责。[47]法国实务上认戏院带位员在戏院内对询问前往洗手间女客为强制性交,并予谋杀,乃职务的滥用(abus de fonctions),雇主应予负责。[48]澳洲法院认橄榄球员故意伤害他方球员,使其俱乐部打败对手,雇主亦须负责。[49]美国法院有认为,临床治疗师(therapist)的受雇人对就医者为不当性行为时,雇用人应不免于负责,盖此种医疗职务,存在有信赖关系,被害人有特别保护的必要。[50]

前揭"最高法院""后之判决"认为营业员盗卖客户股票等行为,非必与有价证券买卖有关之行为有关,尚难谓系执行职务而不法侵害他人之权利,乃对执行职务采取较严格的解释。必须说明的是,营业员利用代客买卖股票,在营业场所及营业时间内,为客户保管股票、存折、印章及代客操作,并趁机盗卖股票,此乃其职务(代客买卖股票)所给予的机会,特别增加其危险性,雇用人得为预见,并加防范,雇用人并因营业员代客买卖股票而获利,认其乃属受雇人执行职务范围,雇用人应为负责,难谓无据。[51]须特别指出的是,纵采"最高法院"最近见解,认其与执行职务无关,雇用人未善尽其组织管理证券公司的业务,任由营业员私下代客操作,买卖股票,有机会为盗卖客户股票的犯罪行为,违反交易上社会安全义务,仍应依"民法"第184条第1项前段规定,负损害

㊴孙森焱认医院护士穿着制服为病人治病,致人于死时,系滥用职务之行为,参阅氏著:《民法债编总论》(上册),2003年自版,第301页。
㊵英国法上判决,Igbal v. London Transport Executive (1973) 16 KIR 329 (CA); Contrast LCC v. Cattermoles (1953) I WIR 977 (CA)。
㊶BGH NJW 1971, 31.
㊷参照"最高法院"1929年上字第875号判例:"邮政局员所为开拆信件抽换内容之侵权行为,邮局应否负赔偿责任,既为邮政条例及邮局章程所未规定之事项,当然依普通法则,应负赔偿之责。"
㊸英国法上判决,Heasmans v. Charity Cleaning Co. Ltd. (1987) ICR 949; Markesinis/Deakin,注㊳书, p.545。
㊹采相同见解者,尚有"最高法院"1997年台上字第1497号判决,关于本件判决的评析,参阅陈聪富:"受雇人执行职务之行为",收于《侵权归责原则与损害赔偿》,元照2004年版,第135页。
㊺其采相同见解者,尚有"最高法院"2001年台上字第1440号判决,鉴于其重要性,为便于参照,摘录如下:"民法"第一百八十八条所定雇用人之连带赔偿责任,以受雇人因执行职务不法侵害他人之权利,始有其适用。倘为受雇人个人之犯罪行为而与执行职务无关,即与该条所定成立

赔偿责任。

7. 受雇人驾车肇事与执行职务

实务上案例的整理

车祸系现代社会的意外事故，其驾车奔驰于道路的，多为受雇人，或为司机，或为业务员，或为各种事业的从业人员，如何认定其肇事行为系"因执行职务"不法侵害他人权利，"最高法院"有若干判决，兹分就肯定及否定二部分，整理如下：[52]

与执行职务有关

A. 某公司的司机虽于下班后肇事，仍难谓驾驶该公司汽车非属职务之行为（1962 年台上字第 365 号）。

B. 受雇的倾卸车司机将汽车交与无驾照工人驾驶，致车翻覆山谷，压毙与司机商请搭车之人（1962 年台上字第 1390 号）。

C. 大卡车违规停车，为警员取缔，其时该司机不在，遂由该车司机助手驾驶该车择地停放，发生车祸，致人伤亡（1957 年台上字第 493 号）。

D. 司机驾驶卡车载货北行，半夜由随车工人代为驾驶，因行车过快及方向盘失灵而翻车，致车上随车工人某氏跌伤致死（1962 年台上字第 3223 号）。

E. 某公司司机违规，经被害人（交通警员）鸣笛命其停车，并以手攀车门索阅驾驶执照，该司机开车猛进，致警员受伤（1966 年台上字第 2002 号）。

F. 车主命司机就修理后的汽车进行试车，司机自叫他人代为试车，自己坐于司机右边指挥，不慎撞伤路人（1970 年台上字第 4252 号）。

与执行职务无关

A. 甲受雇于乙自行车厂，职司宣传。于司机内急如厕之际，私自玩弄汽车将丙撞伤（1955 年台上字第 1704 号）。

B. 某甲系"财政部"雇用之三轮车夫，该项三轮车由"财政部"指定，供该部某参事上班下班之用，至于参事眷属则在不准使用之列。嗣某参事夫人愿另给报酬，某甲以该三轮车载运某参事夫人前往菜市场买菜，肇致车祸（1959 年台上字第 787 号）。

C. 受雇充任技工而非司机，自驾空车出游，撞伤他人（1963 年台上字第 1069 号）。

D. 大货车司机与小货车司机吵架，撞毁小货车（1982 年台上字第 63 号）。

分析讨论

前揭"最高法院"关于受雇人车祸的判决，提供了丰富的案例，可供研究。首须提出的是，受雇人是否因执行职务而侵害他人之权利，"最高法院"系就客观上而为认定，若采"内在关联"说，较能作合理的

要件不合，尚难令雇用人与受雇人负连带赔偿责任。查证券经纪商为受托买卖有价证券而雇用营业人员为直接有关有价证券买卖之行为者，必该营业人员因执行与有价证券买卖有关之行为而不法侵害他人之权利者，始得令证券经纪商与该营业人员负连带赔偿责任，倘系营业人员个人之犯罪行为而无关有价证券买卖之职务者，自难谓系因执行职务而不法侵害他人之权利。杨〇娟为诈取伊前交付上诉人供担保借款债务之股票，而利用其先父杨〇成于富顺公司之账户，及其为富顺公司营业人员之身份，盗盖其先父印章于富顺公司买进卖出报告书，又无力缴纳股款而未完成交割手续，其伪造文书、违反"证券交易法"之犯行，固经判处有期徒刑十月确定，惟其持富顺公司之买进卖出报告书向上诉人骗取原供担保之股票，则纯属个人之犯罪行为，与执行证券经纪商之股票买卖职务无关联，自难仅凭被上诉人杨〇娟盗盖其先父杨〇成印章于富顺公司之买进卖出报告书，并交付与上诉人之事实，遽认被上诉人杨〇娟所为系执行业务之行为，而令富顺公司应负雇用人之连带赔偿责任，上诉人依"民法"第一百八十八条规定，请求富顺公司连带赔偿，自属无据。

[46] 参阅 Larenz/Canaris, Lehrbuch des Schuldrechts, Band

判断。兹就常见案例分五种情形说明之:

受雇人上班或下班途中的行为,与执行职务范围不具内在关联。受雇人使用雇用人提供的交通工具上、下班,亦不因此当然使其行为属于职务范围。

受雇人在上班期间来回于不同工作场所,或从事巡回性工作(如检查瓦斯表),途中发生车祸与其职务具有内在关联,雇用人应予负责。

受雇人执行职务中变更其行程,例如车辆故障,于赴修车厂途中发生车祸,与执行职务具有内在关联。反之,若受雇人转往他处,探视女友,其肇致事故,非属雇用人应予负责的范畴。

司机途中搭载他人,与其执行职务不具内在关联,就车祸所致侵害他人权利,雇用人不必负责。

受雇人充任技工而非司机,自驾空车出游,显非属执行职务。受雇充任司机,利用假日私自驾车郊游,亦与执行职务无关,不能归由雇用人负责。

8. 受雇人为性骚扰与雇用人责任

性骚扰多发生于就业及工作场所,攸关两性平等及人格利益,应受重视。受雇人对他受雇人为性骚扰亦涉及"民法"第188条雇用人责任。[53]在"最高法院"1978年台上字第2032号判决一案,甲男与乙女均为丙的受雇人。甲、乙相奸年余,嗣因乙女拒再与甲往来,甲男乃张贴乙女的裸体照片于丙的厂房墙壁上供全体员工观览或传阅,致乙女深感羞愤而自杀。乙女的配偶及子女以丙为甲的雇主,就前节事实的加害行为与被害的发生,均在值勤时间与地点,疏于选任,怠于防范,应与甲连带负损害赔偿责任。"最高法院"采原审见解,认"民法"第188条所定雇用人之连带赔偿责任,以受雇人因执行职务不法侵害他人之权利者为限,始有其适用。甲男所犯与乙女相奸及诽谤等罪责,均由于其私生活不检所致,显与其执行职务无关,即与该条所定成立要件不合。

由前揭"最高法院"判决可知,此类在工作场所环境的性骚扰,难以"民法"雇用人责任为合理的规范。2002年1月16日公布(同年3月8日施行)的两性工作平等法对性骚扰的定义(第12条)、防治措施、申诉及惩戒(第13条)、损害赔偿等救济及申诉程序(第26条以下)等设有详细规定,敬请参照。

故意过失及因果关系:双重推定及举证免责

雇用人侵权责任的成立,须其对受雇人的选任及监督具有过失,此项过失与被害人所受损害具有因果关系,二者均由法律推定之,学说上称为双重推定,分述如下:

1. 选任监督受雇人的过失推定及举证责任

雇用人选任受雇人及监督其职务之执行,已尽相当之注意者,雇用人不负赔偿责任("民法"第188条第1项)。此项规定以倒置举证责

II/2 Besenderer Teil (München, 13. Aufl. 1994), S.480; 美国法实务基本上亦采此判断基准,即其行为"so closely connected in time, place, and causation to his employment duties as to be regarded as a risk of harm fairly attributable to the employer's business, as compared with conduct instituted by purely to personal considerations entirely extraneous to the employer's interest" Baumeister v. Plunkett, 673, So2d 994 906 (La. 1996); Dan B. Dobbs, The Law of Torts (St. Paul, 2002), p.913.

㊼ MünchKomm/Mertens, Müchener Kommentar, Bürgerliches Gesetzbuch (Müchen, 3. Aufl. 1992), §831 RdNr. 40.

㊽ Cass. Crim. 1953年11月5日判决,引自Murad Ferid, Das Französische Zivilrecht (Berlin, 1971), S.851.

㊾ Cantebury Football Club v. Rogers (1993) ATR 81-246 (NSWCA).

㊿ 参阅Dan B. Dobbs, 注㊺书, p.114. 此项信赖关系多存在于医师与病人、神职人员与教友之间,被害人有特别保护的必要。

[51] 参阅陈聪富,注㊹论文,第148页。

[52] 以下"最高法院"判决,系摘自曾隆兴:《详解损害赔偿法》,三民书局2003年版,第138页以下,并略为整理,敬请参照。

任的方法,保护被害人,盖选任监督系雇用关系当事人间的内部事务,属雇用人得为控制的领域,被害人难以查知,由雇用人承担不能举证的不利益,实属合理。

雇用人所应举证证明的,系其已尽相当注意,认受雇人的技术能力、道德品行等,足以胜任委办职务,不致侵害他人权利。在通常情形,检查证件即为已足,但特殊或专业技能,应斟酌情形实地考察测验,对于司机等应留意及于其生活习惯,尤其是防范酗酒肇事。雇用人是否尽其注意义务,应就受雇人从事职务时加以认定。须注意的是,在员工较多的企业,雇用人对所有受雇人自为选任监督,就企业管理言,殆不可能,故多采分层负责制度,基此,关于对受雇人的选任监督,应采双重免责基准,即企业者必须证明:对其管理阶层人员的选任监督已尽相当注意。管理阶层人员对肇事员工的选任监督亦无疏懈。[54]

应特别指出的是,台湾实务上对雇用人的举证免责,采取严格的要求,以保护被害人,此为雇用人侵权责任的关键问题,兹举三则"最高法院"判决说明之:

1929 年上字第 2041 号判例谓:使用主对于被用人执行业务本负有监督之责,此项责任,并不因被用人在被选之前,已否得官厅之准许而有差异,盖官厅准许,系仅就其技术以为认定,而其人之详慎或疏忽,仍属于使用主之监督范围,使用主漫不加察,竟任此性情疏忽之人执行业务,是亦显有过失,由此过失所生之侵权行为,当然不能免责。[55]

1931 年上字第 568 号判例谓:法律上所谓雇用主必须注意之趣旨,系预防受雇人执行业务发生危害之意,故注意范围,除受雇人之技术是否纯熟而外,尚需就其人性格是否谨慎精细亦加注意,盖性格狂放或粗疏之人执此业务,易生危害乃意中之事。

1940 年台上字第 1186 号判决谓:上诉人依据"民法"第 188 条第 1 项但书规定,谓受雇人本属机工,原有相当技术,其于选任上实已尽相当之注意,不应与行为人同负赔偿损害责任。殊不知电机油箱漏油,用烧镕补,乃最易爆炸之事,无论该行为人是否为上诉人注意选任之技工,然上诉人于受雇人执行职务时既未加意监督,终致使他人蒙受损害,自与前述但书得以免责之情形不合。

在吾人查阅所及的资料中,迄未发现有雇用人举证免责成功的案例。

2. 因果关系的推定及举证免责

雇用人侵权责任的成立,须其选任监督过失与受雇人不法侵害他人权利,致生损害,具有因果关系,此由法律推定之,已如上述,雇用人得举证证明,纵加相当之注意,仍不免发生损害,而不负赔偿责任。此项举证免责,甚属不易,实务上尚无相关案例可供研究。

(三)法律效果

雇用人与受雇人的连带责任;连带责任一般原则的建立

---

[53] 参阅高凤仙:"性骚扰之行为人与雇用人民事赔偿责任之分析(上)、(下)",载《万国法律》第 125 期(2002 年 10 月),第 22 页;第 126 期(2002 年 12 月),第 100 页。

[54] 较详细的讨论,参阅拙著:"雇用人无过失侵权责任的建立",载《民法学说与判例研究》,2004 年自版,第 22 页。

[55] 最近相关案例,参照"最高法院"2000 年台上字第 300 号判决。

受雇人因执行职务不法侵害他人之权利者,雇用人应与受雇人负连带损害赔偿责任("民法"第188条第1项)。此种连带责任,系台湾"民法"特有的规范方式,就其规范结构言,包括三个部分:(1)受雇人的侵权责任。(2)雇用人的侵权责任。(3)雇用人与受雇人的连带责任。同此规范模式的,有"民法"第28条规定:法人对于其董事或其他有代表权之人因执行职务所加于他人之损害,与该行为人连带负赔偿之责任。及第187条第1项规定:无行为能力人或限制行为能力人,不法侵害他人之权利者,以行为时有识别能力为限,与其法定代理人连带负损害赔偿责任。

兹拟提出的是,在台湾"民法"上似可从前述规定导出一项基本原则,即数人各依侵权行为规定,就同一损害,负损害赔偿者,应连带负赔偿之责任。[56]此乃本诸现行规定的规范意旨,而为之法之续造,[57]以促进法律进步,并用以合理解决实务上难以处理的争议问题,例如数未成年人或数受雇人共同不法侵害他人权利时,其法定代理人或雇用人间是否成立连带债务,而有内部求偿的难题。

连带债务的外部关系

雇用人与受雇人应负连带损害赔偿责任时,被害人(债权人)得对于债务人中之一人或数人,或其全体,同时或先后请求全部或一部的损害赔偿("民法"第273条)。关于此项连带责任,应注意者有三:

1. 慰抚金请求权的量定

受雇人因执行职务不法侵害他人权利,被害人就其非财产上损害依法得请求慰抚金("民法"第194条、第195条),而依"民法"第188条规定请求受雇人及其雇用人负连带损害赔偿金时,法院对于慰抚金的量定,应斟酌及于雇用人的资力。[58]

2. 雇用人就受雇人时效利益援用

连带债务人中之一人消灭时效已完成者,依"民法"第276条第2项规定,固仅该债务人应分担之部分,他债务人同免其责任,惟"民法"第188条第3项规定,雇用人赔偿损害时,对于侵权行为之受雇人有求偿权,则雇用人与受雇人间并无应分担部分可言,倘被害人对侵权行为之受雇人之损害赔偿请求权消灭时效业已完成,雇用人自得援用该受雇人之时效利益,拒绝全部给付,不以该受雇人已为时效抗辩为必要。[59]

3. 被害人与受雇人因和解抛弃部分损害赔偿请求权,对雇用人的效力

实务上有一则法律问题:受雇人因执行职务,不法侵害他人之权利,依"民法"第188条第1项前段规定,应与雇用人连带负损害赔偿责任时,若被害人与受雇人成立诉讼外和解,约定被害人支付之医药费30万元,由受雇人赔偿其中10万元,其余20万元被害人保留向雇用人请求,惟不得再向受雇人提起民事诉讼,嗣被害人于和解后,另行提

[56] 关于此项问题,将于拙著《损害赔偿法》作较详细的阐释。参阅·杨淑文:"损害赔偿法上之求偿关系",台湾大学法律研究所硕士论文(1983)。

[57] 关于法之续造(Rechtsfortbildung),参阅拙著:《法律思维与民法实例》,2003年自版,第301页;Josef Esser, Grundsatz und Norm in der richterlichen Fortbildung des Privatrechts (Tübingen, 3. Aufl. 1974).

[58] 参照"最高法院"1987年台上字第1908号判例:"受雇人因执行职务,不法侵害他人致死者,被害人之父、母、子、女及配偶受有非财产上之损害,依'民法'第一百九十四条及第一百八十八条第一项规定,请求受雇人及其雇用人连带赔偿相当金额之慰抚金时,法院对于慰抚金之量定,应斟酌该受雇人及应负连带赔偿责任之雇用人,并被害人暨其父、母、子、女及配偶之身份、地位及经济状况等关系定之,不得仅以被害人与实施侵权行为之受雇人之资力为衡量之标准。"

[59] "最高法院"1998年台上字第1440号判决。

起民事诉讼，请求雇用人赔偿其余损害金20万元，雇用人抗辩被害人抛弃其余部分之请求权，效力及于雇用人，是否有理由？

研究意见认为：连带债务未全部履行前，全体债务人仍负连带责任，又债权人向连带债务人中之一人免除债务，而无消灭全部债务之意思表示者，除该债务人应分担之部分外，他债务人仍不免其责任，固为“民法”第273条第2项及276条第1项所明定，然若他债务人无应分担之部分（例如“民法”第188条之雇用人），而债权人向有负担部分之债务人（如受雇人）免除部分债务时，他债务人就该免除部分即因而免其责任，否则他债务人（雇用人）于为全部之清偿后，依“民法”第188条第3项规定，尚得向有负担部分之债务人（受雇人）行使求偿权，则债权人向该有负担部分之债务人（受雇人）免除部分债务，将毫无意义。[60]

内部求偿关系[61]

1.“民法”第188条第3项规定：雇用人对受雇人的求偿权

“民法”第280条规定：连带债务人相互间，除法律另有规定或契约另有订定外，应平均分担义务。“民法”第188条第3项规定：雇用人赔偿损害时，对于为侵权行为之受雇人，有求偿权。此乃“民法”第280条所称法律另有规定，立法理由谓：“雇用人赔偿损害时，不问其赔偿情形如何，均得于赔偿后向受雇人行使求偿权，盖以加害行为，究系出于受雇人，当然不能免除责任也。”在比较法上，雇用人与受雇人应负连带损害赔偿责任的，均设有雇用人得向受雇人求偿的规定，[62]其主要理由系认受雇人为加害人，因其行为直接肇致损害，不设求偿规定，有违肇致损害者应负赔偿责任的一般原则，并使受雇人疏懈于执行其职务。

雇用人对受雇人有求偿权，是否公平、合理，备受质疑。盖使受雇人因其轻微疏误，而须负担全部赔偿责任，实属苛酷。又将损害由有资力的雇用人移转于资力薄弱，实际上不能投保责任保险的受雇人负担，不符损害分散的经济原则。求偿权的行使，亦不利于劳资关系的和谐。基于上述理由，如何限制雇用人的求偿权，乃成为各国法律所面临的共同问题，而发展出各种不同的解决途径。值得提出的是，雇用人本身多投有责任保险，保险人于赔偿后，得向受雇人求偿，实违反此项责任保险的目的。英国政府基此认识，乃对保险业者警告应放弃此项求偿权，否则将立法废止之，保险人乃与雇用人（被保险人）订立“君子协定（gentleman's agreement）”，保险公司同意除受雇人有故意者外，不为求偿权的行使。[63]

2. 雇用人求偿权的限制

“民法”第217条规定的类推适用

“民法”第188条第3项明定雇用人赔偿损害时，对受雇人有求偿权，此项求偿权应受限制，其理由前已论及，在方法论上系类推适用

⑥⓪参照“最高法院”1988年台上字第2966号判决、“司法院”77.10.8、厅民一字第1199号函复台“高院”。

⑥①郑玉山：“雇用人求偿权之限制与时效免责之抗辩（上）、（下）”，载《台湾本土法学》第31期（2002年2月），第1页；第32期（2002年3月），第1页。

⑥②郑玉山，注⑥①文（下），第2页。

⑥③Markesinis，注㊳书，p.553。

"民法"第217条第1项规定:损害之发生或扩大,被害人与有过失者,法院得减轻赔偿金额,或免除之。本项规定蕴涵一项基本原则,即数人对损害的发生均与有责任时,应依责任轻重,定其分担部分,盖依公平原则,无论何人均不得将基于自己过失所生的损害转嫁他人负担。[64]其责任轻重,依雇用人对损害发生与有过失及原因力(例如雇主提供的机器具有缺陷,对工作为不当的指示,对损害的发生未为必要的防范等)及依职务内容、劳动条件、勤务时间等相关因素认定之。

雇用人及受雇人间就赔偿义务有约定者,亦属有之,此多发生于劳动契约的情形。其损害分担的约定,对受雇人有利时,例如完全排除受雇人责任时,依其约定。其约定内容系使受雇人负全部赔偿责任者,仍应有前述"民法"第217条第1项规定的类推适用,盖此为一般法律原则,于当事人约定的损害赔偿责任,亦应有其适用。

实务见解

在企业实务上,雇用人向受雇人行使求偿权的,当属罕见,盖受雇人多无资力,强为求偿,不利于劳资关系的和谐。在诉讼实务上,"最高法院"1982年台上字第749号判决,[65]可供研究。兹简化其事实如下:甲受雇于乙为小货车司机,某日受乙之命令,驾驶乙所有小货车载客营业,因疏于注意而发生车祸,撞死路人A,并撞伤路人B。乙于赔偿A的家属及B的损害后,依"民法"第188条第3项规定向甲行使求偿权,请求甲偿还全部赔偿金额。原审斟甲、乙的过失程度,类推适用"民法"第217条第1项规定,减轻甲应偿还的金额至四分之一。"最高法院"判决理由略谓:"按过失相抵之原则,须被害人对于赔偿义务人请求赔偿时,因被害人之行为,与赔偿义务人之行为,为损害之共同原因,且须被害人于其行为亦有过失,始有其适用。本件乙系依'民法'第一百八十八条第三项规定对甲行使求偿权,乙既非被害人,原审依过失相抵之原则,减轻甲之赔偿金额,自属不合。"

"最高法院"前揭见解过于保守,拘泥法律文义,难值赞同。原审并非"适用""民法"第217条第1项规定,而是"类推适用"该项规定所含"依责任轻重,分配损害赔偿各自分担部分"的基本原则,在法学方法上实属妥当,在结论上亦属公平合理,前已论及,兹再强调之。

3. 受雇人对雇用人的求偿权(免责请求权)[66]

雇用人与受雇人应负连带损害赔偿责任时,在其内部关系应有"依责任轻重,分配义务"原则的适用,已如上述。在此情形,被害人(债权人)向受雇人请求损害赔偿时,受雇人不得主张仅就其依内部关系应分配的部分,负损害赔偿责任,仍属当然。兹发生一个重要问题,即受雇人于为损害赔偿后(或损害赔偿前),得向雇用人主张何种权利?

在德国劳动法上,于劳动者因过失不法侵害雇主的权利时,为保护劳动者,避免因一时疏懈而承担难以负荷的赔偿责任,实务上认应对其

[64] 参阅拙著:"侵害债务人内部求偿关系与过失相抵原则之适用",载《民法学说与判例研究》,2004年自版,第49页。

[65] 关于本件判决的评释,参阅詹森林:"雇用人行使求偿时与有过失原则之类推适用",收于《民事法理与判决研究》,1998年自版,第319页。

[66] 郑玉山,注[61]文(下),第17页以下就受雇人对雇用人之求偿权,尤其是德国法上所谓免责请求权及日本法上的逆请求权,有简明的论述,可供参照。

损害赔偿责任作合理的限制，乃类推适用德国民法第254条第1项（相当于台湾“民法”第217条第1项）与有过失的规定，并以实践宪法保障劳动者人格权为依据，创设依过失程度决定劳动者责任的原则，即劳动者仅具极轻微过失时，不必负责。其具通常过失时，则衡酌劳动者的过失与雇主的企业危险性，而定其责任。劳动者具有重大过失时，通常不能减轻责任，其出于故意时，须负全责。[67]兹应特别指出的是，此项责任分配原则，于劳动者对第三人应负侵权行为损害赔偿责任时，亦适用之。实务上并以雇主的照顾义务及德国民法第760条关于受任人的费用偿还请求权为根据，创设了所谓劳动者免责请求权（Freistellungsanspruch），即劳动者得请求对被害人依内部应分担的责任部分为全部或一部的赔偿，以免除其赔偿责任，受雇人已对被害人为赔偿时，得请求雇主返还之。[68]

德国劳动法关于限制劳动者责任，应否采取，尚值研究，其值参照者，系劳动者对雇主的免责请求权，此于雇用人与受雇人求偿关系，亦应有适用余地。

四、雇用人的衡平责任

（一）台湾“民法”上独有的制度

“民法”第188条第2项规定，如被害人依同条第一项雇用人得举证免责的规定不能受损害赔偿时，法院因其声请，得斟酌雇用人与受雇人之经济状况，令雇用人为全部或一部之损害赔偿，立法目的在于保护被害人。须特别强调的是，此乃台湾“民法”上独有的制度，比较法上似无此类立法例。应说明者有二：

1. 学说上有将雇用人此项责任定性为无过失责任，[69]就此项责任的成立，不以雇用人具过失为要件言，自属有据。实则，可径称之为雇用人的衡平责任，[70]以突显此系与过失责任及无过失责任并存的一项归责原则。

2. 立法者所以设此衡平责任，固鉴于应负赔偿责任的受雇人系无赔偿之资力，然被害人向法院声请令雇用人为全部或一部之损害赔偿时，并不以受雇人无资力为要件。雇用人为赔偿后，对于为侵权行为之受雇人有求偿权（“民法”第188条第3项）。

（二）一个成为具文的规定

关于“民法”第188条第2项所定雇用人衡平责任，学者固多肯定其具有保障被害人权益的效能，[71]实际上则属具文，盖实务上严格认定雇用人的举证免责，殆无此项责任适用的机会，在吾人查阅所及的裁判资料，迄未见相关案件。此类出于衡平考量的立法，陈义甚高，作为一种独立侵权行为归责原则，其的功能实属有限。

---

[67] 参阅 Brox/Rüthers, Arbeitsrecht (Berlin, 15. Aufl. 2002), S.80 (RdNr. 100); Hanau/Adomeit, Arbeitsrecht (Luchterahnd, 12. Aufl. 2000), S.198 (RdNr. 692); Manfred Löwisch, Arbeitsrechts (Düsseldorf, 6. Aufl. 2002), S.303 (RdNr. 1192)。

[68] Brox/Rüthers, 注[67]书, S.84 (RdNr. 103); Hanau/Adomeit, 注[32]书, S. 202 (RdNr. 697).

[69] 孙森焱，注[39]书，第303页。

[70] 郑玉波著、陈荣隆修订：《民法债编总论》，三民书局2002年版，第209页。

[71] 孙森焱，注[39]书，第303页。

五、雇用人侵权责任与民事责任体系

(一)概说

民事责任体系主要包括侵权责任与契约责任,"民法"第188条规定的雇用人侵权责任与民事责任体系的构成、解释适用及发展,具有密切关系。就侵权责任言,此涉及"民法"第188条与第184条、第28条、第186条及"国家赔偿法"的适用关系。就契约责任言,则涉及"民法"第188条与第224条规范结构的不同及不完全给付、缔约过失责任制度的发展。关于民事责任体系的建构有一项重要因素,应予注意,即如何扩张其他制度,以规避"民法"第188条关于雇用人举证免责的规定,以保护被害人。兹为便于观察,先行图标如下,再简要加以说明(阿拉伯数字为"民法"条文):

- 民事责任
  - 侵权责任 §188
    - §188
    - §28
    - §186、"国家赔偿法" §2
  - 契约责任
    - 债务不履行:不完全给付
      - 请求权基础:§227
      - 归责原则:§224
    - 缔约上过失
      - 请求权基础:§245-1
      - 归责原则:§224

(二)雇用人侵权责任与侵权责任体系

"民法"第188条与第184条

1.特殊侵权行为与竞合关系

"民法"第188条规定的雇用人侵权行为,是一种独立的请求权基础,其特殊性在于"推定过失"。若无此项特别规定时,原应适用"民法"第184条,惟被害人必须证明雇用人对受雇人的选任及监督其职务的执行具有过失。准此以言,"民法"第188条与第184条得成立竞合关系。

2.雇用人组织过失的理论[72]

雇用人侵权责任的成立要件不具备,尤其是雇用人得为举证免责时,为保护被害人,德国法上创设一种所谓组织过失责任(Haftung für Organisations-verschulden),即雇用人对其企业经营及企业人员的活动,应在组织上为必要的设置及防范,避免其侵害他人,其怠于为之者,应就其过失,依侵权行为一般规定,负损害赔偿责任。兹举二例说明之:

德国联邦火车公司曾使用一部车厢运送铅料,未为适当清洁而用于装运食品,发生餐厅中毒伤害事件。德国联邦法院认火车公司未尽

[72] 参阅 Kötz/Wagner, Deliktsrecht (Lutherhand, 9. Aufl. 2001), S.116 (RdNr. 292)。

必要注意使其受雇人遵守服务规则，对运送铅料的车厢为清洁工作，具有组织上的过失，应依德国民法第 823 条、第 31 条（相当台湾“民法”第 184 条、第 28 条）负损害赔偿责任。[73]

在台湾法上，“最高法院”最近判决认为营业员私下代客操作买卖股票而乘机盗卖股票时，非属执行职务范围，证券公司不必依“民法”第 188 条第 1 项规定负责。在此情形，应采组织上过失的理论，认证券公司未尽其组织上管理及防范义务，任由营业员在营业场所及营业时间从事不法行为，侵害他人权益时，应依“民法”第 184 条第 1 项及第 28 条规定，负损害赔偿责任。

“民法”第 188 条与第 28 条

“民法”第 28 条规定：法人对于其董事或其他有代表权之人因执行职务所加于他人之损害，与该行为人连带负赔偿之责任。其与“民法”第 188 条的适用关系分二点言之：

1.“民法”第 188 条的雇用人包括自然人及法人，法人对其非属机关的受雇人（例如公司的职员）的侵权行为，应依“民法”第 188 条规定负责。

2. 董事及其他有代表权之人，乃法人的机关，非属“民法”第 188 条所称的受雇人，无“民法”第 188 条的适用。

“民法”第 188 条与第 186 条及“国家赔偿法”

“民法”第 186 条规定：公务员因故意违背对于第三人应执行之职务，致第三人受损害者，负赔偿责任。其因过失者，以被害人不能依他项方法受赔偿时为限，负其责任（第 1 项）。前项情形，如被害人得依法律上之救济方法，除去其损害，而因故意或过失不为之者，公务员不负赔偿责任（第 2 项）。又“国家赔偿法”第 2 条第 2、3 项规定：公务员于执行职务行使公权力时，因故意或过失不法侵害人民自由或权利者，国家应负损害赔偿责任。公务员怠于执行职务，致人民自由或权利遭受损害者亦同（第 2 项）。前项情形，公务员有故意或重大过失时，赔偿义务机关对之有求偿权（第 3 项）。其与“民法”第 188 条的适用关系，分二点言之：

1.“国家赔偿法”第 2 条系“民法”第 188 条的特别规定。例如台北市警察局的警员执行职务，撞伤路人时，应适用前揭“国家赔偿法”规定，无“民法”第 188 条的适用。

2. 公务员执行职务系私法上行为，因不法侵害他人的权利时，应依行为人有无代表权，分别适用“民法”第 28 条及第 188 条规定。关于公务员自己责任，有无“民法”第 186 条的适用，视其所谓执行职务是否包括私法上职务而定。[74]

（三）雇用人侵权行为与契约责任的发展

“民法”第 188 条与第 224 条

[73] BGHZ 17, 214.

[74] “民法”第 186 条第 1 项所称应执行之职务，究仅指公法上的职务，抑包括公法上职务，“最高法院”迄未有判决，学说上有认仅指行使公权力而言（孙森焱，注[39]书，第 287 页）。亦有认应兼指私法上行为，参阅黄立：《民法债编总论》，1996 年自版，第 287 页；德国通说认德国民法第 839 条（相当台湾“民法”第 186 条）所称违反职务（Amtspflicht）包括私法上职务在内，参阅 Jauernig/Teichmann, BGB（München, 10. Aufl. 2003）, §839. Rn. 31。

关于雇用人侵权行为与契约责任，首先应该说明的是“民法”第224条规定：债务人之代理人或使用人，关于债之履行有故意或过失时，债务人应与自己之故意或过失，负同一责任。但当事人另有订定者，不在此限。关于其与“民法”第188条的不同，分三点言之：

1.“民法”第188条规定雇用人应就选任及监督受雇人负推定过失责任，得举证免责。“民法”第224条规定债务人应负担保责任，不能因证明其对意定代理人或使用人的选任及监督已尽必要注意而免责。

2.“民法”第188条系关于侵权行为的规定，乃独立的请求权基础。“民法”第224条规定系债务不履行的归责事由，非属请求权基础，其属请求权基础者，例如“民法”第226条第1项规定：“因可归责于债务人之事由，致给付不能者，债权人得请求赔偿损害。”债务人就其故意或过失，应负责任（“民法”第220条第1项），债务人利用他人履行债务时，其有无故意或过失（可归责事由），依“民法”第224条定之。此点甚为重要，时有误会，应请注意。

3.“民法”第188条称受雇人，系居于从属的地位，须服从雇用人命令指示之人，前已详论。“民法”第224条所称使用人，包括运送人、旅馆业者等独立营业者。同一人得为受雇人及使用人，例如公车公司的司机、医院的医生、快餐店的工读生，在此等情形，得成立侵权责任与契约责任的竞合关系。

雇用人侵权责任与不完全给付债务不履行责任

依“民法”第227条规定，因可归责于债务人之事由，致为不完全给付，如属加害给付时，例如游览车司机肇致车祸、医院医生开刀失误、快餐店工读生污损客人衣物等，除发生原来债务不履行的损害外，债权人就其他人身或其他财产损害，并得请求损害赔偿。关于此项规定与雇用人侵权责任的适用关系，应说明者有三：

1.侵权行为损害赔偿规定的准用：债务人因债务不履行，致债权人之人格权受侵害者，准用“民法”第192条至第195条及第197条之规定，负损害赔偿责任（第227条之一），此为1999年“民法”债编修正时所增订。

2.竞合关系：“民法”第188条（侵权责任）与第227条（契约责任）得成立竞合关系，此已为“最高法院”所肯定。[75]

3.“民法”第188条的规避及被害人的保护：因有“民法”第224条及第227条之一的规定，被害人选择行使不完全给付债务不履行损害赔偿时，具有规避“民法”第188条雇用人得为举证免责的作用，此对被害人较为有利，为创设不完全给付制度的重要理由之一。

雇用人侵权责任与缔约上过失

在当事人为订立契约而进行准备或磋商，如一方未诚实提供信息，严重违反保密义务或不合理中断磋商等违反订约时应遵守的诚实信用

[75]“最高法院”1988年11月1日第19次民事庭会议决议：法律问题：A银行征信科员甲违背职务故意勾结无资力之乙高估其信用而非法超贷巨款，致A银行受损害（经对乙实行强制执行而无效果），A银行是否得本侵权行为法则诉请甲为损害赔偿？决议：台湾判例究采法条竞合说或请求权竞合说，尚未尽一致。惟就提案意旨言，甲对A银行除负债务不履行责任外，因不法侵害A银行之金钱，致放款债权未获清偿而受损害，与“民法”第184条第1项前段所定侵权行为之要件相符。A银行自亦得本于侵权行为之法则请求损害赔偿。本件决议具重要意义，关于本件决议的评释及相关问题，参阅拙著：《侵权行为法》，2003年自版，第91页。

原则，致他人受有损害时，被害人依侵权行为法规定请求损害赔偿时，面临二个困难：(1)其所受损害，多属纯粹经济上损失，而非权利，无“民法”第184条第1项前段规定的适用；(2)依“民法”第188条第1项规定，雇用人就其受雇人的侵权行为，得主张举证免责。

为保障缔约前双方当事人间因准备或商业订立契约相互信赖的特殊关系，1999年“民法”债编修正时增订第245条之一关于缔约上过失责任的规定，即：契约未成立时，当事人为准备或商议订立契约而有下列情形之一者，对于非因过失而信契约能成立致受损害之他方当事人，负赔偿责任：一、就订约有重要关系之事项，对他方之询问，恶意隐匿或为不实之说明者。二、知悉或持有他方之秘密，经他方明示应予保密，而因故意或重大过失泄露之者。三、其他显然违反诚实及信用方法者（第1项）。前项损害赔偿请求权，因二年间不行使而消灭（第2项）。兹举乙例加以说明其适用关系：甲使其职员乙与丙进行关于某件重大投资的磋商，乙知悉丙的营业秘密，丙明示应予保密，乙故意泄露，致丙遭受重大损害。在此种情形，应成立故意以背于善良风俗加损害于他人的侵权行为（“民法”第184条第1项后段）。丙依“民法”第188条第1项规定向甲请求损害赔偿时，甲得举证免责。适用“民法”第245条之一规定时，甲应就其缔约使用人的故意，应与自己的故意，负同一责任（“民法”第224条的类推适用），而对丙负缔约上过失损害赔偿责任。就此点而言，缔约上过失责任，亦具规避“民法”第188条规定的功能。[76]

[76] 关于缔约上过失，参阅拙著：《债法原理》，2003年自版，第256页。

六、结论

“民法”第188条旨在规范因社会分工雇用关系而生侵害他人权益的损害赔偿问题，攸关被害人、受雇人（主要为劳动者）及雇用人的利益甚巨，并涉及民事责任体系的构造及发展，是一个极具重要性的规定。此一特殊侵权行为的特色在于使雇用人负推定过失责任，并与受雇人负连带损害赔偿责任；此外尚创设比较法上独有的衡平责任。数十年来累积的实务案例及学说上深刻的研究，使我们了解其解释适用的问题及发展趋势。就构成要件言，其重点在于如何结合“行为外观”及“内在关联”判断基准，认定受雇人执行职务的范围，以合理决定雇用人的责任范围。在法律效果方面，其有共识的，系应类推适用“民法”第217条关于与有过失的责任，以分配雇用人与受雇人应各自分担的赔偿义务，并进而创设所谓的受雇人（尤其是劳动者）对雇用人的免责请求权。

核心问题在于关于雇用人侵权责任究应采“推定过失责任”或“无过失责任”，台湾“民法”所以采取推定过失责任的规范模式，系顾及过失责任的基本原则，并辅以衡平责任，以保护被害人。实务上严格认定雇用人的举证免责,举证免责成功的案例,甚属罕见,雇用人实际上系负无过失责任。不完全给付债务不履行及契约上过失责任扩张了契约上的规范功能,使因雇用关系所肇侵害他人权益的保护更臻周全。雇用人侵权责任的变迁及契约责任的扩张,重构了民事责任体系,实乃台湾“民法”发展上的一项重大成就。

【裁判方法】

民事诉讼非法证据排除规则

◆李 浩*

一、证据的合法性与非法证据的排除

证据是否具有合法性，在我国证据理论中曾经是一个引起过激烈争论的问题，直到前些年理论界才对这一问题基本达成共识，新近出版的各种诉讼法学和证据法学教科书在论及证据的基本特征时，都把合法性作为证据的基本属性之一。

发生上述变化与我国诉讼法学者对证据的定义从“事实说”转向“统一说”有密切关系。按照“事实说”，凡是能够证明案件事实真实情况的一切事实均为证据，在这一认识框架内，合法性是没有多少生存空间的，因为证据事实的存在与否不取决于法律的规定。而依据“统一说”，证据是内容（事实材料）与形式（证明手段）的统一，是以法律规定形式表现出来的能够证明案件真实情况的一切事实。[①]既然证据不仅仅是能够证明案件真实情况的事实材料，事实材料成为诉讼证据还必须符合法律的规定，具备法律规定的形式，那么，承认证据具有合法性也就顺理成章了。

明确证据具有合法性的要害在于，如果我们承认合法性是证据的基本属性，那么就必须同时承认并非所有能够证明案件真实情况的事实材料都能够成为诉讼证据，事实材料仅具备真实性和关联性是不够的，它们能否成为证据，还要经过法律的选择。承认证据具有合法性将导致从总体上缩小证据事实的范围。因为这意味着，有些事实材料，尽管它们能够或者有可能证明案件事实，但法律却出于某种考虑，将它们排除出证据的范围，否定其证据资格。这样，合法性问题又同证据能力联系起来。

证据能力与证明力是证据法中十分重要的一组概念，它们既有联系，又有区别。证据能力是指一定事实材料作为诉讼证据的法律上的资格，故又称为证据资格，证明力则是证据事实对案件事实的证明价值。证据能力，涉及的是有无的问题，而证明力，涉及的是大小的问题。

* 南京师范大学法学院教师。

①参见卞建林主编：《证据学》，中国政法大学出版社2000年版，第70～74页。

是否具有证据能力,要由法律作出规定或法院通过司法解释、判例来确定,而证明力的大小,现代各国一般均由法官依自由心证的原则加以判断。从证明过程看,证据能力先于证明力而发生,因为从逻辑上说,事实材料只有具备证据资格,才能够进入诉讼发挥证明作用,才需要判断其究竟有多大的证明作用。无证据能力的事实材料进入诉讼不仅会浪费时间和精力,还可能造成法官对事实的错误认定,因此,在证明活动中,若当事人提出某一证据材料而另一方当事人提出证据能力的质疑时,法庭应当先对证据能力进行审查,如缺乏证据能力,就应当将它排除出诉讼。于是,合法性问题又同证据的排除问题联系起来。合法性与证据能力、证据排除的关系是:事实材料若不具备合法性,即无证据能力,无证据能力,就应当予以排除。

一般而言,只要证据材料同案件事实有关联,能够说明待证事实存在或不存在的可能性,或者说有这一证据材料同没有这一证据材料相比更能够判明事实的真伪,就应当允许它进入诉讼,而非法证据的排除恰恰是排除有关联性的证据。

查明发生在过去的有争议的案件事实是一项相当困难的任务。为完成这一任务,法庭需要与案件事实有关的各种信息。一般而言,与案件有关联的事实材料越多,案件事实就越容易得到准确认定,因而法律对进入诉讼的事实材料一般不预先加以排除,尤其是实行自由心证的大陆法系国家的证据制度,对证据能力是很少加以限制的,我国也是如此。对大多数与案件事实有关的事实材料来说,获得证据资格并无任何问题,证据能力的有无,仅在少数情况下才会发生,因而对于诉讼实务来说,重要的问题不是哪些事实材料有证据能力,而是哪些事实材料无证据能力,也就是说,哪些事实材料不符合合法性的要求不得作为证据提出和需要予以排除,才是需要关注的。

在我国民事诉讼中,不具有合法性的证据有三种:(1)主体不合法,即形成证据材料的主体不符合法律的要求,如不具备鉴定人资格的人出具的鉴定结论;(2)形式不合法,即证据材料的形式不符合法律的规定,如律师从工商管理局摘抄的企业登记资料未加盖工商行政机关的印章;(3)方式不合法,即收集证据的手段、方法违反了法律的规定,如采用严重侵犯他人合法权益的方法收集证据。虽然以上三种不具备合法性的证据材料在诉讼中均应予以排除,但诉讼中非法证据排除问题,一般都是专指排除取证方式违法的证据。本章亦仅从这一意义上探讨民事诉讼中非法证据排除问题。

二、非法证据排除规则的形成与演变

民事诉讼中非法取证的主体通常为诉讼当事人,虽然包括律师在内的诉讼代理人偶尔也存在违法取证的情形。收集证据是我国民事诉讼法赋予当事人诸多诉讼权利中的一种，我国民事诉讼法在赋予当事人广泛的诉讼权利的同时，也要求当事人依法行使诉讼权利。当事人向他人收集证据时，采用的方式、手段可能会违反法律的规定或侵害他人的合法权益，由此产生了民事诉讼中的非法证据问题。民事诉讼中当事人收集证据的手段违法或不正当主要有两种类型：一种是以违法手段取得的实物证据，如潜入对方当事人家中或办公室取得的物证、书证；另一种是一方当事人为了获取对方当事人在公开场合、在法庭上不愿说出和承认的事实，或者是为了将对方当事人正在实施的侵害自己合法权益行为记录下来，在事先未告知对方的情况下，将对方的谈话或行为进行录音、录像。

这两种收集证据的方式对证据真实性具有不同的影响。前者证据的形式为物证、书证，在采用不合法的手段收集前，这些证据已经形成，收集证据的手段违法一般不会对证据本身产生影响，既不会改变其形态，又不会改变其内容，因而对其真实性不会产生任何影响。后者的形式为视听资料，在一方当事人采取不正当方式收集前，证据并不存在。视听资料极容易被加工、剪辑、合成，并且经技术处理后往往不留痕迹、难以辨认，因而在被录制者对私录视听资料的真实性加以否认时，法庭亦往往难以确定其真伪。或许是由于存在上述差别，对以非法方式收集的物证、书证，我国司法实务中原先一般是把取证手段违法与证据本身分开来处理，并不因为收集证据手段不合法而否定其证据资格，真正成为问题的是后一类证据。

对私录的视听资料能否作为民事诉讼证据，我国理论界意见分歧较大，主要有四种观点：

1. 违法排除说。该说认为证据应当具有合法性的属性，采用私录方式制作的视听资料，取证手段不合法，故应当予以排除。

2. 真实肯定说。该说主张把视听资料的内容与取证的手段区别对待，如果视听资料的内容具备客观性和关联性，反映了案件事实的真实情况，即便取证手段不当，也应当允许其作为诉讼证据。

3. 线索转化说。该说提出私录的视听资料本身虽然因欠缺合法性不能作为证据，但司法人员可以将视听资料作为证据线索，按法定程序重新查证属实后，将其转化为合法的证据。

4. 排除加例外说。该说认为对这类视听资料原则上应否定其证据效力而予以排除，但不宜一概禁止，应当允许有例外，如收集证据者主观上无恶意就应当作为例外对待。[②]

理论上虽然对私录的视听资料有不同认识，但审判实务中一般是允许作为证据使用的，除非其内容本身不真实或真假难辨。1995 年 2 月 6 日，最高人民法院针对河北省高级人民法院的一则请示，作出了《关于未经对方当事人同意私自录制其谈话取得的资料不能作为证据使用的批复》（以下称《批复》），该《批复》认为：“证据的取得必须合

②参见宋英辉：“论非法证据运用中的价值冲突与选择”，载《中国法学》1993 年第 3 期。

法,只有经过合法途径取得的证据才能作为定案根据。未经对方当事人同意私自录制其谈话,系不合法行为,以这种手段取得的录音资料,不能作为证据使用。批复是司法解释的一种形式,因此,该《批复》确定了一条证据规则——录制时取得对方当事人的同意,是视听资料具有合法性的必要条件,不具备此要件的,无证据能力,应当在诉讼中排除。

最高人民法院的《批复》作出后,理论界对此褒贬不一,有赞成的,有相对赞成的,也有持批评意见的。

赞成者认为它肯定而且维护了证据的合法性,能够从根本上防止一方当事人采用偷录、偷拍等违法方式收集证据,同时也有助于保护公民的隐私权,符合当代法律保护人权的精神。

相对赞成者一方面肯定最高法院的《批复》是对我国民事证据制度的重要发展;另一方面则试图把不具有合法性的"私录"限定在谈话时非在场人的私录,把对方当事人的"同意"解释为包括事先或事后不表示反对的默示同意和事后明确表示的同意。[③]也有人主张"一方当事人偷录对方谈话,对方当事人虽不同意,但有无利害关系人在场证实私录过程真实的,可以作为证据"。[④]对新闻采访过程中以偷拍偷录方式取得的采访资料,有学者认为"偷拍偷录"是新闻采访常用的合法手段,"偷拍偷录"行为发生在诉讼前而不是诉讼过程中,因此将来若发生诉讼的话是应当允许作为证据使用的。[⑤]还有学者认为,私录的资料只要具备以下三个条件,就应当承认其合法性:第一,录制人是参与交谈的一方;第二,录制的内容为具有法律意义的民事行为或活动,并且不涉及个人隐私或他人的商业秘密;第三,采用的方式合法,未采用欺诈、胁迫、利诱等非法方式。[⑥]相对肯定说实际上是肯定该规则的同时限定、软化规则,在规则中嵌入种种例外,以弱化其严厉性。

反对者则认为以偷录、偷拍等秘密方式获取证据并不违法,并提出了四点理由:(1)制作与收集证据必须符合法定程序是针对司法机关而不是针对诉讼当事人的要求;(2)当事人秘密制作音像证据是为了保护自己的合法权利;(3)音像资料容易被伪造、变造是视听资料这类证据的共同特点,并非秘密制作的音像资料才容易被伪造,因而不能以此作为取消取其证据资格的理由;(4)当事人秘密制作音像证据具有便利性。[⑦]

在审判方式改革的过程中,许多地方法院相继制定了自己的证据规则,这些规则一般都重申了最高法院的上述《批复》,但也有的附加了例外情形。如上海市高级人民法院《经济纠纷诉讼证据规则》第40条规定:"当事人提供的证据有下列情形之一的,人民法院不予认定:(1)未经关系人同意的私下录音、录像、摄影;但由当事人或其他的监控设施的自动录像不在此限……"有的证据规则在排除私录视听资料的同时,对其他非法证据的效力亦作出了规定,如"违法收集的证据无

③参见周羽正:"私录资料合法性的界定",载《法学》1996年第3期。

④谢啸林:"论私录视听资料的排除与采信",载《法学》1997年第2期。

⑤万春:"论'偷拍偷录'采访资料的诉讼证据价值",载《人民检察》2000年第1期。

⑥参见毕玉谦:《民事证据判例实务研究》,法律出版社1999年版,第212页。

⑦参见王谢春:"音像证据若干问题探讨",载《法学家》1997年第6期。

效，但确属原始书证，物证或无法再收集的证人证言，经查证属实，可以作为认定事实的根据。”[8]在审判实务中，一些法院依据《批复》的规定排除了私录的证据，尽管其结果导致法院的判决陷入了另外一种明显的不公正。例如，福建《海峡都市报》记者暗访了湖美大酒店，然后在1999年11月25日发表题为“夜宿湖美，应召小姐说：这里全省最安全”的文章。文章中报道说：“记者下榻这家酒店后，就有几批小姐先后打电话来骚扰，称可以提供色情服务，并称‘如果有什么事的话，警察会通知我们酒店’……湖美大酒店认为此报道严重侵害了其名誉，遂向当地法院提起民事诉讼，而报社向法院提供了暗访时做的录音。法庭对此录音不予采纳，理由是依据《批复》，录音资料要征得对方同意才能作为有效证据。”[9]《批复》只规定了“私录”属于非法取证，但实务中当事人除了采用偷录方式收集证据外，还采用偷拍方式。对偷拍获得的证据，有的法院根据《批复》的精神，在诉讼中予以排除。例如重庆一妇女，怀疑丈夫有外遇，便跟踪丈夫，发现了丈夫与第三者在外同居的房屋，强行进入该房屋后，将丈夫与第三者同居的情形用摄像机摄下，在后来的离婚诉讼中，该妇女将录像资料作为证据提出，但法院否定了该资料的证据能力。[10]

当然，由于排除偷录、偷拍的证据将导致明显的实体不公正，也有法院在诉讼中采用这类证据的。例如，在一起继承案件中，原告诉被告乘养父病危神志不清之际，胁迫其立下遗嘱继承了本应由原告继承的房屋。庭审中，被告提交了录音磁带，经当庭播放，表明被告养父虽病重，但神志清醒。法庭最终采纳了该磁带作为证据。本案对私自录音证据所采取的慎重态度，对于查明案件事实真相，依法作出公正裁判起到了关键作用。

由于法官对《批复》的认知不一，在一些地方，该规则并未被严格遵守。“即便在同省、市甚至同一中级法院管辖的基层法院，对私录视听资料证据的理解与把握也不尽一致，当事人以同一私录的视听资料在甲法院不被采信，而在乙法院则可能得到采信。”[11] 2000年12月28日，上海市静安区法院对一起离婚案件作出了判决，这起普通的离婚诉讼引起了人们普遍关注，原因是在庭审过程中女方向法庭出示了一盘其偷录的证明对方有外遇的录像带，而法院考虑到最高法院的《批复》和对此类证据没有更为详细的规则，对这一证据资料在判决中不置可否。有法官认为：“上海法院对录像证据不作评判，这本身也可以理解为法官对这类证据一刀切的做法持保留意见，是以沉默的方式对司法解释提出质疑。”[12]

虽然审判实务中排除和采信私录视听资料的案例都有，但就两者的比例看，排除的大大超过采信的。不过，即便是严格依据《批复》排除的法官，当他们不得不眼睁睁地作出与实际发生的事实相反的认定时，内心里仍不免对《批复》的合理性感到困惑。

⑧山西省高级人民法院、南京市中级人民法院、昆明市中级人民法院在其《民事证据规则》中均作出了上述规定。参见金俊银主编：《中国民事证据规范适用手册》，人民法院出版社2000年版，第87、130、138页。

⑨上述案例出自陈发堂：“授权与限权：新闻事业与法治”，转引自罗斌：“非法证据排除规则与民事诉讼”，载《人民司法》2003年第10期。

⑩见重庆电视台2002年《拍案说法》节目2003年第10期。

⑪柴建国：“关于私自录制视听资料之证据效力及若干相关问题研究”，载曹建明主编：《诉讼证据制度研究》，人民法院出版社2001年版，第370页。

⑫游振辉等：“激活录音录像证据”，载2001年1月21日《法制日报》。

那么,最高法院为什么要作出这一《批复》?《批复》在实施过程中又暴露出了哪些问题?

最高法院之所以作出以上批复,一方面是为了强调当事人必须以合法方式收集证据,另一方面则是为了使社会上的一般人免受私录私拍行为的侵扰,以加强对人权的保护。从多年来实施的效果看,该《批复》虽然对禁止当事人以偷录偷拍方式收集证据起到了积极作用,但也带来了一系列的负面效应。

首先,影响了实体公正的实现,法院要对民事权利义务纠纷作出正确的裁判,前提是要查明有争议的案件事实,而查明案件事实依赖证据,私录视听资料虽然是在未获得对方同意的情况下制作的,但内容却是真实地记录了对方当事人的谈话或活动,且与案件事实有重要关联,成为能够证明案件事实的有力证据,一旦排除了这样的证据,法院不得不以事实真伪不明为理由对争议事实不予认定或作出完全相反的认定。

其次,不利于保护合法的民事权益。权利人欲使法院相信其主张的事实,必须提出足以说服法院的有力证据,在不少案件中,视听资料是当事人提供的主要证据,当事人是在缺乏其他有力证据的情况下不得已才采取偷拍偷录的方法,而法院一旦否定了私录视听资料的证据能力,权利人在诉讼中就只能落得败诉的结局,这显然不利于完成我国民事诉讼法所确立的保护当事人合法民事权益的任务。

再次,放纵了违法行为人,与公众的正义感相抵触。被排除的视听资料往往十分清楚地表明了未表示同意录音录像的一方当事人确实欠了对方的债或是实施了损害对方利益的行为,但由于知道对方手中没有掌握证据,所以气焰十分嚣张,如在被录下的谈话中虽然承认欠了钱,但却又说欠钱又怎么样,你到法院去告我好了,没有证据照样打不赢官司。

第四,对当事人制作视听资料证据提出了不切合实际的要求。《批复》将对方当事人的同意作为证据合法性的要件,但问题在于制作音像资料的一方与对方当事人之间存在着对立的利害关系,要求对方同意录制在今后针对自己的诉讼中必定对其不利的证据,无论是事前同意还是事后追认,均有悖人之常情,根本不具备可能性。并且,以这种方式收集证据只能是偷偷地进行或采取突然袭击的方式进行,如果事先告知对方,请求对方同意,对方在谈话中就根本不会讲出真情,根本不会让你拍到违法情形。因而,这一合法性要件的设置是脱离实际的,无法满足的。坚持对方当事人的同意作为获得证据能力的前置条件,无异于闭塞了当事人以录音、录像方式将对方当事人在诉讼外对案件事实的承认,所实施的违法行为固定下来作为证据的道路。

此外,《批复》作出这样规定的必要性也是值得重新考量的。如果说作出规定的目的是在于保护社会上一般人的隐私权和表达的自由,使社会上一般的人不会因为整天担心被偷拍偷录而生活在恐惧的阴影之中，那么，偷拍偷录是一方当事人为收集证据而针对另一方当事人实施的行为，它发生在特定的人之间，其指向是对方当事人的言论或行为，并非是针对与诉讼无关的社会上一般人的，因此，即使允许把偷拍偷录作为收集证据的方法，也不会侵害一般人的隐私权，或者使公众生活在不安和恐惧之中。如果说《批复》的目的是为了保护对方当事人的隐私权，那么，对方当事人是否有值得保护的合法权益也不无疑问。即便有，与权利受到侵害又无法通过其他途径获得证据的一方相比，其权益是否更值得保护？例如，在已婚者与第三者同居的场合，虽然非法同居或许称得上隐私甚至是阴私，但能否认为非法同居者就同居的事实享有为法律所承认和保护的隐私权？就算有，他们的隐私权是否应当优于另一方当事人的配偶权？法律应当优先保护哪一种权利？

上述问题的存在促使最高法院对《批复》重新审视，并于2001年12月21日颁布的《关于民事诉讼证据的若干规定》（以下称《规定》）中对此问题作出了新的解释。新的司法解释一方面规定："以侵害他人合法权益或者违反法律禁止性规定的方法取得的证据，不能作为认定案件事实的依据"（第68条），另一方面规定：有其他证据佐证并以合法手段取得的、无疑点的视听资料或者与视听资料核对无误的复制件，对方当事人提出异议但没有足以反驳的相反证据的，人民法院应当确认其证明效力。（第70条第3项）新的司法解释颁布后，有人为此欢呼雀跃，认为加在调查取证上的诸种限制已被取消，人们可以放手地采用一切必要的措施收集证据。这是对《规定》的误读，实际上，《规定》依然坚持证据应当以合法手段取得和排除非法证据的原则，只是放宽了合法性的条件，对视听资料，不再以取得被拍摄、录制者的同意作为具有证据能力的先决条件。

《规定》提出了新的非法证据的判断标准——以侵犯他人合法权益或者违反法律禁止性规定的方法取得的证据。与《批复》相比，新标准更为合理，非法证据的范围也大为缩小。然而，新标准仍然只是一个相对明确的判断标准，其中仍有或明或暗部分。例如，"侵害他人合法权益"依然是相当笼统的规定，"合法权益"是一个非常宽泛的概念，它究竟包括哪些权益，是指严格意义上法律明文规定的权利，还是指法律上值得保护的利益？是只限于法律已作出明确规定的，还是包括法院通过司法解释新形成的？从民事的角度看，合法权益既包括财产权又包括人身权，前者包括物权、债权、知识产权、继承权，后者包括生命权、健康权、人身自由权、隐私权、名誉权、荣誉权、肖像权、姓名权、名称权，是否凡是侵害上述权益之一的，均应当予以排除？合法权益有无大小之分？侵权造成的后果有无是否严重之分，是否只要是侵犯了他人的合法权益，不论其大小，也不管后果是否严重，均应作为非法证据排除？"违反法律禁止性规定"也存在同样的问题，它是指违反法律对某一具体行为所作的禁止性规定呢,还是包括对诚实信用、公序良俗等基本原则的违反?是凡是以违反法律禁止性规定的方法收集的证据一律无效呢,还是允许有例外存在?再说,"法律"一词本身就有狭义和广义之分,在我国狭义的法律专指全国人大及全国人大常委会制定的规范性文件,而广义的法律,既包括狭义的法律,又包括行政法规、地方性法规及行政规章,这里的"法律"究竟是指狭义的还是广义的呢?这些都有待于今后的理论与实务作出回答,尤其是有待于司法解释给出答案,有待于最高人民法院公报刊载的指导性案例提供参考。

三、非法证据排除规则的比较法考查

非法证据的排除问题,主要发生在刑事诉讼之中。刑事诉讼中的非法证据,可以分为以非法手段获取的被告人的供认和被告人供认以外的其他证据;后者包括通过非法的搜查、扣押、窃听等获得的证据。对以非法手段获得的被告人的供认,各国法律均否定其证据资格,联合国大会1984年签署的《禁止酷刑和其他残忍、不人道或有辱人格的待遇或处罚公约》第15条亦规定"不得援引以酷刑取得的口供为证据"。对后一类非法证据,是否予以排除,各国的实践有很大的差异。民事诉讼中的非法证据,主要是指以非法手段获取的书证、物证,视听资料,与刑事诉讼中后一类非法证据具有一定的可比性,故本文仅就后一类非法证据进行比较。

美国是最早确立排除非法证据规则的国家。早在1914年美国联邦最高法院便依据宪法第四修正案在维克斯诉合众国一案的判决中提出了非法证据排除规则。宪法第四修正案规定:"人们保护自己的人身、房屋、文件及财产不受任何无理搜查和扣押的权利不容侵犯;除非是由于某种正当理由,并且要有宣誓或誓言的支持并明确描述要搜查的地点和要扣留的人或物,否则均不得签发搜查证。"维克斯一案中控诉方的证据是以非法搜查和扣押的方式取得的,[13]违反了宪法第四修正案,故美国最高法院认为不得在刑事诉讼中作为证据使用。美国最高法院开始并未要求各州遵从非法证据排除规则,直到1961年对麦波夫人诉俄亥俄州一案作出判决后,[14]才将该规则适用于各州的刑事诉讼。美国最高法院还通过"毒树之果的"(the fruit of the poisonous tree)理论将非法证据的排除扩展到以非法证据为线索派生获得的证据。1939年,美国最高法院法官Frankurter便在Nardone v. United States一案的判决中提出了"毒树之果的理论",该理论认为,警察的违法侦查行为如同一棵有毒的树,通过违法侦查获得的证据,为毒树结出的果子。毒树之果不可食,因而应当排除通过违法行为获取的证据。排除非法证据的依据有三个方面:其一是保护公民依据宪法第四修正案所享有的权利;其二是维护司法程序的纯洁公正;其三是抑制将来的违法

⑬ 威克斯(Weeks)是一个速递公司的雇员。他被指控用邮寄的方式寄送彩票,违反了美国刑法第217条。在没有逮捕证的情况下,警察到被告人的工作地点逮捕了被告人,后来又在没有搜查证的情况下到被告人家中进行搜查。在被告人没有同意开门的情况下,警察根据邻居的指点发现了被告人的钥匙,并以此打开了被告人的家门。地方警察,后来是联邦警察搜查了被告人的房间,发现了一些信件和装有彩票的信封。在联邦法院对被告人的审判中,当这些被扣押的信件被提出作为证据时,被告方提出了质疑,理由是证据是通过非法手段获取的。但一审法院未采纳被告方的异议。于是威克斯便向联邦法院申请了调卷令,联邦最高法院受理了此案,并进行了审理。在审理中裁定控诉方的证据是通过非法搜查和非法扣押获得的,违反了美国联邦宪法第四和第五修正案,不得作为证据在联邦法庭使用。据此,裁定撤销原判,发回重审。参见杨宇冠:《非法证据排除规则研究》,中国人民公安大学出版社2002年版,第23页。

侦查行为。

排除非法证据的代价是使一些确实犯了罪的人因此而逃脱了法律的制裁。犯罪率的日益增长和政府控制犯罪能力的减弱引起了美国民众的强烈不满，后来，美国最高法院不得不对非法证据的排除作出修正，在继续坚持排除非法证据的同时，设置了若干不予排除的例外：一是必然发现的例外，即一部分侦查人员虽然偶然进行违法侦查，但即使不违法侦查，其他侦查人员通过合法侦查也必然会获得证据；二是善意的例外，即事实上进行违法侦查的人员有理由相信侦查程序是合法的。如警察依照一位有签发权的官员签发的搜查证进行搜查，但最终却发现搜查证是无效的；[15]三是独立来源的例外，即控方同时拥有证明某一事实的因非法取证而被污染的证据和以合法方式取得的证据，此时控方虽然不能用被玷污了的证据，但却可以用合法取得的证据来证明所指控的犯罪事实，因为后一证据是通过独立来源获得的，与非法取证行为不存在因果关系；四是污点稀释的例外，即尽管证据与非法取证存在因果关系，但由于证据上的污点相当小，非法取证行为的危害后果变得相当稀薄，适用排除规则已明显超过其合理成本，并且接受这样的证据并不会损害法院的尊严；其五是非法行为介入的例外，即警方实施非法取证行为后，犯罪嫌疑人随后实施了非法行为，因非法行为的介入，使得此后获得的证据具有可采性。[16]

对私人以违法方式获取的证据，美国绝大多数的案例是不予排除的，除非该违法取证行为是在警察的授意下进行的，因为在此情形下该私人被视为警察的代理人。即使是有警察到场，只要是该行为并非是在警察授意下进行的，私人获得的证据仍然可以作为诉讼证据。例如，1968 年美国新泽西州有这样一起案件：Del Presto 得知其妻有外遇，为了在离婚时获得其妻与他人私通的证据，便通过私人侦探找到了妻子情人的住所，在破门而入捉奸前，他们请警察到场，警察应邀前来，但未参与行动，只是在一旁观看 Del presto 与私人侦探搜索证据。在后来的离婚诉讼中，被告律师对这些证据的证据能力提出了异议，法院则认为，此种破门而入收集证据的行为仍属私人行为，不能指责为警察非法搜查。[17]

美国之所以不排除私人以入室窃取、装窃听器、强行进入他人住宅等方式收集的证据，是由于美国法院认为，宪法修正案第四条的规定，旨在禁止政府人员的非法侦查行为，并非是禁止私人的行为，故不适用于私人非法收集证据的情形。[18]当然，如果私人采取非法手段收集证据，其行为触犯了刑法，仍然会受到追究，但这与证据能力不相干，即便受到刑事处罚，所收集到的证据在诉讼上仍然是有效的。

此外，对私人在民事诉讼中利用警察以非法方式取得的证据，美国法院亦持宽容的态度，允许私人将它们作为证据使用。如在 1975 年 Honeycutt v. Aetna Isurance 给付保险金一案中，被告方利用警察以非

⑭警察在搜查多丽·麦波（Mapp）家时，出示了一张纸片，冒充搜查证，麦波夺过纸片，警察认为麦波是"好战的"，便给她带上了手铐。警察在她住宅的地下室中发现了猥亵材料。俄亥俄州最高法院认定了麦波有罪。但联邦最高法院推翻了州法院的有罪判决，理由是非法收集的东西不能成为证据，非法逮捕又构成严重程序违法。

⑮参见［日］田口守一：《日本刑事诉讼法》，法律出版社 2000 年版，第 246 页。

⑯参见斯特龙主编：《麦考密克论证据》，汤维建等译，中国政法大学出版社 2001 年版，第 344 页以下。

⑰参见周叔厚：《证据法论》（第三版），三民书局股份有限公司 1995 年版，第 1159 页。

⑱在美国，联邦的宪法性排除规则简直不太可能适用于私人之间的民事诉讼。如果证据是由私人非法获得的，，最高法院几乎肯定的认为，排除最多可以阻止将来的类似私人行为，而这种思虑已超出了基础性的联邦宪法规则的效力范围。参见：《麦考密克论证据》，第 335 页。

法扣押方式获得的原告故意放火的证据,得到了法院的许可。[19]

英国与美国虽然同属英美法系,但在对待非法证据问题上,英国的处理办法与美国不同。刑事诉讼中是否排除违法取得的证据由法官裁量决定,但从新的判例看,对违法搜查、扣押的证据,只要与待证事实有关联,原则上不予排除。

在民事诉讼中,英国总体上对非法证据持较为宽容的态度。英国的民事诉讼中原先并未排除非法证据,而是采取将取证手段与证据本身内容区别开来处理的方法,取证手段若违法,将依法追究行为人的法律责任,构成犯罪的会被追究刑事责任,但这丝毫不影响证据材料的证据能力,只要证据材料同待证事实有关联性,法院便会采信该证据。1897年,在 Rattry v. Rattry 一案中,原告主张自己被告有通奸行为,并用从邮局窃来的信件作为证明自己主张的证据,尽管原告的这一行为已构成犯罪,原告被追究了刑事责任,但该证据还是被法官所采信。审理该案的英国上诉法院认为,法律的政策是采纳几乎所有有助于查明案件事实并实现司法公正的证据。这一判决在英国产生了重大影响,被其他法院处理非法证据问题时所引用。后来,由于这一判例不断受到批评,法院对非法证据的态度才有所转变。在1963年的 Duke of Argyll v. Duchess of Argyll 的案件中,法院开始采用利益衡量的方法对待非法证据。审理该案的法官认为:"这里没有绝对的规则,应当根据每个案件的特定情况决定是否采纳某一用非法手段取得的证据,这些应当考虑的具体情况包括:相关证据的性质、使用该证据的目的、取得该证据的方式、采纳该证据是否会对被取证方造成不公正以及该证据的采纳是否会对法院查明事实作出公正的判决有所帮助。"[20]可见,英国在民事诉讼中对非法证据并未原则上予以排除。

在德国民事诉讼中同样也存在着如何对待非法证据问题。诉讼实践中遇到的问题是:是否允许秘密潜入夫妻住宅的人作为离婚诉讼的证人?是否允许通过安装窃听器偷听他人谈话的人作为证人来询问?是否允许受参与谈话人指使偷听有关商业秘密谈话的人作为证人?是否允许将偷录偷拍获得的音像资料作为证据?对此,理论界存在着广泛的争议。[21]在实务中,法院为了保护宪法规定的基本权,对以侵犯基本权的方法获取的证据不予采纳,无论该证据是由公共机构非法获取的还是由个人非法获取的。不过,对以非法方式获取的证据,法院也不是机械地、不分青红皂白一概排除。如果法院认为非法获取的证据是保护当事人权益的惟一合理的方式,或者是为保护更为重要的基本价值所需要,就会采纳非法收集的证据。例如,在一民事案件中,一当事人为了证明自己受到敲诈勒索,提供了其秘密录制的记录了勒索者实施口头威胁的录音带,联邦法院认为该偷录是当事人的合法自卫,系正当防卫行为,可以作为证据采信。[22]

在法国,刑法不仅保护通信秘密、住宅不受侵犯,而且也禁止在一

⑲参见周叔厚:《证据法论》(第三版),三民书局股份有限公司1995年版,第1147页。

⑳参见陈桂明、纪格非:"民事诉讼证据合法性的重新解读",2004年全国诉讼法年会论文。

㉑参见[德]莞厄尼希:《民事诉讼法》,周翠译,法律出版社2003年版,第277~278页。

㉒参见[意]卡佩莱蒂:《当事人基本程序保障权与未来的民事诉讼》,徐昕译,法律出版社2000年版,第58页。

定范围内对他人偷录偷拍，因此，非法进入他人住宅收集证据，以侵害通信秘密的方法收集证据，通过偷录偷拍收集证据，都是违反法律禁止性规定的。法国民法典还规定："一方配偶不得在法庭辩论中提出其采取暴力行为或欺诈行为获得的另一方配偶与第三人之间的往来信件；应一方配偶请求制作的现场见证，如有侵犯住所或侵犯私生活之非法行为，应排除于法庭辩论之外"（第259条之一、之二）。法国之所以禁止采用上述方法收集证据，是为了保护人身权和个人私生活的秘密，但这样做又会同当事人的证明权发生冲突，会使法院发现真实的努力严重受挫，所以，审判实务中法院处理这一问题时有一定的灵活性，有时也会采纳当事人提交的他人的信件，尽管信件的取得侵害了他人的通信秘密。[23]

日本原先在刑事诉讼中并不排除违法收集的实物证据，后来受到美国的影响，学术界越来越多的人主张采用证据排除法则，学术界态度的变化影响了日本的法院，为了抑制违法侦查和保障人权，日本最高法院从1975年起开始在刑事诉讼中采用非法证据排除法则，日本是依据"重大违法"的标准来排除非法证据的。如果侦查中收集证据的方法不属于重大违法，就不适用排除法则。[24]

日本法院在民事诉讼中也将"重大违法"作为排除非法证据的标准。日本东京高等裁判所1977年7月15日的一则判决承认私录录音带具有证据能力，该判决认为：采用明显反社会的方法收集证据，如用限制他人肉体上、精神上自由等侵犯人格权的方法，就必须否定其证据能力，但本案中的录音带不过是偷录案外人在酒席上的谈话，并未造成对他人人格的严重侵害。[25]日本最高裁判所第三小法庭于1981年11月对"假电话案"所作的判决也与此相似，该判决认定：新闻记者在与被告会谈时，未经被告同意将其谈话录音的行为系记录采访结果的行为，并非违法。[26]对偷录的视听资料，日本地方裁判所亦有出于抑制违法取证的考虑而否定其证据能力的判决，但日本裁判所总的态度是认为秘密录音大多是私人收集证据的行为，对私录的视听资料是否适用证据排除规则是有疑问的。对原告擅自拿取被告的日记，以日记中的记载作为证据，日本法院在一案件中以民事诉讼法中并无否定其证据能力的规定为理由，肯定了它的证据能力；在另一案件中法院虽然认为在对私人日记进行调查会造成人格权损害的场合应当否定其证据能力，但根据本案的具体情况，法院还是肯定了该日记的证据能力。

也有国家在民事诉讼法中明文规定应当排除非法证据。例如，俄罗斯在宪法中规定了非法证据的排除，《俄罗斯联邦宪法》第50条规定："在从事司法活动的过程中不许利用违反联邦法律而获得证据"。为了将宪法的这一规定落实在民事诉讼中，《俄罗斯民法典》第49条第3款规定："非法取得的证据，不具备证据效力，不能作为判决的根据。"我国澳门地区《民事诉讼法典》第435条关于"证据合规范原则"

[23]参见［法］盖斯旦等：《法国民法总论》，陈鹏等译，法律出版社2004年版，第596～598页。

[24]参见［日］田口守一：《日本刑事诉讼法》，法律出版社2000年版，第242页。

[25]参见王亚新：《对抗与判定》，清华大学出版社2002年版，第182～183页。

[26]参见［日］石井一正著：《日本实用刑事证据法》，五南图书出版公司2000年版，第150页。

规定:"不得于审判中采用透过侵犯人之身体或精神之完整性,又或透过私人生活、住所、函件及其他通讯方法而获得之证据。"

上述考察表明:第一,排除非法证据并未成为各国民事诉讼中通行的证据规则;第二,或许是由于对公权力要求严格的缘故,美国虽然在刑事诉讼中排除侦查机关违法收集的证据,但在民事诉讼中却未排除私人违法收集的证据;第三,有的国家虽然民事诉讼中排除非法证据,但也不是一概排除,英国和德国是将这一问题交给法官,由法官通过利益衡量来决定采纳还是排除;日本裁决所认为应予排除的仅限于采用严重违法手段收集的证据,一般不包括对对方当事人或第三人秘密录音形成的证据。

四、关于适用新排除规则的几点思考

(一)以重大违法作为排除非法证据的实质性标准,并引入利益考量的方法确定是否构成重大违法

在非法证据排除问题上,深刻地反映了法律制度中各种不同目标、价值、利益之间的冲突与竞争,对一个目标的肯定往往意味着对另一个目标的否定,选择一种价值的同时不得不舍弃另一种价值,保护一种利益会不可避免地损害另一种利益。而这些互相冲突的目标、价值、利益均有其合理性,它们之间不存在明显的优劣之分,轻重之别,所能够区分和辨析的,充其量也只是在特定情势下,哪一目标更具有紧迫性,哪一种价值更值得珍视,哪一种利益需要优先保护。因而,在确定和适用非法证据排除规则时,立法者、司法者经常会处于"鱼与熊掌不可兼得"的困境之中,而无法达到两全其美的理想状态。

具体而言,非法证据排除问题上的冲突包括以下四个方面:

1. 实体公正与程序正义的冲突。实体公正是指诉讼结果的公正,衡量实体是否公正的主要指标是当事人的合法民事权益是否得到了应有的保护,违法者是否被判决承担相应的民事责任,实体法目标是否通过诉讼得到实现。实体公正的实现是以查明案件的真实情况为前提条件的,所以,发现真实便成为各国证据制度的基本理念,各国诉讼制度的共同目标,如果偏离了发现真实这一既定目标,就会动摇裁判制度的根基,导致裁判制度的崩溃。发现真实在诉讼制度中之所以具有极端的重要性,是由于"对事实而言,法律是通过三段论来寻求解答的。因此,如果作为前提的事实本身存在着错误,那么法律性的解答也就难免产生错误。可见,人民对法院寄予的最大希望就是准确地对事实作出认定,这一点是谁也不能否定的。"[27]程序公正是指诉讼过程的公正,当事人程序主体的地位是否受到尊重,是否被赋予参与诉讼并充分行使诉讼权利的机会,双方当事人是否处于平等的地位,法官是否中立,程序是否公开透明,是判断程序是否公正的重要标准。当事人在诉讼中

[27]参见[日]石井一正著:《日本实用刑事证据法》,五南图书出版公司2000年版,第8页。

使用的方法、手段是否正当、滥用诉讼权利的行为是否被制止，也与程序公正与否密切相关。

非法证据在取证手段上虽然不合法，但并不等于证据的内容不真实，不具有证明作用，以非法方式取得却又是证明案件事实的关键性证据或主要证据，这种情形在民事审判实务中并不少见。在把实体法作为主法、程序法作为助法，视为实体法附属品的年代，非法证据并不会造成困扰，因为实体公正是惟一需要考虑的，不论以何种方式收集的证据，只要本身是真实的，能够用来查明案件事实，都被允许作为证据使用，但在程序法已经获得了独立的地位，程序公正日益受到重视的今天，手段的合法性已成为必须正视和考虑的问题。面对具有矛盾品格的非法证据，司法政策上面临着艰难的选择，如果是为了查明案件的事实，就应当接纳这样的证据，尤其是在一旦舍弃此证据事实就无法查清的场合，而如果是要维护程序的纯洁与公正，就应当将它们排除出诉讼。

2. 目的合法与手段违法的冲突。当事人收集证据的目的是为了用证据证明自己的合法权益受到对方当事人的侵害，是为了通过诉讼维护自己的合法权益，其目的无疑具有正当性和合法性，即使在诉讼前或诉讼中以非法方式取证，也不能改变动机、目的的合法性，更何况常常是迫于无奈不得已才非法取证的。但另一方面，单就收集证据的方法看，又确确实实超出了法律许可的范围，甚至违反了法律中禁止性规定，是企图以不合法的手段来实现合法的目的，手段的违法性并不能为目的的合法性所消解。

3. 保护自己合法权益与侵犯他人合法权益的冲突。当事人虽然是在自己的合法权益先受到对方当事人侵犯的情况下，实施非法取证行为的，但他在维护自己权益的同时，却对他人的合法权益造成了损害，如侵入了他人的住宅、损坏了他人的财产、侵犯了他人的隐私、扰乱了他人生活的安宁。如果手段严重违法，还会给他人的人身自由和人格尊严造成严重损害。从不同的视角看，这两种合法权益都值得保护，虽然事实上无法同时保护。

4. 保护合法权益与维护法律秩序的冲突。国家制定、实施法律不仅仅是为了保护单个公民的人身权和财产权，而且也是为了达到一种普遍的守法状态，以形成安定的社会环境和良好的社会秩序。非法取证行为造成了对社会秩序的破坏，不仅如此，由于以非法方式收集的证据被允许用于诉讼，还会诱发更多的破坏秩序的行为。不过，如果禁止在诉讼中使用非法证据，也同样会造成对法律秩序的破坏，因为排除非法证据可能会使实施违约或侵权的对方当事人从中获利，使其逃脱本应承担的民事责任。这既放纵了已实施的破坏民事法律秩序的行为，又会因鼓励违法的示范效应给民事法律秩序造成潜在的破坏。

为了将非法证据排除规则建立在各种冲突的最佳平衡点上，似有必要将重大违法作为排除非法证据的实质性标准,而在确定取证行为是否构成重大违法时,除了需要对行为本身作具体分析外,还应当引入利益衡量的方法。

对行为本身的分析可从以下三个方面进行:(1)行为的方式、性质、情节。如采用在他人住宅安装窃听器的方法收集证据比一般的偷录、偷拍对对方当事人、对社会危害要大,性质也更为严重;采取非法手段取得有关他人隐私的材料后,不仅仅把它们作为证据,而且在社会上扩散、传播,比只是将它们作为证据提交法庭情节要严重。(2)侵犯他人合法权益的严重程度。采用非法方式收集证据,一般都会对他人的合法权益造成损害,但损害的程度有轻重之分,例如,当事人以谈业务为名进入对方当事人办公室,乘其不备将证据资料悄悄取走,与闯入对方当事人办公室,将其捆绑后撬开保险柜抢走证据资料相比,后者侵害他人合法权益的程度显然远比前者严重。(3)行为人是否有过错。非法取证的当事人在大多数情况下主观上是有过错的,但也不尽然。如果法律已经为当事人设置了从对方当事人或第三人处获取证据的合法途径,当事人能够采用合法方式却弃而不用,自然是有过错,但如果法律并未提供合法的取证渠道,并且除了采用违法方式外并无其他妥当的方式可以选择,恐怕就不能认为取证人有过错。此外,法律虽然设置了合法的取证方法,但在紧急情况下当事人无从采用合法方式,不得已以违法方式取证,同样不能认为取证人有过错。如同民法在特殊情况下承认具有私力救济性质的自助行为的合法性,承认紧急避险行为的合法性一样,民事诉讼中也有必要将紧急状态下采取的非法取证行为合法化。

在审判实务中,法院在决定是否排除某一证据时,实际上是会考虑到取证行为的方式和情节的。例如,在杭州市江干区法院受理的一起离婚诉讼中,原告为了证明丈夫与第三者之间有婚外情,在自己家中安装了一套针孔探头设备,后来果真将丈夫把别的女人带到家中做对不起自己的事的情形摄了下来。在诉讼中,法院认为针孔探头是装在自己家中的,原告是为了维护自己的合法权益不得已才采取这一行动的,录制的又是发生在自己家中的事情,因而录像资料是合法证据,[28]这一案件中,法院显然考虑到针孔探头是安装在自己家中这一情况,如果原告设法将探头安装到第三者的家中,法院对录像证据的合法性就可能会作出不同的认定。

最高法院的新标准将“以侵犯他人合法权益”的方式收集证据作为证据排除的法定情形之一,但“侵犯他人合法权益”仍然是相当抽象的规定,如同“诚实信用”、“公平”、“正当事由”一样属法律中的一般性条款,而适用一般性条款时,法官难免要对其作出解释。笔者认为,为了作出妥当的解释,有必要引入利益衡量的解释方法。利益衡量是加滕一郎等日本学者提出的一种法解释论学说。该学说认为:那种认

[28]参见“家中偷拍丈夫不忠,法庭认定证据有效”,载2002年12月29日《报刊文摘》。

为仅从法律条文就可以得出惟一的正确结论的说法，只是一种幻想。法官在作判决时，真正起作用的是实质的判断。即对具体情形，究竟应注重甲的利益，还是注重乙的利益，在进行各种各样细微的利益衡量之后，判断哪一方应获得胜诉。得出这样的初步结论后，再考虑附上什么样的理由，即结合条文，使结论在理论上合法化，以作出判决。[29]

将利益衡量具体运用到非法取证的场合，就是要将非法取证行为所要保护的合法权益与非法取证行为造成的危害，造成对方当事人或第三人合法权益的损害进行对照比较，将违法取证行为的严重程度、案件的重要程度，证据的重要程度进行对照，以确定哪一种权益更值得优先保护。如果违法取证行为较为严重，但所取得的证据本身并不重要，排除该证据并不影响法院对事实作出正确认定，那么就应当将非法获取的证据予以排除。同样是以非法潜入对方当事人住宅方式取得的关键性证据，在决定是否应予排除时，相对于一个争议标的为10万元的案件和一个争议标的仅为1000元的案件，似乎应当作出不同的选择。前者非法取证人是为了保护自己重大的民事权益，后者取证人虽然也是为保护合法民事权益，但相比之下，权益要小得多，为保护1000元的权益竟采用非法侵入他人住宅的方式，除非有其他理由能够说明这样做的必要性，应认为手段与目的是显著失衡的。王利明教授主张对非法证据的认定宜严不宜宽，“民事证据的排除应当严格限定在如下四种情况：第一，以犯罪的手段或方法获取的；第二，以法律明令禁止的方法或手段获取的；第三，以违背善良风俗的手段或方法获取的；第四，有提出证据负担的一方当事人，在诉讼期间，故意或因重大过失而未提出的。”[30]

笔者完全赞成应当严格界定非法证据，同时还认为，采用“重大违反”作为确定非法证据的标准，并且辅之以利益衡量的方法来决定个案中的排除与否，更有利于实现个案中的衡平与公正。

非法证据的排除，常常会涉及不同权利之间的冲突，因此，法院在进行利益衡量时，还应对不同权利之间的冲突作出衡量，实务中有两个相似的案件，都反映了这种冲突。案例一是某法院受理了一起离婚案件，男方起诉要求与妻子离婚，妻子认为，男方是有第三者才提出离婚的。法院要求女方提供证据。一次女方在洗衣服时发现男方口袋里有封信，信已开封，是第三者写给丈夫的情书。女方将该信提交给法院。但原告认为，女方的行为侵犯了自己的通信自由权，因此该信不能作为有效证据采用。[31]案例二是妻子因丈夫婚外情而提起离婚诉讼。在庭审中，原告方提出其在整理衣物时发现被告日记中有婚外情内容；而被告则提出原告在收集其婚外情证据时，侵犯了被告合法拥有的隐私权，不能作为证据使用。因此，原告不能证明夫妻感情已经破裂，所以，被告不同意离婚。[32]

在上述案例中，存在着知情权与隐私权的冲突。隐私权与配偶权

㉙参见［日］加藤一郎：“民法的解释与利益衡量”，载梁慧星著：《民法学说判例与立法研究》（二），国家行政学院出版社1999年版，第273～274页。

㉚王利明：“民事证据规则司法解释若干问题研究”，载《法学》2004年第1期。

㉛参见江苏省高级人民法院民事审判一庭：“关于《最高人民法院关于民事诉讼证据的若干规定》的实施情况的调研报告”，载丁巧仁主编：《民事诉讼证据制度若干问题研究》，人民法院出版社2004年版，第438页。

㉜参见陆燕红：“夫妻间的隐私权与知情权”，载2004年9月15日《人民法院报》。

的冲突,根据我国婚姻法的规定,夫妻之间应相互履行忠实义务,从忠实义务中也可以引申出一方对另一方的忠实请求权,基于夫妻关系,双方还应享有知悉对方行为与活动的权利,比起对同事、朋友来说,他们应有权获知对方更多的信息,是否保持忠实,显然也应在知情权的范围之内。此外,从公序良俗的角度分析,婚外情亦是违反社会的公序良俗的。因此,尽管婚外情亦属于隐私的范围,但在它与配偶权与衍生的知情的冲突中,法律的天平显然应当向知情权倾斜,优先保护配偶一方的知情权。尽管夫妻双方都享有通信自由权,但本案中被告毕竟是无意之中发现的信件而不是有意去私拆信件。让信件和日记作为证据进入诉讼才是妥当的选择。

(二)适用排除规则时应考虑民事诉讼当事人及其诉讼代理人收集证据能力弱的现实国情

审判方式改革前,我国民事诉讼中的证据主要由人民法院调查收集,审判方式改革后,人民法院从调查收集证据主力军的位置淡出,诉讼证据原则上要由当事人及其诉讼代理人收集。这虽然符合民事诉讼的规律,但也使当事人因举证不能而败讼的风险骤然增加。败诉风险的大小既取决于当事人的取证能力,又与对取证方式合法性界定得宽严密切相关。客观地说,我国当事人调查取证的能力是相当弱的,调查取证的环境也不好。尽管民事诉讼法明确赋予当事人调查收集证据的权利,但当事人向单位或个人调查收集证据时吃“闭门羹”是常有的事。当事人委托律师作为诉讼代理人后,处境也不会有多大改善,因为按照律师法第21条的规定,须经有关单位和个人同意之后,律师才可以向他们调查收集证据,而实际生活中有关单位或个人常常拒绝律师的调查。由于害怕受到打击报复、担心恶化与邻人或同事的关系,或者仅仅是由于事不关己的冷漠,了解案件事实真实情况的人不愿意出庭作证也是普遍存在的情形。在当事人及其诉讼代理人调查收集证据的能力普遍较弱,调查取证权缺乏有效保障的情况下,如果对证据的合法性界定得过严,对本来就受到取证难困扰的当事人来说无疑是雪上加霜。

考虑到取证难这一现实社会状况,审判实务中已开始对悬赏取证采取宽容和认可的态度。2004年,天津市南开区法院处理了这样一起侵权诉讼:原告赵女士一天在一家超市门前的路边上被一辆小客车撞伤,肇事司机撞人后驾车逃逸。原告被撞伤后,花去了1万余元的医疗费。原告为了寻找肇事车辆,悬赏人民币2000元寻找知情者、见证人,后来终于找到了见证人并如约支付奖励费。随后,赵女士将肇事车的车主告上法院,要求被告赔偿医疗费、误工费、悬赏费等1.8万余元。南开区法院经过审理后,不仅认可了悬赏取证这种收集证据方式,而且支持了原告要求赔偿悬赏费的诉讼请求。[33]

[33] 参见张晓敏:“悬赏举报费,谁输官司谁掏”,载2005年1月6日《人民法院报》。

（三）对取证的合法性作相对宽松的解释，以拓展当事人收集证据的渠道，扩大合法证据的范围

为了使合法权益受到侵害而寻求司法救济的当事人不至于因为收集证据的困难而无法获得应有的保护，对调查取证的合法性作相对宽松的解释，使那些尽管在合法性问题上存在争议，但并不属于严重违法的收集证据的方法合法化显然是必要的。基于此考虑，笔者主张将私人侦探的调查取证行为合法化。

近年来，我国上海、成都等城市相继出现了私人侦探性质的事务所，这些事务所受当事人的委托进行民事事务的调查，尤其是调查配偶一方与第三者的关系、包二奶的情况。私人侦探受委托后秘密跟踪被调查者，将他们与第三者幽会，与二奶同居的情形拍摄下来，作为证据交给委托人。私人侦探的调查对二奶构成了非常大的威胁，所以有人形象地将他们称为“二奶杀手”。然而，我国公安部于 1993 年曾发出《关于禁止开设私人侦探所性质的民间机构》的通知，该《通知》认为私人侦探行使了应当由国家侦查机关依法行使的侦查权，其营业范围没有法律依据，因而认定私人侦探是非法的。既然私人侦探本身不合法，那么通过私人侦探调查所获得的证据自然会因为主体不合法而被列入应予排除的非法证据。[34]

笔者认为，为了增加当事人收集证据的途径，为了使法院的裁判更多地建立在“发现真实”的基础之上，有必要一方面承认侦探事务所的合法地位，另一方面规范私人侦探的行为，加强对侦探事务所的管理，如对侦探事务所的业务范围、调查的方式、手段，允许使用的器材、私人侦探的资质等作出规定。需要将私人侦探合法化的理由还在于：

第一，允许私人侦探调查民事事务，不会影响、分割国家侦查机关的专有调查权。侦查实际上是一种调查取证行为，调查手段可以分强制性和非强制性两种，前者如搜查，扣押、强制血液检查，后者如跟踪、监视、拍照、录音录像。强制性调查通常是公开进行的，非强制性调查一般采用秘密方式。强制性调查属于公权力的范畴，因而只能由法律授权的国家机关来行使，私人不得行使专属于法定机关和法定人员的强制调查权。非强制性的调查权则不同，没有必要由国家来垄断，我国目前事实上已经承认私人有权进行秘密的、非强制性的调查取证。例如，根据最高法院新的司法解释，当事人为收集证据可以在未告知对方、未经对方许可的情况下录音、录像、拍照，新闻记者在采访活动中也有权秘密录制被采访人的言论和行为，侦探事务所是民间性的组织，所采用的调查方法是非强制性的。既然国家既没有必要又没有理由垄断非强制性的调查，允许私人侦探存在，将其合法化应当是可行的，况且私人侦探的这种秘密调查还可以从当事人的授权委托行为加以说明。

第二，私人侦探的调查行为对公民合法权益造成侵害的可能性较

[34] 参见吴晓芳：“捉奸举证是否可行”，载 2001 年 11 月 21 日《人民法院报》第 3 版。

小。私人侦探采用的调查方法主要是跟踪调查对象,秘密监视调查对象的活动,对调查对象悄悄进行拍照、摄像、录音,这些调查行为一般是在被调查人毫无察觉的情况下完成的,与偷拍、偷录属同一性质。另一方面,侦探事务所是根据当事人的委托进行调查的,调查所获得的资料要交给委托人,被委托人作为谈判中的资料或诉讼中的证据,一般不会在社会上扩散,也不会被用于非法的目的。所以,私人侦探的存在并不会对公民的权利和自由构成威胁。当然,私人侦探违法进行调查、侵害他人权利的可能性也是存在的,但对此完全可以通过取消侦探资格,追究法律责任的办法来防范。

第三,私人侦探所从事的调查,一般是当事人自己无力调查,而又不属于国家机关负责调查的事务。例如对配偶一方的非法同居,另一方往往因缺乏时间、经验、技能而无力进行调查,如请求公安机关调查,又会因为非法同居不同于重婚,不属于公安机关的侦查范围而被拒绝,如请求法院调查,也会因为当事人此时尚未提起诉讼而存在程序上的障碍。因此,侦探事务所的存在起到了拾遗补缺的作用。侦探事务所是自收自支的机构,它出现并能够生存下去,实际上说明了民事事务的调查是一种市场的需求,而侦探事务所恰恰满足了这一需求。将调查权统起来完全由国家机关行使,可以说是计划经济时期的旧思维,既然我国已转入了市场经济,就应当用市场经济的眼光看待这一问题,用市场经济的方法解决这一问题,就应当允许私人侦探事务所存在,以民间的调查弥补国家机关调查的不足,以民间的力量来满足市场需求。

【判解研究】

共同侵权行为的认定与医疗侵权纠纷中被告的责任范围

◆刘学圣*

*刘学圣，北京大学法学硕士，山东省高级人民法院民一庭法官。

上诉人(原审被告):枣庄市山亭区中心人民医院
被上诉人(原审原告):张永富
被上诉人(原审原告):张文文
被上诉人(原审原告):张宇(又名张雨)
被上诉人(原审原告):张广镇
原审原告:张广元

[案情及判决]

张广春系张永富之女，张文文、张宇之母，张广镇之妻，张广元之胞妹。2002年5月22日，张广春因车祸致伤，于上午9时被送至枣庄市山亭区中心医院急诊科救治。当时，张广春神志不清，头部出血不止，经查左侧颞顶部有3.5cm的皮裂伤，给予清创缝合、吸氧、20%甘露醇250ml ivdrip、5% cns + 止血芳酸0.5ivdrip，并入院观察。入院后查体：P90次/分、R24次/分、BP12/7Kpa，神志模糊，双瞳孔等大等圆、直径约2.5cm，对光反射稍迟钝，颈部轻度抵抗感，腹肌轻度紧张、压痛。诊断为(1)颅脑损伤;(2)头皮裂伤;(3)腹部闭合伤通知病危，给予特护、止血、抗感染、能量合剂、脱水、吸氧处理。11时30分患者张广春出现烦躁不安，面色苍白，血压12/7Kpa，查血常规及出凝血时间，HB65g/l，行腹腔穿刺术，抽出鲜血。给予706代血浆500ml静滴，后考虑到腹腔内实质脏器破裂，欲转送上级医院救治，将张广春抬到救护车时，陪护医生发现张广春呼吸表浅，心跳微弱，又将其抬回抢救室抢救，当日12时45分，张广春死亡。对张广春遗体进行解剖情况：右下腹腔穿抽出不凝血液，打开腹腔后，大量血液流出，腹腔内积血3000ml，脾脏部可见凝血块，脾上极及背侧碎裂，其他腹腔脏器无损伤。解剖分析死者张广春死亡的主要原因是外力撞击致脾脏破裂出血失血性休克所致，结论为钝性外力作用致脾破裂出血，失血性休克死亡。枣庄市山亭区医疗事故技术鉴定委员会山医鉴字(2002)4号鉴定书分析意见：(1)死者从撞伤至死亡3个多小时,尸解腹腔内3000ml不凝血液、脾上极及背侧破裂,应诊断真性粉碎性碑破裂。(2)死者入院后,医生已考虑到死者腹部有损伤,但检查不细致,腹空不及时,对于外伤的患者,应当全面及时进行检查,延误了脾破裂救治时间。(3)医护人员在观察病情变化中,死者出现血压12/7Kpa,意识清醒时要水喝、有濒死等休克症状时对病情判断不够准确,认为病情有所好转,因此,由于医护人员技术水平偏低及临床经验不足等因素致使死者病情恶化而不可逆转。(4)医护文书存有记录不详细、书写不完整等不足。综上所述,死者的死亡是由于医护人员技术水平不高,临床经验不足,没有及时准确地诊断出脾破裂及大出血而延误了抢救时间造成的。鉴定结论:一级医疗技术事故。事发后,张广春的近亲属与山亭区中心人民医院就赔偿事宜未达成一致意见。

一审法院认为,根据山亭区医疗事故技术鉴定委员会对张广春的死因所出具的鉴定结论,枣庄市山亭区中心医院在救治张广春时存在重大疏忽,其过错是明显的,并与张广春的死亡后果具有直接的因果关系,应当就其医疗过失行为承担民事侵权损害赔偿责任。就双方当事人有争议的问题,原审法院阐明了如下主要判决理由:(1)关于是否应当追加肇事车主为共同被告。尽管交通肇事致张广春受伤也是导致其死亡的原因之一,但是交通肇事行为人与原审被告并不具有共同致张广春损害的故意或过失,二者没有主观上的共同过错,不符合共同侵权行为的构成要件。并且,交通事故损害赔偿纠纷与医疗事故损害赔偿纠纷亦非同一法律关系,肇事车主在本案中不属于必须参加诉讼的共同诉讼人。(2)关于本案应否适用《医疗事故处理条例》。根据法不溯及既往的原则,该条例仅对2002年9月1日以后发生的医疗事故及其纠纷的处理具有约束力,而本案事故发生在2002年5月,故不能适用《医疗事故处理条例》处理本案,赔偿标准参照山东省高级人民法院《关于审理人身损害赔偿案件若干问题的意见》中确定的死亡赔偿标准。(3)关于损害赔偿数额及范围。张广元为成年人,虽肢体有残疾,但未丧失劳动能力,不属于死者张广春生前所抚养人的范围;张永富年高丧失劳动能力,因其子张广元残疾不能提供扶养,故认定仅由张广春作为惟一供养人。出生证明等材料表明张文文、张宇确系张广春所生,没有证据证明张宇已经合法程序由张广元收养,其父亲张广镇亦有行为能力,抚养费应赔偿一半。医疗费等系因车祸所致,不应列入本案赔偿范围。交通费多系去外地车票,与本案不具关联性,酌情认定100元。丧葬费按被告认可的500元计算。张广春的死亡赔偿金按山东省2001年度年职工平均工资计算20年,共计199,540元。综上所述,依照《中华人民共和国民法通则》第106条第2款、第119条、最高人民法院《关于确定民事侵权案件精神损害赔偿责任若干问题的解释》第9条的规定,判决:一、被告枣庄市山亭区中心医院赔偿原告张永富、张文文、张宇、张广镇丧葬费500元、交通费100元、死亡补偿费199,540元;二、被告枣庄市山亭区中心医院赔偿原告张永富抚养费8580元,原告张文文抚养费6864元,原告张宇抚养费12,012元;三、驳回原告张广元的诉讼请求;四、驳回原告张永富、张文文、张宇、张广镇的其他诉讼请求。

二审法院认为,山亭区中心人民医院在抢救张广春的过程中,存在过失并可以认定张广春的死亡与院方的过失行为之间存在因果关系的相当性。交通肇事行为造成了张广春的人身损害,但并未致张广春死亡,仅侵害了其健康权;医疗救治行为虽由交通肇事行为而引起,但由于抢救中医疗过失行为的介入,从根本上改变了医疗救治的正常进程,造成了张广春病情恶化而不可逆转最终导致其生命终结,侵害了张广春的生命权。交通肇事行为与医疗过失行为二者侵害的客体不同,损害赔偿的请求权基础也不同,构成共同侵权的理由并不充分,各方应分别对各自的过失行为造成的损害后果负责,不属必要的共同诉讼,至于向何方主张损害赔偿,应属受害方诉权的自主行使问题,原审判决认定并无不当。判决:驳回上诉,维持原判。

[评析]

本案涉及多个原因导致的人身伤害中的责任承担,核心问题有两个:一个是共同侵权的判断;另一个是被告责任范围的认定。以下详述之。

一、共同侵权的判断

(一)共同侵权的概念

共同侵权是民法上的侵权类型之一,也叫共同过错、共同致人损害。[①]对其概念,我国学者有不同的表述,区别只在着眼点不同,并无本质的差异。[②]我国民法通则第130条规定:“二人以上共同侵权造成他人损害的,应当承担连带责任。”最高人民法院《关于贯彻执行〈中华人民共和国民法通则〉若干问题的意见(试行)》第148条规定:“教唆、帮助他人实施侵权行为的人,为共同侵权人,应当承担连带民事责任。教唆、帮助无民事行为能力人实施侵权行为的人,为侵权人,应当承担民事责任。教唆、帮助限制行为能力人实施侵权行为的人,为共同侵权人,应当承担主要民事责任。”这是我国法律关于共同侵权及其责任的规定,我国学者的表述大多是以此为基础的。国外也有类似规定。[③]但是这绝不意味着对共同侵权概念的理解已经完全达到一致,事实上,正是由于立法的过于原则性的规定,国内外立法及学说对共同侵权行为构成要件的理解存在很大的分歧,焦点在于各共同侵权行为人是否需

①王利明主编:《民法·侵权行为法》,中国人民大学出版社1996年版,第352页。但相比而言,“共同侵权行为”似乎已经成为理论和实务上的通称。

②如王利明认为:“它是指两个或两个以上的行为人,基于共同故意和过失致他人损害。”见王利明:《侵权行为法归责原则研究》,中国政法大学出版社1992年版,第284页。张新宝认为:“共同侵权行为是指加害人为二人或二人以上共同侵害他人合法民事权益造成损害,加害人应当承担连带责任的侵权行为。”见张新宝:《中国侵权行为法》(第2版),中国社会科学出版社1998年版,第164页。杨立新认为:“共同侵权行为是指两个或两个以上的行为人,基于共同的故意或过失,侵害他人合法民事权益,应当连带承担民事责任的侵权行为。”见杨立新:《侵权法论》(上册),吉林人民出版社2001年版,第300页。可见,学者对共同侵权行为概念的理解除了着眼点的不同,并无本质的区别。

要主观上的过错及其程度,由此形成几种不同的学说。[④]一为主观说。认为构成共同侵权的数人须有主观上的共同过错,否则即不构成共同侵权。此说又有共同故意说和共同过错说两派。前者仅承认共同故意构成共同侵权,后者则将共同过失亦涵盖在内。按主观说,无意思联络的数人侵权不属共同侵权。

二为客观说。又分共同行为说和关联共同说二种。共同行为说主张共同行为是连带责任的基础,损害结果的发生,总是同共同加害行为紧密联系、密切分割。关联共同说主张共同侵权行为以各个侵权行为引起的结果有客观的关联共同为已足,各行为人间不必有意思的联络。数人侵权行为的时间或地点,虽无须统一,但损害则必须是不可分离的,始成关联共同。按客观说,数人间即使无意思联络,仍可构成共同侵权。如我国台湾民法学者王泽鉴即主张:"所谓'共同',不以共同侵权行为人间有意思联络为必要,数人因过失不法侵害他人之权利,苟各行为人之过失行为均为其所生损害之共同原因,即所谓行为关联共同,亦足成立共同侵权行为。"[⑤]

三为折中说。主张从主客观两个方面来界定共同侵权行为。就主观方面而言,要求加害人均有过错,且其内容应当是相同或相似的;就客观方面而言,数人的行为应当结合为不可分割的一个统一的导致损害发生的原因。

(二)共同侵权与相关概念

与共同侵权相关的概念主要有共同危险行为、无意思联络的数人侵权。这两种行为与共同侵权行为有相似之处,其区分亦较细微。

1.共同危险行为。共同危险行为是指"数人的危险行为有可能造成对他人的损害,但不知数人中何人造成实际的损害"。如前所述,共同危险行为又称为"准共同侵权行为",因其与典型的共同侵权行为即共同加害行为并不等同,故在立法表述上是依照共同侵权行为的规定处理,我国法律中对此并无规定,但实务上均肯定其存在,也有依照其理论判案者。[⑥]共同危险行为与共同侵权行为适用的法律规则是一致的,但二者仍有细微的区别:a.共同危险行为强调的是行为人之间危险的共同性,如数个狩猎人同时向同一方向开枪,而共同侵权行为强调的是行为人之间过错的共同性。b.共同危险的损害后果不是全部共同危险行为人所致,而是其中一人或数人所致,但不能确定具体人,而共同侵权行为的损害后果是由全部行为人共同造成的,因此每个人都是加害人。c.行为人之间的内部求偿关系不同,已如前述。d.共同危险行为中行为人的过错是推定的,[⑦]因果关系也是推定的,因此,被告在责任的构成要件方面承担举证责任。[⑧]而共同侵权行为中行为人的过错往往不是推定的,[⑨]因而原告往往要在责任的构成方面承担举证责任。

③如德国民法典第830条规定:"数人因共同实施的侵权行为引起损害的,任何一人均对损害负责。不能确定数关系人中何人因其行为引起损害的,适用相同规定。教唆人和帮助人视为共同行为人。"日本民法典第719条规定:"因数人之不法行为而加害于他人损害时,各负连带赔偿责任。其不能知共同行为人中孰为加害人者亦同。教唆者及帮助者,视为共同行为者。"我国台湾地区"民法典"第185条规定:"数人共同不法侵害他人之权利者,连带负损害赔偿责任;不能知其中孰为加害人者,亦同。造意人及帮助人,视为共同行为人。"

④参见王利明主编:《民法·侵权行为法》,中国人民大学出版社1996年版,第352页。张新宝:《中国侵权行为法》(第二版),中国社会科学出版社1998年版,第165~168页。杨立新:《侵权法论》(上册),吉林人民出版社2001年版,第308~309页。刘士国:《现代侵权损害赔偿研究》,法律出版社1998年版,第81~86页。张新宝、唐青林:"共同侵权责任十论——以责任承担为中心重塑共同侵权理论",载黄松有主编:《民事审判指导与参考》2004年第2集(总第18集),法律出版社2004年版,第149~172页。

2. 无意思联络的数人侵权。无意思联络的数人侵权,也有人称为"无过错联系的共同致害",[10]是指数个行为人事先并无共同的意思联络,也无共同过失,只是由于行为客观上的联系,而共同造成同一个损害后果。[11]无意思联络的数人侵权与共同侵权的不同:a. 行为人之间主观上无共同过错,既无共同故意,也无共同过失。b. 数个行为是独立存在的,而不是互相关联的,其客观上的关联纯属偶然。c. 数个行为人不承担连带责任,也谈不上内部求偿问题。无意思联络的数人侵权与共同危险行为也有不同,除上述几点之外,还有:a. 无意思联络的数人侵权中加害人是确定的。b. 无意思联络的数人侵权中,数人的行为是否构成侵权,应以侵权法的一般规定分别衡量,而共同危险行为则以是否存在共同危险来衡量。

(三)最高人民法院《关于审理人身损害赔偿案件适用法律若干问题的解释》中对共同侵权的发展

2003 年 12 月 26 日,最高人民法院公布了在中国侵权行为法发展史上具有里程碑意义的《关于审理人身损害赔偿案件适用法律若干问题的解释》(以下简称《解释》),从司法解释的角度完善了我国的侵权行为法。其中关于共同侵权行为的界定,更是有了独具特色的发展。《解释》第 3 条规定:"二人以上共同故意或者共同过失致人损害,或者虽无共同故意、共同过失,但其侵害行为直接结合发生同一损害后果的,构成共同侵权,应当依照民法通则第一百三十条规定承担连带责任。二人以上没有共同故意或者共同过失,但其分别实施的数个行为间接结合发生同一损害后果的,应当根据过失大小或者原因力比例各自承担相应的赔偿责任。"该条在结构上可以分为两大部分,即关于共同侵权的规定和关于无意思联络的数人侵权中行为人的行为间接结合时的责任的规定。其中关于共同侵权的规定又可以分为三种类型,即共同故意侵权、共同过失侵权和虽无共同故意、共同过失,但行为直接结合而造成的侵权。其中共同故意侵权和共同过失侵权都属于主观说的内容,而虽无共同故意、共同过失,但行为直接结合而造成的侵权,显然属于无意思联络的数人侵权的范畴。因此,从总体上来看,《解释》第 3 条规定的共同侵权采纳的是客观说的观点。不仅如此,在《解释》的框架下,无意思联络的数人侵权的范围也被缩小了,其中数人行为直接结合的情形也被作为共同侵权加以规制。

对于《解释》的这一立场,有学者提出了批评意见,认为这样会扩大连带责任的范围,使加害人承担更重的责任;另外,这样规定,其实很难区分第 1 款规定的连带责任的共同侵权行为与第 2 款规定的按份责任的无过错联系的共同致害。[12]

其实,《解释》的起草者自己也承认,"客观说在价值取向虽更符合侵权法的制度使命,但其缺点是容易混淆共同侵权与多因一果致人损

⑤王泽鉴著:《民法概要》,中国政法大学出版社 2003 年版,第 215 页。具体分析见王泽鉴:"特殊侵权行为——共同侵权行为",载黄松有主编:《民事审判指导与参考》2004 年第 3 集(总第 19 集),法律出版社 2004 年版,第 66~86 页。

⑥例如,2002 年 1 月,刘某之子(现年 11 岁)和王某之子(现年 12 岁),相约到村头小山上放牛。玩耍时二人朝山下扔石头,结果路过山下的朱某被击中头部,后朱某入院治疗,花去医疗费 2 万余元。出院后,朱某向刘某和王某要求赔偿医疗费、误工费等,刘某和王某则相互推诿,二人均称砸伤朱某的为对方之子。2002 年 4 月,朱某向法院提起诉讼,因刘某及王某二人均无法就其子的行为与损害结果之间不存在因果关系举证,法院判决刘某和王某共同赔偿朱某医疗费、误工费、护理费、营养费等共计人民币 32,350 元。李赣兴:"共同实施危险行为致人受损责任共担",载 2002 年 8 月 31 日《法制日报》第 7 版。

害。其行为关联共同的概念将无意思联络的数人侵权全部囊括进共同侵权的概念中,将共同侵权泛化。”[13]因此,“《解释》对共同侵权构成要件的规定是从矫正的正义立场上对主观说与客观说的折中。”

但在说明《解释》这一立场的判断基准时,《解释》的起草者认为,“第一,客观说与主观说的本质区别,在于应当如何确定连带责任的适用范围……客观说……扩张了连带责任的适用范围,更有利于保护受害人的利益。第二,客观说虽扩大了连带责任的适用范围,但其实质不过是将受害人求偿不能的风险转嫁给了实施侵害行为的加害人一方,并未过分加重侵权人的责任承担。主观说囿于责任与过错的概念逻辑,利益衡量上过于倾向于加害人,偏离了侵权法的制度使命,其价值判断未尽妥当,故为《解释》所不取。”[14]

笔者认为,首先,《解释》对共同侵权行为的规定本身,是我国侵权法的重要进步,是第一次以规范的形式对侵权法中的共同侵权行为作出了规定,对于指导各级法院办案具有重要的指引作用。其次,《解释》将共同侵权行为在一定意义上予以了类型化,并使共同侵权行为的构成精确化,尽管这不是立法行为,但相较各国立法的模糊性规定而言,无疑是先进的。

但是,《解释》将无意思联络的数人侵权中的一部分划入共同侵权的范畴,虽然更有利于保护受害人的利益,但如何从理论上与实践中将无意思联络的数人侵权的两种不同类型区分开,仍有继续探讨的余地。其根本点在于判断无意思联络的数人的行为是直接结合还是间接结合。一般而言,直接结合的判断标准为:加害行为具有时空同一性;加害行为相互结合而为损害结果的惟一原因。间接结合的判断标准是:数行为作为损害结果发生的原因不具有同时性,通常是相互继起,各自独立,但互为中介;数行为分别构成损害结果的直接原因和间接原因。

(四)本案是否存在共同侵权

本案中死者张广春因车祸受伤,在被告处因医疗事故死亡,因而车祸肇事者与本案被告均对死者构成侵权,属于数人共同致他人损害的情形,被告也主张追加车祸肇事者为共同被告,但共同侵权是否成立?笔者认为,依《解释》规定衡量,难以认定共同侵权成立。

首先,车祸肇事者与医院并不存在共同过错。二者没有共同故意,这是无疑的。是否构成共同过失?所谓“共同过失”,首先,行为人都有过失,如果一方有过失而另一方无过失,就不是共同过失。其次,过失的内容应是相同。也就是说双方违反了相同的注意义务,如一方违反了不侵害他人人身权的义务致人损害,另一方违反了不侵害他人财产的义务而致他人之物受损,则不是共同过失。在本案中,车祸肇事者违反了驾车的安全注意义务,导致死者张广春因车祸受伤,因而对张广春 的受伤有过失,依通常情形判断,正如本案表明的,车祸并不会导致

⑦王利明主编:《民法·侵权行为法》,中国人民大学出版社1996年版,第362~364页。

⑧最高人民法院《关于民事诉讼证据的若干规定》第4条第7项。

⑨这也并非绝对,例如医疗侵权纠纷中由于实行举证责任倒置,实际上被告的过错也是推定的。见最高人民法院《关于民事诉讼证据的若干规定》第4条第8项。

⑩杨立新:《侵权法论》(上册),吉林人民出版社2001年版,第325页。

⑪这是杨立新的定义。而王利明则认为,无意思联络的数人侵权是指“数人事先并无共同的意思联络,而致同一受害人共同损害”。见王利明主编:《民法·侵权行为法》,中国人民大学出版社1996年版,第364页。这种差别并不是根本的,因为就在同一书中,王利明还认为:“在无意思联络的数人侵权中,行为人不仅没有共同故意,而且也没有共同过失。”见该书第365页。

张广春死亡，因此，车祸肇事者对张广春的死亡无过失。医院在抢救过程中违反了高度注意义务，导致张广春死亡，鉴定表明已构成医疗事故，故医院对张广春的死亡有过失。由此可见，车祸肇事者和医院在本案中违反了不同的注意义务，故不能认定有共同过失，加之不存在共同故意，故车祸肇事者与医院不存在共同过错。

其次，车祸肇事者与医院的行为并无关联共同。共同侵权行为人之间的行为应是一个统一的整体，共同构成结果发生的惟一原因，[15]这也是共同侵权与一般的多因一果侵权的区别。[16]本案中，车祸肇事者的行为与医院行为不属于统一的整体，张广春死亡的惟一原因是医疗事故而不是车祸。车祸充其量是死亡后果发生的条件，也就是说，无车祸，就不会到医院抢救，不到医院抢救，就不会发生医疗事故。

其三，车祸肇事者与医院行为并非指向同一后果。正如前面的分析表明的，车祸肇事者的行为指向的是张广春的健康权而非生命权，车祸并不是死亡后果的发生原因，医院过错行为指向的是张广春的生命权，医疗事故是死亡后果发生的惟一原因。

其四，正如分析已经表明的，车祸与医疗事故并不是死亡后果的共同原因。

本案车祸肇事者与医院的行为也不属于无意思联络的数人侵权中的行为直接结合。车祸肇事者与医院之间既无故意，也无过失，也不构成共同危险，由于其行为分别独立存在，故极易与无意思联络的数人侵权中的行为直接结合发生关系。但如前所述，无意思联络的数人侵权行为直接结合的判断标准是数个行为的时空同一性以及加害行为相互结合而为损害结果的惟一原因，本案中，由于车祸与医疗事故是在不同的时空条件下发生的，显然不具有时空同一性，二者损害后果也不相同，因此，车祸与医疗事故并不构成直接结合，因而也不属于《解释》规定的虽无故意或过失，但其行为直接结合而发生同一损害后果的共同侵权行为。

那么，车祸肇事者与医院是否构成共同危险？依共同危险乃加害人不确定之特征来看，因造成本案张广春死亡后果的加害人——医院是确定的，故不构成共同危险。但如果是另一种情况，即死者死亡原因无法确定，如无法判定死亡是车祸的自然后果还是医疗过错造成的，则可能成立共同危险。

总之，本案中车祸肇事者与医院各自构成独立的侵权行为。车祸肇事者因疏于安全驾驶义务，致使张广春人身受到伤害，车祸并不会导致其死亡，因而车祸肇事者构成了对张广春健康权的侵害。医院在抢救病人过程中违反了高度注意义务导致医疗事故发生，侵害了张广春的生命权。车祸肇事者与医院应各自承担相应的责任，车祸肇事者与医院也不存在成为必要共同诉讼中共同被告的基础。

需要说明的是，本文所引案例之发生及审判均在《解释》公布与实

⑫杨立新、朱呈义、蔡颖雯、张国宏著：《人身损害赔偿——以最高人民法院人身损害赔偿司法解释为中心》，人民法院出版社2004年版，第179页。

⑬陈现杰：《人身损害赔偿司法解释关联精析》，法律出版社2004年版，第66页。

⑭陈现杰：《人身损害赔偿司法解释关联精析》，法律出版社2004年版，第65页。

⑮张新宝：《中国侵权行为法》（第二版），中国社会科学出版社1998年版，第168页。

⑯在一般的多因一果侵权中，各个行为都可构成结果发生的惟一原因。其他主要区别还有：共同侵权行为中，各行为人对外承担连带责任，一般的多因一果侵权中，是按照原因力的大小承担按份责任的。如最高人民法院《关于触电人身损害赔偿案件若干问题的解释》第2条第2款规定：“但对因高压电引起的人身损害是由多个原因力造成的，按照致害人的行为与损害结果之间的原因力确定各自的责任。致害人的行为是损害后果发生的主要原因，应当承担主要责任；致害人的行为是损害后果发生的非主要原因，则承担相应的责任。”

施之前，当时我国法律、司法解释对共同侵权行为的规定仍不完善，即使依照当时的理论学说和司法实践，本案也很难认定共同侵权行为的存在。

二、被告的责任范围

责任范围与损害范围并不是两个等同的概念。一般认为，损害范围的概念要大于责任范围的概念。损害是从受害人的角度说的，凡受害人原本正常之状态非自愿地变为不正常，皆为有损害。[17]责任范围是从加害人的角度说的，是指在受害人的损害中，何种损害需由加害人负责。损害赔偿诉讼中，原告往往列举诸多损害事实，要求被告加以赔偿，而法院之责任就在于确定原告损害的范围并进而确定被告责任的范围。

在确定被告的责任范围时，应当树立一个基本的观念，即区分责任成立的因果关系和责任范围的因果关系。王泽鉴先生认为，侵权法上的因果关系，可以区分为责任成立的因果关系和责任范围的因果关系。"责任成立的因果关系，指可归责的行为与权利受侵害（或保护他人法律的违反）之间具有因果关系。""责任范围的因果关系，是指权利受侵害与损害之间的因果关系，例如，甲驾车撞伤乙，乙支出医药费，住院期间感染传染病，或家中财物被盗时，其须探究的是，乙支出医药费，住院期间感染传染病，或家中财物被盗等'损害'与'其身体健康被侵害'之间是否具有因果关系。"[18]他认为，责任成立的因果关系属于构成要件，责任范围的因果关系，则属于损害赔偿责任范围的问题，与加害人的过失无关，但具有合理界限加害人赔偿责任的重要机能。判断被害人责任的范围，应当以权利被侵害与损害之间的因果关系来判断，凡权利被侵害与损害后果之间不具有因果关系的，均不在责任范围之列。例如上例甲驾车撞乙案中，如认定乙之健康权被侵害，则被侵害的权利与医药费支出有因果关系，但与家中财物被盗无因果关系，如认定乙之财产权被盗，在责任范围上有因果关系者乃是其损失之财产而非医药费。

本案中，在张广春受伤和死亡以后，原告为抢救和照顾死者，付出了时间和金钱，承受了精神上的痛苦，但是本案中存在两个请求权，即侵害健康权的损害赔偿请求权和侵害生命权的损害赔偿请求权，在此情形下，原告得向谁主张权利以及主张何种权利，成为我们探讨的问题。

（一）诸请求权之间的关系

多个请求权之间的关系，可作两种理解。其一为多个行为产生的多个请求权之间的关系，如本案交通肇事致人伤害后，医疗事故又致人死亡所产生的损害赔偿请求权，其性质可能相同也可能不同，[19]相同者

⑰关于损害的概念，有多种表述或学说，如利益说、组织说等，其类型也具有多样性，如财产上损害与非财产上损害，客观损害、主观损害与感情上之利益，所受之损害与所失之利益，直接损害与间接损害，反射损害与第三人之损害，象征性损害与微额损害等。参见曾世雄：《损害赔偿法原理》，中国政法大学出版社2001年版，第118页以下。但笔者认为，无论如何表述，损害之概念无非在于表述受害人之物或人身或精神状态之非正常状态，受害人之物、人身或精神状态皆属于其利益范围，而赔偿之目的在于将这种非正常状态复归正常。

⑱王泽鉴：《侵权行为法》(1)，中国政法大学出版社2001年版，第189页。

⑲所谓性质相同与不同，是就请求权基础而言的。请求权基础的分析方法是大陆法系国家广泛采用之方法，也是台湾学者王泽鉴教授所大力推行的分析方法。他认为，请求权系由基础权利而发生，依其所发生的基础权利的不同，请求权可分为债权请求权、物上请求权、人格权请求权、身份

如本案原告对二被告的侵权请求权,不同者如“五月花”案[20]件中受害人对餐馆的违约损害赔偿请求权和对犯罪分子的侵权损害赔偿请求权;其二是指一个行为所产生的多个请求权之间的关系,如契约履行中的加害给付所产生的违约损害赔偿请求权和侵权损害赔偿请求权。这里的请求权是指性质不同的请求权。学者所研究者,多为第二种情形。此时请求权之间的关系,不外优先性如建筑工程优先受偿权、竞合[21]、聚合[22]三种。本案属于多个行为产生多个请求权的情形,而这也正是学者所甚少关注,或者认为无可关注的。

多个行为产生的多个请求权,一般情况下按照各负其责的原则处理,如甲侵犯乙之名誉权,丙侵犯乙之身体权,乙得分别向甲、丙请求赔偿。因为在此情况下不仅行为独立,而且结果独立,责任范围容易界定。但也有虽然行为独立、结果独立但责任范围难分的情形,如在本案中,侵害健康权造成之损害范围包含交通费、医疗费、护理费、精神损害抚慰金,也可能包含伤者抚养的人的必要费用,而侵害生命权所造成之损失范围除了丧葬费外也包含上述内容,从而导致侵权者的责任范围可能无法分清。此种情况如何处理,理论上有几种可能:

一是连带责任。认为多个行为产生多个请求权,而其内容相同时,由于责任范围无法分清,可以由各行为人承担连带责任,以达到充分保护受害人的目的。但此说显然不当。因为连带责任是一种较重的责任,故多以法律有明确规定为前提。另外,多个行为之间既然不属于共同侵权,则不存在承担连带责任的基础。

二是按过错程度。该观点主张在责任范围无法分清的情况下,按照各行为人过错程度承担相应的责任。此说有一定的合理性,尽管行为人的责任范围可能是无法详细划分的,但是,行为人的过错程度是可以确定的,依据过错程度来划分责任范围基本上满足了各负其责的原则。但是该办法可能忽视了一种可能,即责任范围难分除了表现为损失相同之外,也可能表现为损失部分重合,如侵害健康权与侵害生命权造成的损失可在医疗费、护理费、精神损害抚慰金方面可能是重合的,但侵害生命权的损失可能包括死者生前抚养的人的必要费用,而侵害健康权的损失可能就不包括这一费用。因此,如果将损失作为一个整体对待并按照过错程度划分责任范围的话,可能就会损害各负其责的原则。另外,在原告只起诉一方而拒绝起诉另一方的情况下,如果法院不追加另一方参加诉讼,按照过错程度来划分责任的办法也不一定可行。

三是当事人自己选择。认为原告虽然基于多个侵权行为而具有多个请求权,但是在责任范围无法分清的情况下,可以由当事人自己行使选择权,选择一个请求权,获得相应的赔偿,在该请求行使完毕后仍不能获得完全赔偿的,可以再行使另一请求权,以获得完全赔偿。

四是由当事人分别行使。认为原告可以分别行使不同的请求权以获得相应的救济。但是这种观点与不得获得双重救济的原则是相悖的,

权请求权等。参见王泽鉴:《民法总则》(增订版),中国政法大学出版社2001年版,第92页及其《法律思维与民法实例——请求权基础体系》,中国政法大学出版社2001年版。而各个请求权下又可具体划分,如债权请求权又可分为契约请求权、侵权行为损害赔偿请求权、不当得利返还请求权、无因管理请求权等。

⑳该案基本案情是:1999年10月24日晚6时左右,原告李某、龚某与8岁的儿子,一起到珠海市香洲五月花餐厅就餐,礼仪小姐安排在一包房内。约6时30分左右,隔壁包房发生爆炸,导致李某重伤(二级残废),李某和龚某的8岁儿子死亡。经查,爆炸是由一名犯罪嫌疑人蓄意想危害某医院的一名医生,故意将自己制造的炸弹伪装成酒送给该医生。该医生把酒带回家中放置了一段时间。1999年10月24日晚,该医生也到五月花餐厅就餐,并把这瓶伪装成酒的炸弹带入餐厅,准备“饮用”。当餐厅服务员开启酒盒盖时,“酒瓶”爆炸,造成原告之子、餐厅一名服务员等人死亡、原告李某等人

并没有从根本上解决问题。

笔者认为,上述第三种做法具有更大的合理性。首先,它符合各负其责的原则。由于多个行为产生的多个请求权是独立存在的,被告们只能对自己行为的后果负责,所谓责任范围无法分清,是就损害后果重合在一起而言的。如果以因果关系作为划分责任范围的依据,它仍然是可以分清的。其次,它使得原告获得了充分的救济,原告因侵权行为所受的损害得到了完全的填补,又不获得额外的利益,符合民事责任"填补"损害的本意。再次,符合私法自治的原则,私权受侵害时如何获得救济,当事人有权在法律规定的框架内自行解决,在多个可能的被告中作出选择,也是私法自治的重要内容。最后,当事人选择行使请求权的情况下,可以按照其请求权的成立条件确定责任范围,从表面上看似乎让另一请求权的相对方获得了利益,因为他可以不再承担其可能与其他请求权重合的部分责任,但这并没有违反各负其责的原则,因为在侵权案件中,重要的是原告如何获得完全而又适度的救济,至于被告们之间的关系,原告完全可以不去顾及,除非这种关系影响到原告顺利地获得救济。

本案中,原告选择了医院作为被告,也就是说,原告基于死者生命权被侵害,提出了侵害生命权的损害赔偿请求权,则法院完全可以只针对原告的请求进行审查,并根据其请求确定被告的责任范围。

(二)本案中被告责任范围的确定

本案中,死者先因交通肇事受伤,后因医疗事故死亡,先是健康权受到侵害,支出抢救费,后是生命权受到侵害,支出丧葬费等,原告向被告提出了医疗费、抚养费、交通费、丧葬费、死亡赔偿金等赔偿项目,这些都属于原告的损失,但是否都属于被告的责任范围?以下一一分析。

1.医疗费。本案原告请求之医疗费乃是交通事故发生后死者到被告处抢救治疗而支出之费用,从因果关系分析,若无交通事故之发生,自不会发生该费用,该费用之支出与医疗事故无关,但如果死者生前并非因交通事故去院治疗,而是因病就医,又因医疗事故死亡,则该笔费用应认为与医疗事故有因果关系,因为支出医疗费的目的在于治病,若无医疗事故之发生,则疾病有可能去除,但因医疗事故之介入,导致该笔费用支出形同虚无。

2.抚养费。抚养未成年人或老人等无劳动能力人,乃是死者应当履行的亲属法上的义务,也是被抚养人对死者的权利。但是由于医疗事故的介入,被抚养人丧失了生活来源,其生存受到威胁。因此,医疗事故侵害生命权与抚养费丧失有因果关系。

3.交通费。交通费如果是伤者死亡后原告往返被告处办理有关事宜所支出的,则应认为与伤者生命权受侵害有因果关系,如果是交通事故发生后送伤者去医院救治所支出,则与生命权受侵害无关,而与交通

受伤的恶性案件。制造该枚"炸弹"的犯罪嫌疑人已被公安机关抓获。上列原告,依《消费者权益保护法》第11、41、42条规定,向珠海市中级人民法院提起诉讼,请求判令被告五月花餐厅赔偿原告医疗费、营养费、护理费……死亡补偿金和精神损害赔偿金等403万元。本案的处理结果是一审法院驳回原告的诉讼请求,二审根据民法公平原则判令被告适当"补偿"原告30万元。案例来源于 http://www.acla.org.cn/pg/lawyerShow.php? Id =49。

㉑请求权竞合是指一个行为导致两个或以上请求权的产生。此时的关键问题是当事人是否有选择权,由此又形成不同的学说。具体情形可见王泽鉴:"契约责任与侵权责任之竞合",载王泽鉴:《民法学说与判例研究》(1),中国政法大学出版社1998年版,第369~389页。

㉒又称重合,是指一个行为符合多个法律责任的要件,由此产生两个或以上的法律责任。典型的如民事责任与行政责任、刑事责任的聚合。此时不发生选择的问题,行为人应分别承担不同的责任。

事故有关,属于健康权受侵害的损失。

4. 丧葬费。其与生命权受侵害之间的因果关系是显然的。

5. 死亡赔偿金。在本案发生及审判时,《解释》尚未公布实施,依当时之规定,死亡赔偿金在我国具有精神损害抚慰金的意味,有关司法解释已经予以确认。[23]显然与受害人死亡有关,自应赔偿。

公民生命权受侵害,其亲属承受巨大的精神痛苦,乃属常理,这种精神痛苦应当以相应金钱予以抚慰,这点已被侵权法的理论和实践所肯定。若依《解释》之规定来看,死亡赔偿金属于受害人的财产损失。[24]综上所述,本案被告的责任范围应以上述5项中与张广春生命权受侵害有因果关系的第2、4、5项损害为限,至于张广春健康权受侵害所造成的损失如抢救费等,不应纳入被告的责任范围。

本文到此并非完美无瑕。有人可能会说,本案一切皆由交通肇事者引起,若无交通事故之发生,医疗救治就不会发生,自无发生医疗事故之机会,从而张广春也就不会无端送命,因此,本案之一切赔偿责任,皆应由交通肇事者承担,医院不应承担任何责任。的确,交通肇事是本案一切纠纷的源头,如此推理,交通肇事者应对一切后果负责,学说上也有此见解,[25]但无论学说还是判例,都强调只有在医疗机构存在重大过失的情况下才承担责任,就本案而言,医疗机构行为构成一级医疗事故,其过失不可谓不重大,由其承担责任理属应当。

㉓如最高人民法院《关于确定民事侵权精神损害赔偿责任若干问题的解释》第9条规定:"精神损害抚慰金包括以下方式:……(二)致人死亡的,为死亡赔偿金……"

㉔参见《解释》第31条第2款之规定。

㉕例如,德国通说认为,鉴于伤害他人身体时,医疗行为系属必要,不可避免,故医疗过失非由于医生的重大过失时,加害人对医疗行为伴随的危险仍应负责。参见RGZ102,230; H. Lange, Schadensersatz, S. 145. 转引自王泽鉴:《侵权行为法》(1),中国政法大学出版社2001年版,第218页。日本的判例近来也采此说。

合同解除权行使的方式和期限

◆陈　坚*

*湖南省高级人民法院法官。

一、基本案情

1994年7月8日，湖南省邮政运输局（乙方）与长沙市东区城市建设开发公司（甲方）签订《荷花园开发小区土地转让协议书》，协议约定：甲方将经长沙市人民政府（1993）政土字第094号批准的，国家建设征（拨）用地审批单批准开发的市郊东屯渡农场二分场（即荷花园小区）内，乙方现有土地以东紧邻规划建设的环城西厢侧的土地转让给乙方，征用面积以市规划部门测定并签订的数量为法定征用面积（详见分割红线图）；上述土地转让费按每亩58万元大包干核算（如乙方能在市里批准执行湘政发［1993］号文件规定的优惠政策减免费用，则甲方相应减少），无论今后实际征收、补偿费用有何变化，此核算单价不再作任何调整，甲方保证于1995年12月底以前向乙方移交土地及相应的文件，并保证在此之前全面完成；土地转让的全部费用根据工作进展情况分阶段支付，本协议签字并具有法律效力后15天内，乙方付土地转让定金235万元；本协议签字生效后，若由于客观原因在双方协议期限内环城路暂缓建设或规划改道不能交付土地，则依照《经济合同法》的有关规定依法由甲方按银行同期利率标准付息和归还定金。双方还在协议中对转让土地的具体定点位置，结算单价包干的内容、各自的职责和义务等进行了约定。协议签订后，湖南省邮政运输局于1994年7月24日向长沙市东区城市建设开发公司付款235万元。同年12月23日，湖南省邮政运输局取得该地的建设用地规划许可证［划拨(94)编号315号］。1996年9月后，因长沙市城区规划调整，长沙市东区城市建设开发公司相应变更为长沙市芙蓉区城市建设开发公司（以下简称“城建公司”）。后由于环线工程建设及市政规划等原因，湖南省邮政运输局无法实际开发使用该宗土地。1999年9月23日、11月19日、2002年3月18日、9月11日，湖南省邮政运输局分别致函城建公司，要求退还土地转让定金235万元及利息，但城建公司均不予理会。2003年5月23日，湖南省邮政运输局更名为湖南省邮政局长沙邮区中心局(以下简称“长沙邮局”)。

二、诉辩意见及法院裁判

湖南省长沙市中级人民法院经审理认为,城建公司与长沙邮局签订的《荷花园开发小区土地转让协议书》系双方真实意思表示,且符合法律的有关规定,属有效合同。该合同至今没有履行完毕,也未解除,故城建公司提出长沙邮局的诉讼请求超过诉讼时效的理由不能成立。长沙邮局依协议给付城建公司 235 万元后,因长沙市环线建设道路设计变更等情况,致使长沙邮局无法开发使用该宗土地,合同目的不能实现。根据原、被告双方所签的《荷花园开发小区土地转让协议书》第 6 条第 1 项之约定,由于客观原因双方协议期限内环城路暂缓建设或规划改道不能交付土地,则依照《经济合同法》的有关规定依法由甲方按银行同期同年利率标准付息和归还本金。故城建公司应按银行同期同年利率标准付息和归还定金 235 万元,并解除该协议。对长沙邮局的诉讼请求,应予支持。据此,湖南省长沙市中级人民法院依照《中华人民共和国民法通则》第 84 条、《中华人民共和国合同法》第 93 条第 2 款、第 94 条第 1 款之规定,判决:解除城建公司与长沙邮局签订的《荷花园开发小区土地转让协议书》;由城建公司于判决生效后 15 日内返还长沙邮局 235 万元并按银行同期贷款利率标准支付本金利息;案件受理费 30,426 元,由城建公司负担。

城建公司不服一审判决,以该判决适用法律不当为由,向湖南省高级人民法院提起上诉。其具体理由是:(1)原告请求人民法院解除双方所签协议的诉讼请求违反了《合同法》的相关规定而不具有合法诉权,一审法院支持原告该诉讼请求不当;(2)原告的诉讼请求已过法定诉讼时效,丧失了胜诉权,其诉讼请求依法不应予以支持。

长沙邮局答辩认为,(一)《合同法》虽然规定了解除权人以非诉讼方式行使解除权的程序,但并没有规定当事人不能以诉讼的方式解除合同,长沙邮局在行使解除权时,只要不违反法律禁止性规定,就应当认定为合法,并依法得到保护,长沙邮局享有合法的诉权;(二)城建公司与长沙邮局并未在协议中约定解除权的行使期限,法律亦未对解除权的行使期限作出规定,长沙邮局可以随时行使解除权而不受诉讼时效的限制。一审判决认定事实清楚,适用法律正确,依法应予维持。

湖南省高级人民法院经审理认为,城建公司与长沙邮局签订的《荷花园开发小区土地转让协议书》系双方真实意思表示,内容不违反法律禁止性规定,合法有效。协议签订后虽已发生法律效力,但因该协议系附解除条件的协议,双方在协议中约定,如协议约定的解除条件成就时,协议可依法予以解除。长沙邮局依协议给付城建公司 235 万元后,因长沙市环线建设道路设计变更情况,致使长沙邮局无法开发使用该宗土地,合同目的已不能实现,协议约定的合同解除条件成就,故长沙邮局请求解除协议,同时要求城建公司归还本金235万元并按银行同期利率标准付息的诉讼请求应予支持。我国《合同法》第96条第1款虽仅就解除权人以非诉讼方式行使解除权的程序进行规定,但该法并未禁止解除权人以诉讼方式来行使解除权,长沙邮局依法诉请人民法院解除合同,并不违反法律的禁止性规定。与此同时,本案土地转让协议发生法律效力后,长沙邮局及时支付了土地转让定金,而城建公司未能依约向长沙邮局移交土地及相应的文件,长沙邮局按照协议的约定履行了自己的义务,多次致函城建公司,要求退还土地转让定金及利息。该协议一直在履行中,且至今没有履行完毕,也未解除。由于我国《合同法》对解除权的行使期限未作规定,双方在协议中也没有就解除权的行使期限进行约定,因而双方在协议中约定合同的解除条件成就后,长沙邮局随时可以采用多种方式行使解除权,其中包括诉请人民法院解除合同。因此,城建公司的上诉理由均不能成立,不予支持。据此,湖南省高级人民法院依照《中华人民共和国民事诉讼法》第153条第1款1项之规定,于2004年3月8日判决:驳回上诉,维持原判。一审案件受理费维持原负担方式不变。二审案件受理费30,426元,由城建公司负担。

三、评析

本案的处理有两个问题值得探讨:一是城建公司主张长沙邮局不具有合法诉权的理由能否成立,也就是长沙邮局能否以诉讼方式来行使合同解除权;二是长沙邮局的诉讼请求是否已过法定诉讼时效,能否获得法院支持的问题。

(一)长沙邮局是否具有合法诉权

本案被告在上诉时提出,原告请求人民法院解除双方所签订土地转让协议的诉讼请求违反了《合同法》的相关规定而不具有合法诉权,人民法院对原告的诉讼请求不应予以支持。其理由是:

根据《合同法》第93条、第96条的规定,约定解除包括协议解除和约定解除权两种情形,其中,协议解除是指当事人双方经过协商,达成一致的意思表示可以导致合同的解除,而约定解除权是指当事人双方在合同中约定,在合同成立以后,未履行或未完全履行之前,由当事人一方在出现某种情况后通过行使解除权,使合同关系消灭。约定解除权的行使只要求享有解除权的当事人一方将解除合同的意思表示送达到合同另一方当事人,就能发生合同解除的法律效果,而无须对方当事人的同意。据此,被告认为,本案原告只能根据《合同法》的相关规定,将解除协议的意思表示直接送达给他方即可,不需要其他方式辅助，即可发生解除合同的效力，故而原告无权诉请人民法院解除协议。

在探讨长沙邮局是否具有合法诉权之前，应对合同解除作必要的介绍。我们知道，依法成立的合同具有法律效力，任何一方不得擅自变更或解除，这是合同法律效力的内涵，也是审判实践中应遵循的原则，但由于主客观条件的变化，依法成立的合同在全部履行前也允许变更或者解除，各国法律以及《联合国国际货物销售合同公约》均有这方面的规定。

根据王利明先生主编的《合同法要义与案例析解》（中国人民大学出版社 2001 年版）第十八章关于“合同解除”的解释，所谓合同解除，是指合同有效成立之后，因当事人一方的意思表示或者双方协议，使双方的合同关系溯及消灭的行为，它可以分为单方解除和双方解除两种形式。双方解除，又称协议解除、合意解除，是基于双方当事人意思表示一致的解除，其实质是成立一个新的合同以解除原合同，因而使原合同的效力溯及消灭。传统民法不认为协议解除是合同解除，现代民法认为当事人协议解除也是解除合同的一种重要形式，我国原经济合同法和现行《合同法》第 93 条也确认了协议解除这一形式。单方解除是指使合同溯及消灭的一方的意思表示而成立的单独行为，它是典型意义上的合同解除。这种解除，属不要式法律行为，以解除的意思表示为相对方可能了解或到达了相对方而生效，其原因是该方当事人依法享有解除权。解除权是合同一方当事人享有的可以解除合同的权利，是一种典型的形成权，它的发生，一是依当事人的约定，称为约定解除权；一是依法律的规定，称为法定解除权，我国《合同法》第 94 条的规定即属于法定解除权。

约定解除权，由当事人双方以合同的形式约定而产生。双方当事人可以在债权合同订立时或者在其后另订合同，使一方或双方享有解除权。约定解除权通常附有解除权的发生情形、行使条件或期限，以及行使解除权的效力等内容。附停止条件或始期的，通常应解释为依条件的成就或始期的届至，其解除权发生。当事人约定解除权行使期限的，期限届满当事人不行使的，该权利即归于消灭（即解除权行使期限属于除斥期间）。如果当事人没有约定解除权行使期限，经相对方催告后在合理期限内不行使的，该权利亦归于消灭（《合同法》第 95 条）。

解除权的行使，应当向相对方以意思表示为之。单方解除合同是一方的行为，无须相对方的同意。解除的意思表示，为不要式行为，以口头形式或书面形式通知对方当事人均无不可。解除合同，可以在诉讼外或诉讼中为之。但如果合同就解除权行使方法约定用特殊方式的，自应依其约定方式。

具体就本案而言，由于环线工程建设及市政规划等原因，原告长沙邮局无法实际开发使用该宗土地，原告的合同目的已无法实现，原、被告双方在协议中约定合同的解除条件已经成就，原告遂于 1999 年 9 月至2002年9月11日,先后四次致函被告,要求解除合同并退还土地转让定金及利息,但被告方对此不予理会。为了使其与被告之间关于合同解除的争执得到彻底的、权威性的解决,原告请求人民法院确认解除合同的效力,亦即提起确认之诉,这并不与《合同法》的有关规定相冲突。《合同法》虽仅就解除权人以非诉讼方式来行使解除权的程序进行规定,但该法并未禁止解除权人以诉讼方式来确认解除合同的效力,原告依法诉请人民法院彻底解决合同解除的争执,并不违反法律的禁止性规定。因此,被告城建公司认为"原告长沙邮局不具有合法诉权"的上诉主张不能成立。

(二)长沙邮局的诉讼请求是否已过法定诉讼时效

城建公司上诉还提出,其未能依约向长沙邮局移交土地及相应的文件,长沙邮局早在1999年9月就明知城建公司违约,却于2003年6月才起诉至法院,已超过2年法定的诉讼时效。

本案中,长沙邮局、城建公司双方在《土地转让协议书》中约定,若由于客观原因在双方协议期限内环城路规划改道不能交付土地,则由被告方归还定金并按银行同期利率标准付息。长沙邮局在协议约定的解除条件成就后,即于1999年9月23日、11月19日、2002年3月18日、9月11日先后四次致函城建公司,要求退还土地转让的定金及其利息,此即长沙邮局要求解除合同的意思表示。因城建公司对此未予理会,长沙邮局为了使其与城建公司之间关于合同解除的争执得到彻底的解决,遂于2003年6月诉至法院,请求人民法院确认解除合同的效力。根据长沙邮局、城建公司双方在《土地转让协议》中的约定,在协议期限内,约定解除的条件成就时,长沙邮局告有权行使合同解除权,本案协议签订后,已发生法律效力,长沙邮局及时支付了土地转让定金,城建公司未能移交土地及相应的文件,协议仍在履行中,且一直没有履行完毕,也未解除。由于我国《合同法》对合同解除权的行使期限未作具体规定,双方在协议中也没有就解除权的行使期限进行约定,因而双方在协议中约定合同的解除条件成就后,长沙邮局可以随时行使解除权,而不受法定的2年诉讼时效的限制。

我国《民法通则》所规定的诉讼时效是指权利人在法定期限内不行使权利,而于时效期间届满时消灭其请求权即丧失请求人民法院依诉讼程序强制义务人履行义务的权利,其适用范围(客体)仅限于请求权,主要为债权及债权以外财产权之请求权,形成权、抗辩权等权利不适用诉讼时效的规定。如前所述,解除权在性质上是一种典型的形成权,即当事人一方可以以自己的行为,使法律关系发生变化的权利,其主要特征在于权利人可以自己的意思表示行使权利,使法律关系发生、变更或终止。享有解除权的当事人一方将解除合同的意思表示送达到对方当事人,就能发生合同解除的法律后果,而无须征得对方当事人同意。解除权人请求人民法院确认解除合同的效力,该类诉讼的性质在民事诉讼中称为确认之诉。确认之诉的基本特点在于法院仅需确认双方当事人之间是否存在一定的法律关系即可,并不需要判令败诉一方当事人履行一定的给付义务,因此,形成权不适用于诉讼时效。本案原告请求人民法院确认解除合同的效力,不适用诉讼时效的规定。

【前沿探索】

折价补偿原则在建设工程施工合同无效时的适用

◆关 丽*

*关丽,最高人民法院民一庭法官,法学硕士。

①黄松有主编:《最高人民法院建设工程施工合同司法解释的理解与适用》,人民法院出版社2004年版,第8页。

合同法第58条规定,合同无效或者被撤销后,因该合同取得的财产,应当予以返还;不能返还或者没有必要返还的,应当折价补偿。建设工程施工合同的特殊之处在于,合同的履行过程,就是承包人将劳动及建筑材料物化到建设工程的过程。基于这一特殊性,合同被确认无效后,发包人取得的财产形式上是承包人建设的工程,实际上是承包人对工程建设投入的劳务及建筑材料(工程价款),故而无法适用返还财产的方式使合同恢复到签约前的状态,而只能按照折价补偿的方式对无效合同予以处理。[①]由于当前建筑市场中,工程价款的计算标准较多,计算方法复杂多样,以何种标准折价补偿合同无效后承包人工程价款,一直是审判实践中的难点问题。就建设工程施工合同而言,工程质量是建设工程的生命,故而建筑法及相关行政法规,均将保证工程质量作为立法的出发点和主要目的。建筑法及《建筑工程质量管理条例》规定,未经验收或者验收不合格的建设工程,不得交付使用。故而,对于合同无效,建设工程经验收不合格,发包方是否应基于其取得的建设工程对承包方予以折价补偿,亦是审判实践中的难点问题。2004年10月26日,最高人民法院颁布的《关于审理建设工程施工合同纠纷案件适用法律问题的解释》第2条规定,建设工程施工合同无效,但建设工程经竣工验收合格,承包人请求参照合同约定支付工程价款的,应予支持。第3条规定,建设工程施工合同无效,且建设工程经竣工验收不合格的,按照以下情形分别处理:(一)修复后的建设工程经竣工验收合格,发包人请求承包人承担修复费用的,应予支持;(二)修复后的建设工程经竣工验收不合格,承包人请求支付工程价款的,不予支持。上述司法解释明确规定了折价补偿原则在建设工程施工合同无效时的适用,这对于建设工程施工合同纠纷案件的审理,具有重要的指导意义。本文从上述司法解释确立的原则出发,对折价补偿原则在建设工程施工合同无效时的适用予以探讨,以便于审判实务界正确理解和掌握上述司法解释规定的精神。

一、合同无效但建设工程经竣工验收合格的处理

（一）问题的提出

我国建筑业市场处于变革时代，市场中旧的经济秩序被打破，新的经济秩序尚未建立，房地产市场的快速发展，又吸引大量的企业投入到建筑业市场当中，不规范的经营行为时有发生，如发包方肢解发包工程、承包方没有资质或者超越资质等级承揽工程，承包方非法“挂靠”，借用具有法定资质等级的建筑施工企业名义承揽工程。这些不规范的经营行为，一方面扰乱了建筑市场的正常经营秩序，使建筑工程质量事故不断发生。另一方面导致大量无效合同的产生。合同法第 58 条规定，合同无效或者被撤销后，因该合同取得的财产，应当予以返还；不能返还或者没有必要返还的，应当折价补偿。上述法律确定的合同无效的处理原则，首先是返还财产，恢复原状，使合同恢复到签约时的原始状态。在返还人不能返还或没有必要返还时，则应当折价补偿。返还人不能返还包括两种情况：一是事实上不能返还的情形，如木材已经制造成家具、建筑材料已经物化成楼房；二是法律上不能返还的情形，如财产已经转让给善意第三人，善意第三人已经取得该财产所有权。[②]对于建设工程施工合同而言，其特殊之处在于，合同履行的过程，就是承包人将劳动及建筑材料物化到建设工程的过程。基于这一特殊性，合同被确认无效后，无法适用返还财产的方式使合同恢复到签约前的状态，而只能按照折价补偿的方式对无效合同予以处理。合同法、建筑法及《建筑工程质量管理条例》均规定，工程未经竣工验收不得交付使用。在合同无效的情况下，如何判定经验收合格的工程和未经竣工验收及验收不合格工程的价值，对于这样的工程如何处理，是否均可适用折价补偿的处理原则，成为人民法院审判实践的难点问题。在我国的建筑业市场，存在不同标准的工程款的计算方法，现实中工程量的增减也是普遍现象，用何种标准及方法对承包人建设的工程进行折价补偿，亦是难点问题。从审判实践来看，人民法院在具体案件中就无效合同的处理如何适用法律有不同的理解，对于折价补偿的标准及范围也有不同的认定，导致事实相类似的案件裁判结果却相差甚远，不能取得良好的社会效果。同时，由于无效合同的处理没有明确的法律规定标准，致使案件不能尽快审结，导致涉案工程长期搁置，无法实现人民法院审判工作为经济保驾护航的职能，故而，最高人民法院在广泛征求社会各界意见，综合人民法院审判实践的成功经验，依据合同法规定的无效合同的处理原则，在《关于审理建设工程施工合同纠纷案件适用法律问题的解释》中明确规定了合同无效，工程经验收合格，参照合同约定予以折价补偿的处理原则。

②王利明等著：《合同法新论·总则》，中国政法大学出版社 1999 年版，第 310 页。

(二)折价补偿原则的适用

在合同无效,工程经竣工验收合格的条件下,如何适用折价补偿原则,实践中存在不同的观点。第一种观点认为:建设工程施工合同无效,建设工程验收合格的,发包人应当返还承包人建设工程的造价成本。造价成本与合同价款的差价为损失,按照过错原则承担责任。理由是,无效合同的不得履行性导致的直接结果是承包人不应取得合同约定的利益,所以发包人只能按照建设工程的造价成本对承包人予以折价补偿。造价成本与合同约定价款的差价作为损失,由双方按照过错责任分担,这样才符合无效合同的特征及无效合同与有效合同的本质区别。造价成本如何计算,实践中也存在不同观点:(1)造价成本按照当年适用的工程定额标准由鉴定机构计算。理由是,在国家没有对建设工程的造价成本规定计算标准的情况下,建设部及地方建设行政主管部门颁发的建设工程定额标准,属于行业标准,应当参照执行。(2)造价成本按照建设行政主管部门发布的市场价格信息计算。理由是,建设行政主管部门就计算工程造价成本制定的定额标准往往跟不上市场价格的变化,而建设行政主管部门发布的市场价格信息,更贴近市场价格,更接近建设工程的实际造价成本,有利于保护当事人的利益。(3)造价成本为合同约定的工程款中的直接费与间接费,不包含利润和税金,利润和税金为损失。理由是,合同中对于工程款项的支付标准约定明确,便于人民法院对案件的审理,同时,由于是当事人自行约定,利于当事人接受。但合同无效,承包方不应依据无效合同取得利益,故其不应取得合同约定工程款中的利润。税金是履行合同应当缴纳的,无效合同的不得履行性,导致承包人不应取得发包人支付的税金。第二种观点认为:建设工程施工合同确认无效后,建设工程验收合格的,承包人请求参照合同约定支付工程价款的,人民法院应当支持。此种意见主要是以工程质量是否合格作为按照合同约定结算工程款的标准。这种观点的主要理由是,当建筑工程经验收合格后,区分合同效力的意义已不存在。参照合同约定支付工程款,有利于平衡双方当事人之间的利益关系,且不影响建筑工程质量,无需对工程价款进行鉴定,审判社会效果好。如果抛开合同约定的工程价款,发包人按照何种标准折价补偿承包方,均有不当之处,不能很好地平衡双方之间的利益关系。

由于工程质量是建设工程的生命线,保证工程质量是建筑法等法律、行政法规的立法目的之一。从这一角度考虑,建筑物的质量标准应当高于建设工程施工合同的效力标准。故有观点认为,当建设工程经验收合格的,建设工程施工合同不宜认定无效,当事人请求认定合同无效的,人民法院应不予支持。反对观点认为,虽然在建设工程施工合同当中,工程质量处于核心地位,并被合同法及建筑法等相关法律、行政法规所保护，但是，法律并没有明确规定，在建设工程施工合同当中，以工程质量是否经验收合格作为合同是否有效的必备要件。现仅从建筑法的立法目的考虑，将工程质量是否经验收合格作为建设工程施工合同是否有效的惟一必备条件，与合同法的规定不符，且容易造成在结果上鼓励建筑市场中不规范经营行为的发生，因此，应严格掌握合同效力条件以制裁违法行为，规范建筑市场。故建筑工程质量是否经验收合格只能涉及承发包方如何结算工程款的问题，而不能因此导致合同效力的变化。

最高人民法院《关于审理建设工程施工合同纠纷案件适用法律问题的解释》采纳了建设工程施工合同无效，建设工程验收合格的，承包人请求参照合同约定支付工程价款，人民法院应予支持的观点。主要理由是，上述司法解释第 1 条规定了合同无效的几种情况，如果以建设工程验收合格作为合同有效的惟一必备要件，司法解释中第 1 条关于合同无效的规定就没有意义，因为第 1 条规定的无效的合同，在工程经验收合格后，都会成为有效合同，这与司法解释打击建筑业市场的违法活动，规范建筑市场的经营活动的制定初衷相违背，间接鼓励无效合同的签订及履行。所以司法解释没有规定建设工程验收合格的，可以认定有效，而是确定建设工程施工合同无效，建设工程验收合格的，可以按照有效处理，发包人参照合同约定支付工程款。在合同无效的情况下，参照合同约定支付工程款，这虽然与法理和现行法律有关无效合同的处理原则不一致，但这种处理方式有利于保障工程质量。且这种方式利于案件的审理，平衡当事人之间的利益关系，得到良好的社会效果。其他关于工程款支付标准的意见，都存在审判实践中不好掌握的问题。如合同无效，按照工程造价成本由发包人折价补偿承包人。如果按照工程定额或者建设行政主管部门发布的市场价格信息作为计价标准计算工程的造价成本，都需要委托鉴定。势必增加当事人的诉讼成本，扩大当事人的损失，案件审理期限延长，不能及时审结案件，不利于对当事人合法权益的保护，案件审判的法律效果与社会效果不能得到有机的统一。同时，目前我国建筑市场属于发包人市场，发包人在签订合同时往往把工程款压得很低，常常低于当年适用的工程定额标准和政府公布的市场价格信息标准，如果合同无效按照上述两种标准折价补偿，就可能诱使承包人恶意主张合同无效，以达到获取高于合同约定工程款的目的，这与无效合同处理原则及制定司法解释为达到规范建筑市场、促进建筑业的发展提供法律保障的初衷相悖。故而在合同无效时，不易采用上述两种标准作为折价补偿的计算标准。认为合同无效，承包人只能要求合同约定中的直接费和间接费，不能主张利润及税金的观点同样有不当之处。就建设工程而言，其价值就是建设工程的整体价值，也即建设工程的完整造价。如果合同无效，承包人只能主张合同约定价款中的直接费和间接费，则承包人融入建设工程产品当中的利润及税金就被发包人获得。发包人依据无效合同取得了承包人应当得到的利润,这与无效合同的处理原则不符,其利益向一方当事人倾斜,不能很好地平衡当事人之间的利益关系,导致矛盾激化,案件审判的社会效果不好,此种观点亦不可取。参照合同约定确定工程款数额符合签约时当事人的真实意思,且有利于保证工程质量,平衡双方之间的利益关系,便于人民法院掌握施行,对一部分案件而言,可适当简化程序,减少当事人讼累。

(三)实践中应注意的几个问题

建设工程施工合同与其他合同比较而言,有一定的特殊性。处理时应当把握以下原则:(1)履行建设工程施工合同的过程就是将劳动和建筑物材料物化在建筑产品的过程。合同法第58条规定:合同无效或者被撤销后,因该合同取得的财产,应当予以返还;不能返还或者没有必要返还的,应当折价补偿。由建设工程施工合同性质决定,合同无效后不能适用恢复原状的返还原则,而应适用折价补偿的返还原则。(2)应当区分工程质量是否合格。按照合同法规定,建设工程施工合同无效的法律后果是折价补偿和按照过错赔偿损失。"折价补偿"首先应确定履行无效合同,建造的建筑产品是否有价值,然后才存在补偿问题;没有价值就不补偿,只能按过错赔偿损失。是否有价值的衡量标准,应根据合同法第279条的规定,建设工程经验收合格后,方可交付使用;未经验收或者验收不合格的,不得交付使用。建筑法第61条第2款也作出相同规定。建设工程竣工验收不合格就无法交付使用,建设工程的价值就体现不出来,无法折价补偿,故人民法院在案件审理中,应把握工程是否经竣工验收合格这一标准。验收合格一般有建设行政主管部门的质量评定机构作出的认定,从目前对于建设工程质量的评定来看,建设行政主管部门作出的评定标准具有行政评定色彩,具有权威性,应在案件审理中予以确定。对于建设行政主管部门作出的质量评定,当事人可以提出异议,如果提出的异议理由充分,应当支持当事人重新评定的申请,并依据重新评定的结果作为认定建设工程质量是否合格的参考。(3)经验收合格的工程包括工程竣工后验收合格,和正在建设中的工程经阶段性验收合格的工程。建筑法第60条第1款规定:建筑物在合理使用寿命内,必须确保地基基础工程和主体结构的质量。地基基础工程和主体结构工程具有相对独立性,完成这部分工程时应当验收,验收合格后才能进行下一步施工;建筑物也因地基基础和主体结构的合格而产生一定价值,未完的工程,应当对经阶段性验收合格的地基基础工程和主体结构部分折价补偿。(4)参照合同约定支付价款是处理合同无效,工程经竣工验收合格时,双方支付工程款的一项基本原则,在通常情况下,应当依照这一原则来处理工程款问题。但是,在按照合同约定无法计算工程款时,如未完的工程,或者工程大规模改变设计的情况下往往发生这种情况，此时根据案件的具体情况，也不排除委托评估的办法来认定工程款的数额。

二、合同无效且工程经验收不合格的处理

（一）问题的提出

对于合同无效，建设工程经验收不合格，发包人是否应当支付工程价款及工程价款按照何种标准予以支付，一直是审判实践中争议较大的问题。合同法第279条规定，建设工程竣工后，发包人应当根据施工图纸及说明书、国家颁发的施工验收规范和质量检验标准及时进行验收。验收合格的，发包人应当按照约定支付价款，并接受该建设工程。建设工程竣工经验收合格后，方可交付使用；未经验收或者验收不合格的，不得交付使用。建筑法第61条规定，建筑工程竣工经验收合格后，方可交付使用；未经验收或者验收不合格的，不得交付使用。《建设工程质量管理条例》第16条第3款规定，建设工程经验收合格的，方可交付使用。按照上述法律、行政法规规定，建设工程必须经竣工验收合格方能交付使用，否则不能予以交付使用。故而在审判实践中，对于合同无效，工程经验收不合格，或者合同无效，建设工程未经竣工验收，承包人主张工程款的，人民法院根据建设工程经竣工验收方能交付使用的法律规定，驳回承包人的诉讼请求。这样的裁判结果使大量经验收不合格或者未经竣工验收的建设工程施工合同纠纷得不到彻底解决。实践中另一种做法是，按照合同法规定的无效合同的处理原则，合同无效，不论工程是否竣工，是否经验收，都要归发包人所有，因此发包人应当对承包人予以折价补偿，但各地人民法院对于补偿的标准掌握的原则并不一致，有的以工程造价成本折价补偿承包人，有的按照合同约定价款，有的委托专业部门对建设工程进行评估，按照评估价格对承包人予以折价补偿。由于人民法院对适用法律理解的不同，导致就具体案件作出的裁决结果差异很大。工程经验收不合格的建设工程施工合同纠纷案件审结的社会效果不好，是造成建筑施工企业长期拖欠工人工资的原因之一。因此，妥善处理此类纠纷，对于合理利用社会资源，平等保护承、发包人利益，保护建筑工人的合法权益，维护社会稳定，具有积极的意义。最高人民法院在《审理建设工程施工合同纠纷案件适用法律问题的解释》中以修复后的建设工程经竣工验收是否合格作为分界点，明确了折价补偿原则在合同无效，建设工程经竣工验收不合格案件中的适用。

（二）对此类问题处理的不同观点

在上述司法解释起草中，对于合同无效，工程经验收不合格的建设工程施工合同纠纷如何处理，有不同的观点。一种观点认为，按照建筑

法和合同法的规定,建筑工程经验收合格后,方可交付使用。对于未经验收合格的工程,不得交付使用。因竣工验收不合格的工程,无法交付,发包人无法使用,导致合同目的无法实现,故而发包人可以不支付工程价款。按照这种意见来处理案件,可能造成的后果是,发包人不用支付对价即可以接受建设工程,如果建设工程具有利用价值,发包人依据无效合同取得利益,而承包人不能依据其投入得到相应的报酬,双方的利益不平衡,损害承包人利益,不符合民法的公平原则,且亦激化矛盾,案件审判社会效果不好。由于发包人不用支出即可取得建设工程,导致发包人对已取得的建设工程产品价值不珍惜,轻易决定对接受的建设工程铲掉重来重新进行建设。如果工程经过修复符合验收条件,从而具有使用价值,这种做法会造成社会资源的浪费。另一种观点认为,不论工程是否验收合格,按照无效合同的处理原则,工程都要交付发包人,发包人应当就接受的工程支付承包人工程款。这种观点又会导致如果工程确实无法修复,不再具有使用价值,这种损失完全由发包人承担,不符合公平原则。

上述司法解释在综合考虑各种观点的情况下,确立了建设工程经竣工验收不合格,但工程可以修复并经再次验收合格,按照合同约定价款折价补偿,但承包人要承担修复费用。对于不能修复的工程,发包人不支付工程款。合同法第262条规定,承揽人交付的工作成果不符合质量要求的,定作人可以要求承揽人承担修理、重作、减少报酬、赔偿损失等违约责任。《建设工程质量管理条例》第32条规定,施工单位对施工中出现质量问题的建设工程或者经竣工验收不合格的建设工程,应当负责返修。上述法律、行政法规规定表明,建设工程经验收不合格的,承包单位应当承担返修义务,同时,发包人可以要求减少报酬。这种做法可以避免社会资源的浪费,平衡当事人之间的利益,使案件的审判结果达到较好的社会效果。工程是否具有利用价值,可以予以修复,一般应当由专业技术部门,如工程质量验收部门或者符合国家规定条件的质量评定部门作出认定。最高人民法院《关于审理建设工程施工合同纠纷案件适用法律问题的解释》第2条规定,合同无效,工程经验收合格,可以参照合同约定支付工程款。按照标准一致的原则,合同无效,验收不合格但可以修复的工程,工程价款可以合同约定的价款作为基数,在此基础上,发包方可以请求减少价款。减少的价款应当以建设工程的修复费用为尺度,或者要求承包方承担修复的费用。对于经验收不合格,经过专业部门鉴定建设工程的质量缺陷无法通过修复予以弥补的,建设工程已经失去价值,只能铲掉重新进行建设,承包人要求支付工程款的,不予支持。这样的规定,可以严格制裁违法行为,保证工程质量,促进建筑市场的健康有序发展。

(三)实践中应注意的问题

掌握本条规定的工程款项支付的原则,就要从根本上把握建设工程能否修复这一分界点。在审判实践中，建设工程存在的质量缺陷是否能够修复，一方面看当事人对这一问题的态度，如果双方当事人在建筑业的国家质量要求及行业质量要求的基础上，均认可建设工程存在的质量缺陷可以修复，那么，人民法院可以根据法律规定，对此予以认可。如果双方对建设工程存在的质量缺陷是否能够修复有不同的意见，且难以达成共识，由于建设工程质量问题涉及专业技术问题，这种情况下，建设工程质量存在的缺陷是否能够修复，就需要委托专业部门进行评定，以评定的结果作为人民法院认定建筑工程经验收不合格，其存在的质量问题是否可以修复的参考。能够予以修复的，按照合同法的规定，发包人可以申请减少工程价款。这一减少的工程款应当与工程的修复费用相适应。发包人在提出请求减少工程价款或者承包人承担修复费用的主张后，并不妨碍和影响发包人向承包人主张合同无效其受到损失的赔偿责任及缔约过失责任。对于审判实践当中出现的工程没有竣工，经阶段性验收不合格，但可以予以修复的，可以参照这一标准来处理。建设工程经竣工验收不合格的，在经过专业机构评定，工程存在的质量问题无法修复的，不再支持承包人请求支付工程款的主张。但如果发包人对工程质量缺陷具有过错的情况下，承包人可以就合同无效，请求发包人承担损失。对于合同无效，建筑工程经验收不合格的，确定的责任承担原则是承包人承担责任。但是，如果发包人对建设工程验收不合格存在过错的，也应当承担责任。这一责任的承担应当在认定发包人过错程度的基础上作出判断。在法律有明确规定某方面的责任是承包人主要责任的情况下，发包人只能负次要责任，对于其承担责任的多少，由法官依据案件的实际情况及法律规定予以判决。

关于农村土地纠纷案件中的法律适用

◆吴远阔[*]　王晓萍[**]

*吴远阔,安徽省高级人民法院民一庭庭长。

**王晓萍,安徽省高级人民法院民一庭法官。

随着我国城市化建设的加快和市场经济的发展,国家需要征收相当数量的农用土地用于城市化建设和改善基础设施,有关征地款纠纷逐渐成为社会热点。近年来中央采取提高粮食的收购价格和对农民种粮的补贴等一系列政策,调动了农民种地的积极性,农民对土地的依赖性加强。同时由于土地二轮承包时操作的不规范和其复杂性,留下了不少后遗症。凡此种种引发了农民和国家、农民和集体、农民和农民之间的矛盾和纠纷,在这些矛盾和纠纷的背后交织着不同主体之间的利益冲突。这些矛盾和纠纷近年来起诉到法院的越来越多,不仅成为社会关注的焦点,而且也成为法院审判的难点。处理得正确与否不仅涉及能否保护和合理利用土地问题,而且也涉及农民的利益和农村稳定。尽管国家已经颁布《土地管理法》、《农村土地承包法》、《村民委员会组织法》等一系列法律、法规,但是由于这些规定比较原则,缺乏具体操作程序,从而使法院在处理农村土地流转引起的各类纠纷案件时因缺乏执法依据,导致审理难度加大。由此导致各级法院在处理这类问题上执法标准不统一,不仅在程序上大相径庭,在实体问题上也相差很大。集中起来大体上有以下几个问题是法院审判中无法回避的问题,亟须统一认识。在此笔者结合我省实际,试作如下探讨:

一、关于征地款纠纷的受理问题

这里所说的征地款是专指土地被征收后,所获得的土地补偿费、安置补助费、地上附着物及青苗补偿费。①对于地上附着物及青苗补偿费,所有者与征收者或第三人发生争议,起诉到法院,作为民事案件受理,是没有争议的。但是对于土地补偿费和安置补助费能否分配以及发生争议诉讼到法院后能否作为民事案件受理,认识很不统一。因为1986年颁布的《土地管理法》曾明确规定,征地补偿费和安置补助费不得分配给个人,但在1998年8月29日重新修改后的《土地管理法》取消了关于土地补偿费、安置补助费不得分配的规定。正因如此,近几年村民委员会或村民小组往往将征地款直接分配给村民,由于一些地方

①见《土地管理法》第26条。

在分配中对村民实行差别待遇，造成村民与村委会、村民小组或者村民小组与村委会之间的大量纠纷。

对因征地补偿费分配问题引发纠纷起诉到法院，法院能否受理的问题以及是否作为民事案件受理，最高法院有过不同的司法解释。最高法院研究室于 2001 年 7 月 9 日对广东省高级人民法院的答复（法研[2001]51 号）认为："农村集体经济组织与其成员之间因收益分配产生的纠纷，属平等民事主体之间的纠纷。当事人就该纠纷起诉到人民法院，只要符合民事诉讼法第一百零八条规定，人民法院应当受理。"2001 年 12 月 31 日，最高法院研究室又以法研[2001]116 号答复指出，农村村民因土地补偿费、安置补助费问题与村民委员会发生纠纷的，人民法院可以参照法研[2001]51 号答复办理。而在 2002 年 8 月 19 日，最高人民法院立案庭对浙江省高级人民法院的批复（[2002]民立他字第 4 号）则认为，"农村集体经济组织成员与农村集体经济组织因土地补偿费发生的争议，不属于平等民事主体之间的民事法律关系，不属于人民法院受理民事诉讼的范围。对此类争议，人民法院依法不予受理。对于不需要由农村集体经济组织安置人员的安置补助费和地上附着物、青苗补偿费发生的争议，属于平等民事主体之间的民事权利义务争议，属于人民法院受理民事诉讼的范围。"由于司法解释的矛盾，导致实践中各地法院对此类纠纷的受理存在很大的随意性。也有人认为这类案件应该属于行政诉讼。②

我们认为，第一，诉讼案件的性质只能由诉讼纠纷的实体法律关系的性质来决定。村民享有的承包地、宅基地、分发征地款、分红等权利从性质上讲均属民事财产权利。村委会既是村民的自治组织，在许多情况下又是农村集体经济组织，它显然不是一个行政组织，在其作出（包括不作为）无法律、法规、规章授权的行为时，只能视其为民事主体身份，而村民则是自然的民事主体。村委会与村民从主体身份上，双方在法律地位上均为平等的民事法律关系主体，它们之间不能产生行政法律关系中管理者与被管理者之间在主体地位上的不平等关系。第二，农村集体所有的土地被征收后，土地补偿费是对全体村民的一种补偿，所有集体成员应共同享有，对征地款的分配就应由享有村民待遇的全体村民共同参与分配，这种分配行为系平等主体之间的民事行为。第三，根据《农村土地承包法》的有关规定，承包土地被依法征收、占用的，承包方有权获得相应的补偿。征地款分配权是我国农村公民的一项法定的财产性民事权利。因此根据民法原理、相关法律规定和司法解释，土地征用款分配纠纷应当属于人民法院受理民事案件的范围，对村民起诉到法院要求分配征地款，法院应予受理。认为征地款分配是一种行政法律关系则是混淆了土地征收行为和土地征用款分配之间的界限。但是对土地被征收的行为以及按什么标准给予征收补偿，则是一种行政行为，如果村民或者集体经济组织成员对此提出异议向法院

②参见武楠："村委会作行政诉讼被告的条件"，载《人民司法》2004 年第 8 期。

提出民事诉讼,则应该告之通过行政程序解决。

二、关于农村集体经济组织成员资格的确认问题

在农村土地流转纠纷案件中,争议比较大、问题比较多,也最难处理的是农村集体经济组织成员资格认定问题。[③]无论在征地款分配纠纷或土地承包合同纠纷及其承包经营权流转纠纷中,谁是最适格的主体,各地认定标准不一,从而导致执法不统一。因为农村土地流转纠纷的主体与其他民事案件主体相比具有特殊性,一般来说,只有取得成员的身份资格才能享有征地款分配权和土地承包经营权等村民待遇。在这个意义上,成员资格与村民享有权利是相统一的。那么依据什么条件来确定农村集体经济组织成员资格,从认识和实践看,主要有两种主张,一种主张依据户籍为标准,认为户籍在哪儿就应属于哪里的集体经济组织成员;一种主张以居住地为依据,即承包地在哪儿即属于哪里的集体经济组织成员。[④]这两种主张都有一定道理,在实践中依据任何一个主张都好操作。但是我们并不完全认同这些主张。我们认为这些主张过于原则,与实践还有差距,不利于平息纠纷,化解矛盾,衡平利益。特别是"外嫁女"、离婚、丧偶女性、"入赘婿"、大中专在校生,以及服刑的劳改劳教人员、"空挂户"等人员,由于他们情况的特殊,从而使他们在涉及农村土地流转中的权利和利益相对模糊,依上述任何一种认定,对这些人可能有失公允。那么又如何来认定这类人员的成员资格?

根据我省的司法实践和探讨,我们认为,农村集体经济组织成员资格的取得,一般应以取得农村集体经济组织所在地户籍为基本依据。[⑤]因为户籍与成员资格有着最为密切的联系,在我国目前户籍还没有改革和放开的情况下,户籍是一种识别权利和身份的主要标志。户籍制度不仅出于管制的需要把农民划分为区域,更重要的是建立了农民作为社会成员应有的各项权利和资格。[⑥]村民户籍的取得包括自然取得(也称出生取得)和法定取得,法定取得又包括因婚姻、收养、遗赠抚养协议、行政命令等取得。当然以"户籍"作为基本依据,还要考虑到各种个体情况的差异性,所以在以户籍作为认定成员资格的基本依据时,还要坚持两个原则:即以在该农村集体经济组织中生产、生活为基本原则,以曾经在原集体经济组织生产、生活,后离开又没有取得城市最低生活保障为补充原则。也就是说集体经济组织成员资格的确认,户籍是基本依据,但同时兼顾其他各方面情况。这样的认定标准比较符合我国目前的实际情况,既能保证户籍在本集体经济组织又在此生产生活的人的当然的权利,同时又能保护那些户籍虽然不在本集体经济组织,但确实在此长期生产生活或人虽离开集体经济组织,但又没有取得城市生活保障的弱势群体的正当权益,同时还能杜绝那些户籍虽然在本集体经济组织,但人又不在此生产生活,来"争抢"本集体经济组织

③从目前情况看,如何界定农村集体经济组织成员资格,国家没有统一原则和标准,但在土地纠纷案件中,这个问题又不能回避。土地纠纷案件的权利主体首先依法是个成员资格问题。笔者在这里无意对成员资格立一个准确的标准,但是在征地款分配和土地承包及其经营流转过程中,应该采用我们所探讨的标准。

④安徽省高级人民法院在2004年12月26日召开了一次有省人大、政法委、政府法规办、国土、农委、妇联等部门相关人士参加的座谈会,会上就这个问题提出上述两种看法。

⑤参见《安徽省高级人民法院关于处理农村土地纠纷案件的指导意见》。

⑥张静:"乡规民约体现的村庄自治权"。

的经济利益的情况。在确定成员资格的问题上除了遵循上述依据和原则外,对以下几类特殊主体应分别不同情况对待。

1. 对于“外嫁女”的成员资格认定。

“外嫁女”是指“出嫁”的女儿,包括“嫁农女”和“嫁城女”。对于“外嫁女”,实践中她们的权益往往两头落空,无论“娘家”还是“婆家”,都以种种理由不承认她们是本集体经济组织成员,“娘家”认为嫁出去的姑娘是泼出去的水,“娘家”的集体经济组织在征地款分配或土地承包中自然把“外嫁女”排除在外;而“婆家”则认为,她可能在“娘家”有承包地或者户籍没迁到“婆家”,所以“婆家”往往也没有把她当做本集体经济组织成员。这种两头权利都悬空的状况,切实不利于保护她们的合法权益。我们认为,按照《妇女权益保障法》、《农村土地承包法》等有关规定,应切实坚持男女平等原则,保护妇女的合法权益,不能让她们的成员资格随意被“两头”否定。为此对于“嫁农女”不论其户籍在哪,只要已经脱离“娘家”集体经济组织生产生活,而到“婆家”集体经济组织生产生活的,应当具有“婆家”集体经济组织成员资格。对于“嫁城”的妇女,如果没有取得非农业户籍,应视为具有原集体经济组织成员资格。

2. 对于离婚、丧偶女性的成员资格认定。

离婚、丧偶女性往往回“娘家”生产生活,但承包地也可能在“婆家”。对这些人成员资格如何确定,情况比较复杂,比如有的离婚、丧偶后户籍又从“婆家”迁回“娘家”,并从“婆家”回“娘家”生产生活,而有的户籍仍然在“婆家”,承包地也在“婆家”,但人回到“娘家”生产生活等等。我们认为对于离婚、丧偶后回“娘家”生产生活、户籍又在“娘家”集体经济组织所在地的,应该视为“娘家”集体经济组织成员;如果户籍还在“婆家”,承包地也在“婆家”,仅仅人在“娘家”生产生活,应视为“婆家”所在地集体经济组织成员。

3. 对于义务兵、大中专在校生、服刑人员的成员资格认定。

上述人员由于当兵、上学或者服刑,户籍或迁出或注销,都是由于法律和政策的原因,使其户籍或居所暂时离开本集体经济组织。在校就读的农村大中专学生没有独立的经济来源,且其完成学业主要依靠土地收益;另外,从国家发展教育事业、鼓励培养高层次人才的角度考虑,也应保护在校大中专学生的收益分配权。服现役的义务兵,他们是为了保护国家安全而服兵役,保护军人的收益分配权对于巩固国防事业,维护国家安全十分重要。对于服刑人员在服刑期间,虽然丧失人身自由甚至政治权利,但并不因此而丧失民事权利,其成员权资格并不因此而丧失。故对上述人员在服兵役、上学和服刑期间应该认定享有原户籍所在地集体经济组织成员资格。

大中专学生毕业后,是否享有收益分配权应尊重村民自治权,由村民会议或村民代表会议讨论决定。过去大中专学生一经录取,其身份即发生变化,毕业后由国家统一分配工作,其身份及生活来源即发生质的变化,与所在乡、村不再有经济上的联系,国家取消统分工作后,大、中专学生毕业后国家不能保证其能在城市工作,故其与所在乡、村关系并未终止,在未正式参加工作前,原则上应享有收益分配权。

4. 对于"空挂户"成员资格的认定。

"空挂户"一般是指户籍在本集体经济组织所在地,但人没有在此生产生活。对于这些人,我们认为要不要给予成员资格不能一概而论,应区别对待。凡是挂户在本集体经济组织,双方有明确"挂户"协议的,应该按照协议履行;如果没有协议,户口迁入时经过村民民主议定同意接收的,而在外又无固定工作或生活的,应享有本集体经济组织成员资格;如果没有经过民主议定程序,不宜认定有成员资格。当然有特殊情况的例外。对于捐资购买城镇户口的人员,现仍在户口迁出地的集体经济组织生产生活的,应该具有该集体经济组织成员资格。⑦

5. 家庭承包中家庭成员资格认定。

农村家庭承包经营权的取得是以户为单位的,只有具有家庭成员资格,才有承包经营权,而在一定时期内承包土地的量基本是不变的,家庭人口却在变化。故对于家庭承包的,在确定家庭成员时,应包括取得承包经营权后因出生、婚姻、收养等原因增加的,以同一家庭为生活单位的,具有本集体经济组织成员资格的人。当然有人主张违反计划生育,不享有土地承包人口数的,不应享有家庭成员资格。我们认为,这是不妥当的,人的权利能力始于出生,终于死亡,不能因为他是超生,而剥夺他的成员资格。家庭承包方分户的,所分各户未独立取得土地承包经营权的,各分户的家庭成员仍然属于承包方的家庭成员。⑧

⑦参考《安徽省高级人民法院关于处理农村土地纠纷案件的指导意见》。

⑧参见芜湖市中级人民法院关于处理农村土地流转纠纷案件座谈会材料。

三、关于征地款的分配处理问题

根据《土地管理法》、《农村土地承包法》的规定,国家征收土地依法应给予土地补偿费、安置补助费、地上附属物补偿费和青苗补偿费。这几项费用除了地上附着物补偿费和青苗补偿费明确规定为所有者所有外,其他两项费用一般都由征收人将此款发放到农村集体经济组织,对这些费用如何使用和分配,法律没有明确规定。农村集体经济组织往往以"村民自治"为由,在征地款的管理和使用以及分配的问题上随意性比较大。按照我国《村民委员会组织法》的规定,村集体是一个自治组织,有权决定分配方案。但对经过村民会议形成的分配方案的司法审查应当是程序的合法性审查,还是应包括其内容的合法性审查,实践中存在着分歧意见。有人认为,征地款分配是一个村民自治的问题,只要其程序合法,则法院不应当干预。另一种意见认为,对分配方案的审查不但要进行程序的合法性审查,还要进行内容的合法性审查,理由是村民自治不能违背国家法律的规定,依据是《村民委员会组织法》第

20 条第 2 款的规定：村民自治章程、村规民约以及村民会议或者村民代表讨论决定的事项不得与宪法、法律、法规和国家的政策相抵触，不得有侵犯村民的人身权利、民主权利和合法财产权利的内容。我们认为，上述观点的分歧实质在于法院对村民自治中的违法行为应否进行干预的问题。村民自治是村集体依法所享有的对本村事务的自我管理权。村民自治应当依法进行。基于司法的消极性、中立性特点，法院不应对村民自治中的违法行为寻求积极主动的干预，但在作为仲裁者的身份介入纠纷时，应对违法的行为予以纠正，这不仅是法院在个案的处理中实现法律公平正义价值功能的需要，而且对国家法律秩序的建构具有积极的意义。根据我省审判实践，我们认为在处理征地款分配纠纷时应该把握以下两项原则：

第一，分配方案的形成应符合民主议定程序。村民会议或村民代表会议是村民实行自治、决定重大事项的机构。为保障村民正确行使自治权，《村民委员会组织法》第 17 条、第 18 条第 2 款明确规定了召开村民会议的程序，并在第 19 条规定了涉及村民利益的八类重大事项，村民委员会必须提请村民会议决定。毫无疑问，农村集体经济组织的收益分配方案属于涉及村民重大利益的事项，因此人民法院在审查收益分配方案时，应首先审查该收益分配方案的形成是否符合民主议定的程序，是否经村民会议或村民代表会议民主议定产生。对于违反村民会议或村民代表会议民主议定程序形成的分配方案，应确认其无效。

第二，分配方案的内容不得与宪法、法律、法规和国家政策相抵触。分配方案是村民行使自治权的体现，但该自治权不是绝对的。分配方案的形成不仅应符合民主议定程序，在内容上也必须合法。根据《村民委员会组织法》第 20 条规定，人民法院在审查分配方案时，应以宪法、法律、法规及国家政策为依据，凡是违反宪法、法律、法规及国家政策强制性规定的，或侵犯村民合法人身、财产权利的，应确认其无效。

当然除以上原则外，有的人主张还应坚持权利与义务相一致原则。[9]因为民事活动应遵守公平原则，在民事主体之间发生利益冲突时，要以权利和义务是否对等来平衡双方的利益。征地款分配与村民资格的取得不同，由于农村土地属劳动群众集体所有，有当地农村户口的人，自然属于该农民集体经济组织的成员，都平等地拥有一份土地的权利。然而，这种权利是一种"共同共有制"，它与"按份共有制"不同，这种土地所有权是不能按份分割的。在具体确定分配比例时，应适当参考村民所承包土地情况及所尽义务大小。但是也有相当一些人认为在处理征地款分配问题上不能适用这个原则。因为土地是农民生存的基础，只要是集体经济组织成员，无论是否对集体经济组织尽过义务，或者贡献大小，都应享有与其他成员一样的待遇。如果过分强调权利与义务对等，那么，诸如残疾人、老年人、新生儿等就无法与其对等，他们的权利就难以实现。而征地款是基于土地产生的收益，只要是集体

⑨参见铜陵市中级人民法院《关于农村集体土地征用补偿款分配的几个法律适用问题》。

经济组织成员,就应该享有平等的收益分配权。我们认为这种认识是正确的。

近年来,我省农村部分地区出现了一种以"借款"形式对征地款进行分配,以规避法律的情况。其主要形式是村委会以"借款"形式将征地款发放给它认为应当参与分配的村民。村民或出具借据或不出具借据,双方无还款期限,无还本付息约定,村民所借款数额相同,只"借"不"还"。而对有些村民,如"外嫁女"等则不予借款,此种行为就是名为借款实为征地款的分配,其实质是规避法律,剥夺或限制了某些村民的收益分配权。审理此类案件,应根据已经查明的事实,按照实际民事行为确定案由,对于因农村集体经济组织不予"借款"而丧失收益分配权的村民要求参与分配的诉讼,应依照前述确定的原则依法审理。

在征地款分配中比较容易引起纠纷的是安置补助费的发放问题。特别是征收单位只征收本村(或村民组)部分村民土地的纠纷较为特殊。被征收承包地的村民往往主张将安置补助费全部分配给他们,而集体经济组织往往根据大多数村民意见,把安置补助费平均分配给全体村民。这类纠纷诉讼至法院如何处理,实践中做法各异。我们认为,安置补助费按法律规定是补偿给需要安置的人。承包土地的农民因土地被征收当然属于需要安置的人,但是作为一个村集体经济组织,它是土地的所有者,是土地的发包人,土地的征收造成土地减少,需要安置的人是一个广义上的概念,而不能仅限于承包该土地的人,因为土地由村农民集体享有所有权,不是由哪个村民独享,而是全体村民的共同共有,不是按份共有。[10]正因为这样,在有关征收造表过程中,统计需要安置的人往往不局限于承包户,而是全体村民。有关部门发放安置补助费也不是直接按承包户人头发放,也不直接将安置费发给承包户个人,而是发放给发包人。由此可见安置补助费应归全体集体经济组织成员所享有。集体经济组织在发放安置补助费时,应该考虑被征收土地承包人的实际情况,妥善处理。如果经过民主议定程序决定给予被征收土地承包人重新调整土地,集体经济组织全体成员要求参与分配安置补助费,法院应予支持;如果集体经济组织对被征收土地承包人的承包地不作重新调整,承包人主张享有全部安置补助费的,应予支持。因为土地是农民赖以生存的基础,被征收土地的承包人,如果不能重新调整承包地,则丧失了惟一赖以生存的生产和生活资料,因此,要使他们生活稳定,必须对他们进行合理的安置,如没有安置就应当给予全部的安置补助费。

[10] 龚卫东:"梁某不应获得土地补偿费",载2005年1月24日《人民法院报》。

四、关于土地承包合同纠纷案件的审理

农村土地承包合同是我国经济体制改革中产生的一种新型合同,是所有权与经营权相分离的一种形式,土地承包合同是指农村集体经济组织成员或农村集体经济组织以外的人与其集体经济组织之间签订的承包农村土地，并支付一定收益的协议。

审判实践中我们发现，一些地方在土地承包中存在手续不完善、工作不细致、管理不到位的问题。有的发包方长时间不与承包方签订承包合同，也不发放土地承包经营权证书；还有的就同一块土地先后签订两个以上土地承包合同；有的由于工作粗糙，发放土地承包经营权证、林权证时存在错发、漏发和他人代签的现象。[11]这些问题随着中央对农业投入加大，对农民补贴的提高和提高粮食收购价格以及国家征收补偿标准提高等因素的影响，土地承包合同纠纷明显增多，难度加大，新情况新问题不断出现，给审判工作带来一定难度。通过总结经验，我们认为，审理这类案件应坚持以下几条原则。

第一，树立侧重保障农民权益的司法理念。

各级人民法院在处理涉农案件时，要坚决贯彻依法保护农民合法权益的指导思想。农民拥有法律赋予的长期而稳定的土地承包经营权，任何组织和个人不得违法调整和收回承包地，对各类侵犯土地承包经营权纠纷案件，农民请求赔偿损失的，应当依法予以支持；对因非法截留、扣缴农民承包收益发生的纠纷，农民要求返还承包经营收益的，要依法支持。

第二，维护农村稳定和促进农业发展。

土地承包关系是维护农村社会稳定的基础，如果土地承包关系被打乱，可能导致农村的不稳定以及农民对政府的不信任，甚至可能会引发群体性上访事件。对此我们要有清醒的认识，审理中应做耐心、细致的工作，避免矛盾激化。土地承包经营及其流转不仅涉及农村承包关系的稳定和广大农民的利益，还涉及土地资源的合理配置和利用，因此需要从完善生产关系和发展生产力角度去统筹考虑，既要公平，又要兼顾效率。

第三，与地方政府密切配合，注重调解。

地方政府具有对土地资源调控和管理职能，特别是在集体土地征收和农用地改变为建设用地方面。但是，这种调控和管理职能不能取代集体土地的所有权主体，因此，必须规范地方政府的行为，避免或减少诉讼。对已经进行诉讼程序的案件，亦应与当地政府、有关部门密切配合，切实加强调解工作，尽量通过耐心细致的思想工作化解纠纷。

在把握好上述原则的基础上，对土地承包合同纠纷案件审理还应注意以下几个问题：

一是要以“两证”和书面合同作为认定承包合同成立的依据。

所谓“两证”是指土地承包经营权证和林权证。“两证”是人民法院审理承包合同及其承包经营权流转合同纠纷的重要依据。但是在实践中，有的承包人没有“两证”。对此，我们认为对那些虽然没有“两证”，但有书面合同、任务下达书，以及能够证明承包经营法律关系存

⑪参见合肥市中级人民法院《当前审理农村土地流转纠纷案件存在的问题及对策》。

在的事实和文件都可以作为认定承包合同成立的依据。

实践中还存在发包方就同一块土地先后签订两个以上土地承包经营合同,承包方均主张取得承包经营权的情况。对此我们认为应按照以下原则处理:(1)已经登记并领取土地承包经营权证或者林权证等证书的承包方,取得土地承包经营权,但属于恶意串通的情形除外;(2)均未登记领取土地承包经营权证或者林权证等证书的,已经实际承包经营的人取得土地承包经营权。除此之外,往往还出现承包证登记内容与承包合同内容或实际履行不一致而引发的纠纷。[12]对此,我们认为承包证与承包合同不一致时,应以承包证确认的内容为依据。当事人对承包证记载内容有异议,应告之按行政诉讼程序进行,不属于民事案件受理范围。

⑫参见黄山市中级人民法院《关于处理农村土地流转案件疑难问题的探讨》。

二是要注意对合同效力的审查。

对合同效力的审查可以从三方面进行,即合同的主体、合同的订立程序、合同的内容。

合同主体:根据我国现行法律,农村土地承包经营权具有成员权的特征。非经村民集体同意,集体经济组织以外的单位和个人不享有土地承包经营权。《农村土地承包法》第15条规定:"家庭承包的承包方是本集体经济组织的农户。"《土地管理法》第15条第2款规定:"农民集体所有的土地由本集体经济组织以外的单位或者个人承包经营的,必须经村民会议三分之二以上成员或者三分之二以上村民代表的同意,并报乡(镇)人民政府批准。"因此,应当注意审查承包方是否属于本集体经济组织的成员。

订立程序:土地承包合同的订立是否遵循了民主议定程序。《农村土地承包法》第18条规定:承包方案依法须经本集体经济组织成员的村民会议三分之二以上成员或者三分之二以上村民代表的同意。对于违反法定的民主议定程序的承包合同应认定无效。

合同内容:在审查合同内容时,应依照《农村土地承包法》的相关规定进行审理。对合同约定将农业用地用于非农业建设,未经依法批准的,应当认定无效。

三是要审查发包方调整和收回承包土地是否合法有效。

《农村土地承包法》规定,我国土地承包期最短在30年以上,最长在70年甚至林地经有关部门批准还可以延长。但是在此期间会发生很多变化,发包方往往因家庭承包方中女儿出嫁、家庭成员死亡,承包人违反计划生育、承包人应征入伍或考取大中专院校等原因而将承包的土地违法收回或调整承包地,或者因承包方弃耕、撂荒,发包方收回承包地。对由以上情形产生的纠纷,法院在审理时应根据《农村土地承包法》的规定,审查调整和收回的合法性,如属于违法调整和收回的,发包方未将收回、调整的承包地另行发包给他人,承包方请求其返还承包地并赔偿损失的,应予支持;如果发包方将收回、调整的承包地另行发包给他人，承包方以发包方与他人为共同被告，请求确认发包方与他人订立的承包合同无效、返还承包地的，应予支持。这其中要特别提及承包方弃耕、撂荒的处理。根据《土地管理法》第37条第3款的规定，承包经营耕地的单位或者个人连续2年弃耕、抛荒的，原发包单位应当终止承包合同，收回发包的耕地。实践中发包方往往依据该条规定而收回承包方弃耕、撂荒的土地。但《农村土地承包法》仅在第26条规定发包方可以收回承包地的情形。没有规定承包方弃耕、撂荒发包方可以收回承包地。故我们认为，在农村土地承包纠纷案件的审理中，应首先适用《农村土地承包法》的规定。

五、几点建议——完善农村土地承包经营权的保护机制

(一)加强农村土地权利的公示

1. 规范权利证书的发放。

关于土地的所有权或使用权的主体，以及权属的界限均应依靠有关权利证书予以明确。

《土地管理法实施条例》规定农村集体所有的土地所有权证书的发放以土地所有者申请为前提，但在当前农村土地纠纷相对增多的时期，在稳定现有农村土地权属关系的前提下，应当注重发放涉及农村土地的国有土地使用权证，以及集体土地所有权证，明确农村中哪些土地应归国家所有，哪些土地归农民集体所有，以及分别属于哪一村、哪一级农民集体所有，明确土地之间的界限，这将起到长远稳定农村土地权属关系的作用。

农村土地承包经营权应属于不动产物权的他物权。不动产物权一般需要通过登记才能创设，但农村土地承包经营权的取得，与其享有的集体经济组织成员资格有密切关系，公众可以通过对某人成员资格的了解，在一定程度上知晓其是否享有承包经营权，同时通过签订承包合同和领取承包经营权证，在一定程度上起到公示作用。农村土地承包经营权证具有不动产权利凭证的性质和作用，因此，该证书的发放对稳定农村土地关系具有十分重要的意义。因此，应规范土地承包经营权证书的制作及发放，权利证书应当详细、明确地表明承包经营权的设立、流转等情况，维护承包关系的稳定。

2. 对特殊承包关系进行登记。

在农业承包经营关系中，对一些特殊的承包经营关系应当实行登记。如林地承包，因涉及对土地使用权以及地上林木的权属等权利内容较为复杂，如果不实行登记制度，很难将权利人的较为复杂的权利内容对外公示，其公示性较一般的土地承包更为重要。我国虽然对林地承包实行承包林地使用权证，但由于林权证的公示作用并不强，它虽能明确林地承包的权属，但第三人难以知晓承包关系是否设立物权、权利

人是谁,更因为林地承包的主体资格并没有明确限制,第三人很难从集体经济组织成员的身份中判断其是否对承包的林地享有物权,一旦发生林权的转让而没有及时办理登记手续,受让人与转让人从事正常的交易,其受让的权利可能受到侵害。

(二)注重物权和债权双重保护,加快农村土地承包经营权物权化的步伐

我国现行农村土地承包经营权是通过合同方式设定,以债权方式予以保护。但是,债权因其对人性、相对性等特点,在对经营权保护等方面存在先天不足。因此,我们认为:

1. 改革与土地承包经营权相关的法律制度。土地承包经营权物权化是土地承包经营权流转的基础,作为法律上明晰的物权是土地进入市场的条件,故应加快农村土地承包经营权物权化,对承包经营权实行物权保护。

2. 从法律上赋予农户长期而稳定的土地承包经营权是土地承包经营权流转的保障。因此在立法上应对土地承包经营权的长期性和稳定性予以细化,对发包方违法收回或调整承包地的情形予以明确并制定相应措施加以防范。

3. 依法确立承包期限。物权化的承包经营权要求以法律形式确认权利的期限,使其成为长期稳定的权利。关于承包经营的期限,《农村土地承包法》第20条规定:耕地的承包期为30年,草地的承包期为30至50年,林地的承包期为30至70年。该法第62条规定,本法实施以前按照国家规定承包,承包期长于本法规定的,合同继续有效。我们认为,《农村土地承包法》虽然体现了一定意义上的意定主义,但法律仍可就该权利的期限规定最短或最长期限,明确30年应是耕地承包的最短期限,具体承包期限双方可以通过合同协商解决,体现法定和约定的有机结合,既有利于保护承包人的利益,也能考虑到各地农村的具体情况和双方当事人的实际要求。

4. 承包经营权内容法定。法律应当明确确认承包经营权人依法享有承包土地的经营权、收益权和产品处置权,有权将承包经营权出租、转包、入股、互换或依法转让,在承包期内承包的土地依法由国家征用或集体使用的,承包人有权依法获得相应的补偿;承包期满,享有优先承包权等等内容。

(三)健全涉农土地纠纷诉讼外解决机制

《农村土地承包法》第51条规定:因土地承包经营发生纠纷的,双方当事人可以通过协商解决,也可以请求村民委员会、乡(镇)人民政府等调解解决。当事人不愿协商、调解,或协商调解不成的,可以向农村土地承包仲裁机构申请仲裁,也可以直接向人民法院起诉。根据上述法律规定,我国建立了协商、调解、仲裁、诉讼四种处理土地承包纠纷

的机制，解决纠纷的途径较多。因此，我们认为处理此类纠纷应侧重于以下方式：

1. 诉前调解疏导。

因涉农土地纠纷有一定的家族和地缘性特征，基层人民调解组织是最早发现纠纷的一级机构，他们能及时掌握各类案件信息。如果矛盾伊始，基层人民调解组织能早抓、抓小、抓苗头，努力把矛盾解决在萌芽状态，将能避免引发更大的纠纷。同时，基层调解人员与纠纷当事人较为熟悉，了解他们各自的特点以及产生纠纷的真正缘由，利于调解，也利于最终的执行。因此，应加强基层人民调解组织对纠纷的调解疏导工作，充分发挥人民调解工作的网络优势和维护社会稳定“第一道防线”的作用，将纠纷尽早、彻底地解决在诉讼前。

2. 强化仲裁机制。

我省部分地区已经建立农村土地承包纠纷仲裁机构，并开展相应的仲裁工作，但是，大部分地区的仲裁机构尚未建立，有的虽已建立但因为人员不足等原因尚未开展仲裁工作。此类纠纷仲裁程序缺乏具体法律规定，仲裁委员会在纠纷解决中并未发挥更大的作用。因此，应建立和完善我省农业承包合同仲裁机制，使农业承包合同纠纷尽可能通过仲裁方式解决，以达到多种途径解决纠纷的目的。

试论乘客人身损害赔偿请求权之实现路径

◆刘 峥[*] 张云峰[**]

*刘峥,男,江苏省高级人民法院法官,南京大学法律硕士。

**张云峰,男,江苏省苏州市金阊区人民法院法官,苏州大学法律硕士。

①王泽鉴著:《法律思维与民法实例》,中国政法大学出版社2001年版,第167页。

随着我国公路交通事业的日益发达,涉及道路交通事故纠纷亦呈逐年增多的态势。在司法实践中,因乘客在道路交通事故中受到人身损害所引起的诉讼,赔偿权利人依据的请求权不同将直接导致案件法律适用的结果不同。当赔偿权利人选择提起违约之诉时能适用的法律即为合同法和《中华人民共和国消费者权益保护法》(以下简称消费者权益法),因为两者均以既存的合同关系为适用法律的基础;当选择提起侵权之诉时,按通常的理解,此时可资援引的法律规范有《中华人民共和国民法通则》(以下简称民法通则)和《中华人民共和国道路交通安全法》(以下简称交通安全法)及国务院《中华人民共和国道路交通安全法实施条例》(以下简称交通安全法实施条例)。至于赔偿标准的依据,常见的即为最高人民法院《关于审理人身损害赔偿案件适用法律若干问题的解释》(以下简称人身损害赔偿解释)和一些地方人大常委会通过的实施消费者权益法办法。从而产生一个法律适用上的难题,即在客运合同履行中,因道路交通事故而受损的乘客能否依照除《道路交通事故处理办法》(以下简称《交通处理办法》)以外的其他法律获得损害赔偿。

一、乘客基于不同请求权之辨析

《中华人民共和国合同法》(以下简称合同法)第122条规定,合同当事人一方因对方的违约行为受损害时,有权选择依照合同法要求违约方承担违约责任或者依照其他法律要求其承担侵权责任。该条即为请求权竞合之规定。请求权竞合,是指同一给付目的的数个请求权并存,当事人得选择行使之,其中一个请求权因目的达到而消灭时,其他请求权亦因目的达到而消灭;反之,就一个请求权因目的达到以外之原因而消灭(如罹于时效)时,则仍得行使其他请求权。①请求权竞合的价值,就在于基于不同基础的请求权于成立要件、举证责任、赔偿范围、诉讼时效乃至管辖法院、鉴定标准、前置程序等方面不尽相同,故当"一种违约行为同时导致违约责任和侵权责任竞合现象,则受害人可以选择一项对其有利的请求权加以行使”。[②]此为合同法第 122 条规定的立法要旨所在。因此，当乘客因道路交通事故受损而请求损害赔偿时，自然就引发出请求权竞合问题，赔偿权利人可基于不同的请求权选择不同的诉由来进行索赔。然该理解仅在承运人系交通事故责任人或交通事故责任人之一时成立，因为承运人此情形下存在的过错即可直接被视为侵权之诉中侵权人或共同侵权人之一的过错。此时，原告选择提起违约之诉依据的是先前即存的客运合同关系，选择提起侵权之诉则放弃了合同相对方的身份而径自以一般的道路交通事故受害人的身份。在承运人并非交通事故责任人时，则无法适用合同法第 122 条规定进行选择要求其承担侵权责任。因为承运人此时既无侵权行为又无过错，赔偿权利人仅能依合同法第 302 条之规定（承运人对旅客伤亡的免责事由为旅客自身健康原因或故意及重大过失）要求其承担合同法上的无过错责任。[③]至于此时赔偿权利人选择向交通事故责任人（即侵权人）提起侵权之诉（常见于交通事故责任人的偿付能力强于承运人时），显非赔偿权利人依据合同法第 122 条规定进行选择的结果。此情形的例外仅见于道路交通事故中的事故方（包括承运人）均无过错时，对以一般的道路交通事故受害人身份而言的乘客，包括承运人在内的事故方反倒构成了共同侵权。[④]此时，赔偿权利人依合同法第 122 条规定既可选择对承运人提起违约之诉，亦可选择提起侵权之诉并要求承运人与其他事故方承担共同侵权责任。

二、交通事故纠纷的归责原则和赔偿范围

就实体规范而言，民法通则第 123 条、交通安全法以及交通安全法实施条例均无法被援引为赔偿权利人行使请求权的法律依据。消费者权益法第 7 条规定：消费者在购买、使用商品和接受服务时享有人身、财产安全不受损害的权利。第 41 条和第 42 条分别规定了经营者提供商品或者服务造成消费者、其他受害人人身伤害或死亡时，所应当支付的医疗费、因误工减少的收入、生活补助费、残疾赔偿金、丧葬费、死亡赔偿金等费用。同《交通处理办法》列明的赔偿项目相比，消费者权益法减少了住院伙食补助费、交通费和住宿费，增加了残疾赔偿金，并且用“死亡赔偿金”来代替《交通处理办法》中的“死亡补偿费”。这就使残疾赔偿金和死亡赔偿金作为精神损害抚慰金的性质和功能较为明确。《交通处理办法》只规定了致人死亡情况下的精神损害赔偿费用，对致人残疾的情况未作具体规定，此乃立法之缺漏，但这并不意味着《交通处理办法》废止前的交通事故损害赔偿案件，对致人残疾的情形无法给予精神损害赔偿。在最高人民法院《关于确定民事侵权精神损害赔偿责任若干问题的解释》（以下简称精神损害赔偿解释）公布实施后，人民法院可依据精神损害赔偿解释的规定，判令加害人对因侵权行

② 王利明著：《合同法研究》（第一卷），中国人民大学出版社 2002 年版，第 45 页。

③ 最高人民法院《关于审理人身损害赔偿案件若干问题的解释》第 6 条规定的社会活动安全保障义务人所承担的损害赔偿责任亦非侵权责任，而是该义务人疏于恪尽安全保障义务时所承担的补充赔偿责任。全额追偿权即体现了该性质，并使其区别于共同侵权人间的追偿权。另需一提的是，该解释第 6 条显未将承运人归入社会活动安全保障义务人的范畴，因为此时社会活动安全保障义务人系有过错，在承运人非交通事故责任人时其显无过错。因此，本条规定的安全保障义务有别于域外的保护性义务，后文将述及。

④ 黄松有主编：《最高人民法院人身损害赔偿司法解释的理解与适用》，人民法院出版社 2004 年版，第 60 页。

为致残的受害人承担精神损害赔偿责任。[5]

合同法第302条规定:承运人应当对运输过程中旅客的伤亡承担损害赔偿责任,但伤亡是旅客自身健康原因造成的或者承运人证明伤亡是旅客故意、重大过失造成的除外;第303条规定:在运输过程中旅客自带物品毁损、灭失,承运人有过错的,应当承担损害赔偿责任。这从立法上对运输过程中乘客的伤亡与自带物品(不包括托运的行李)的毁损、灭失为承运人规定了不同的归责原则。对此方面的探讨将在后文继续进行。

人身损害赔偿解释第17条规定的赔偿范围为医疗费、误工费、护理费、交通费、住宿费、住院伙食补助费、必要的营养费以及受害人因伤致残时的残疾赔偿金、残疾辅助器具费、被扶养人生活费、康复费、护理费、后续治疗费或者受害人死亡时的赔偿丧葬费、被扶养人生活费、死亡补偿费以及受害人亲属办理丧葬事宜支出的交通费、住宿费和误工损失等其他合理费用。该解释第18条另规定赔偿权利人可以依据精神损害赔偿解释请求赔偿精神损害抚慰金。赔偿权利人无法援用民法通则第123条和交通安全法第76条的规定;合同法第302条确定的是承运人对运输过程中旅客的伤亡承担无过错责任;消费者权益法第41条同样规定经营者提供服务造成消费者人身伤害的应承担损害赔偿的无过错责任。当赔偿权利人依据合同法和消费者权益法提起损害赔偿之诉时,自然无须证明承运人的过错。在《交通处理办法》被废止前,司法实务中被适用最多的《交通处理办法》并未区分乘客与行人,那么在道路交通事故中,如果客运服务经营者没有违章行为而不负交通事故责任时(根据《交通处理办法》第17条第2款规定),赔偿权利人选择适用《交通处理办法》所依据的归责原则不清,因为第44条第1款的适用对象为非机动车与行人而并不及于乘客,在此情形下的赔偿权利人就无法获得可资适用的归责原则。

根据合同法第122条规定之精神,违约责任与侵权责任不能在同一民事案件中并存,二者应择其一,在本文论域内就应由赔偿权利人进行选择。“违约责任与侵权责任的重要区别在于,两者的责任范围不同。合同的损害赔偿责任严格按合同的约定执行,主要是对财产损失进行赔偿;侵权的损害赔偿责任按侵权造成的损害后果确定,不仅包括财产损失的赔偿,还包括人身伤害和精神损害的赔偿……从最大程度保护受害人利益的角度出发,法院依职权为受害当事人选择侵权赔偿责任。”[6]姑且不论违约之诉精神损害赔偿有无法律依据,仅就精神损害赔偿解释只涉及民事侵权方面精神损害赔偿的现状来看,法院“从最大程度保护受害人利益的角度出发”,也认同了在请求权竞合下当事人选择侵权之诉比违约之诉更能最大限度受偿。然而如果按照广东省高级人民法院、广东省公安厅联合下发的《关于处理道路交通事故案件若干具体问题的补充意见》第20条的规定来理解,在《交通处理

⑤唐德华主编:《最高人民法院〈关于确定民事侵权精神损害赔偿责任若干问题的解释〉的理解与适用》,人民法院出版社2001年版,第68页。

⑥《中华人民共和国最高人民法院公报》2002年第4期,第142页。笔者以为“从最大程度保护受害人利益的角度出发”一语有悖司法中立的根本价值,因为民事诉讼中原被告双方主体平等,如果“最大程度保护原告方(受害人)的利益”一说成立,那么要否最大程度保护被告方的利益?

办法》被废止前赔偿权利人在选择侵权之诉时能依照的规范性文件仅有《交通处理办法》。[7]

就赔偿标准而言，民法通则第119条仅列举关于侵权行为造成公民身体伤害和死亡的赔偿范围。涉及侵权损害赔偿标准的规范性文件常见于最高人民法院《关于贯彻执行〈中华人民共和国民法通则〉若干问题的意见》（以下简称民法通则意见），《中华人民共和国国家赔偿法》（以下简称国家赔偿法）、人身损害赔偿解释以及部分地方人大常委会通过的实施消费者权益法的办法。在赔偿标准方面对赔偿总额有实质性影响的，主要在于误工收入损失、残疾者生活补助费、残疾赔偿金和死亡赔偿金的计算标准。

民法通则意见第143条规定受害人的误工收入损失，按受害人的工资标准或实际收入的数额确定，对于非固定工资收入者，参照受害人一定期限内的平均收入酌定。《交通处理办法》第37条第2项规定当事人有固定收入的，按其因误工减少的固定收入计算，对收入高于交通事故发生地平均生活费三倍以上的，按照三倍计算，对无固定收入的，按交通事故发生地国营同行业的平均收入计算。国家赔偿法第27条第1项规定减少收入每日的赔偿金按照国家上年度职工日平均工资计算，最高额为国家上年度职工年平均工资的5倍。人身损害赔偿解释第20条第3款规定受害人有固定收入的，误工费按照实际减少的收入计算，无固定收入的，按照其最近三年的平均收入计算，受害人不能举证证明其最近3年的平均收入状况的，可以参照受诉法院所在地相同或者相近行业上一年度职工的平均工资计算。江苏省实施消费者权益法办法第25条第3项规定："因误工减少的收入，按照受害人因误工减少的实际收入计算"；[8]浙江省实施消费者权益法办法第54条第5项规定："因误工减少的收入，受害人有固定收入的，按照其减少的固定收入计算；无固定收入的，按照受害人居住地城镇居民或者农民年平均收入计算"；广东省实施消费者权益法办法第30条规定："因误工减少的收入，按照受害人因误工减少的实际收入计算；减少的收入难以确认的，以职工年平均工资为标准计算"。由此可见，民法通则意见贯彻的是按实赔偿原则，即按实际误工收入损失予以赔偿；人身损害赔偿解释和部分地方人大实施消费者权益法办法承继了此原则；《交通处理办法》与国家赔偿法体现的却是有限按实赔偿原则，即按照"交通事故发生地平均生活费"、"国营同行业的平均收入"、"国家上年度职工年平均工资"标准，受损害前为无收入者或收入极低者能够得到较有利的赔偿；但无论是国营同行业的平均收入还是国家上年度职工日平均工资，一般均大大低于固定工资收入和其他收入者的实际收入，因此对大多数受害人而言未获得实际误工损失的全部赔偿，该计赔标准以牺牲受害人的合法利益为代价，过分保护加害人的利益，无法体现法律的公平价值取向和损害赔偿的全面充分原则。[9]

⑦广东省高级人民法院、广东省公安厅《关于处理道路交通事故案件若干具体问题的补充意见》，载唐德华主编：《民事审判指导与参考》2001年第3卷，法律出版社2001年版，第88页。

⑧此前于1995年12月通过执行的江苏省高级人民法院《关于审理人身损害赔偿案件若干具体问题的意见》中关于误工费的赔偿方面就规定有"受害人的实际收入高于当地居民平均生活费三倍以上的，按照三倍计算"。

⑨邓瑞平著：《船舶侵权行为法基础理论问题研究》，法律出版社1999年版，第374页。

在残疾者生活补助费、残疾赔偿金和死亡赔偿金计算标准的规定方面,上述规范性文件或为"补足到不低于当地居民基本生活费的标准",或为上年度职工年平均工资的数倍,或为"交通事故发生地平均生活费"、"当地年平均生活费",这些都无一例外地印证了我国损害赔偿制度在人身损害赔偿解释施行前长期持有平均与"唯物"两大特点的论断。[10]该论断是1996年时作出的,如今有关"唯物"方面已有所改观,具体体现在精神损害赔偿解释和人身损害赔偿解释的施行。之所以谓之"改观"而非彻底变更,其主要在于:一是至今仍是由最高法院司法解释为法律、行政法规中的残疾赔偿金、死亡赔偿金作出定性,而非法律、行政法规之明确规定;二是虽人身损害赔偿解释将残疾赔偿金和死亡赔偿金确定为受害人抽象的未来收入损失(逸失利益)以此区别于精神损害抚慰金,但人身损害赔偿解释第18、31条规定与精神损害赔偿解释的相关规定间存在着不可调和的定性差异却是显而易见的;[11]三是因刑事犯罪行为所生的精神损害赔偿尚被拒之受理;四是司法解释现仅针对民事侵权领域,这也使在违约之诉中排斥精神损害赔偿或进而将能否请求精神损害赔偿,作为违约之诉与侵权之诉的重要区别诸如此类的片面认识得到强化。[12]关于平均方面,情况大体相同。值得一提的是,最高法院2001年起草的《关于审理人身损害赔偿案件若干问题的解释》(征求意见稿)中,将受害人为成年人并且有固定收入情形下的残疾者收入损失和死亡利益损失定出具体计算公式:残疾者收入损失=(受害人受害前三年的平均收入-劳动能力残值)×预期赔偿年限+退休后的赔偿额、死亡利益损失=(死者生前三年的平均收入-死者生前三年的平均个人生活消费性支出)×预期赔偿年限+(死者年均退休收入-平均生活消费性支出)×退休年限。[13]虽然劳动能力残值如何鉴定及劳动能力残值与伤残等级如何对应等尚有疑问,但其试图打破平均尤其是以"残疾者收入损失"、"死亡利益损失"替代一直沿用中的"残疾者生活补助费"、"残疾赔偿金"、"死亡赔偿金"这种概念上的大胆突破尝试对我国现有的损害赔偿体系带来的令人振奋的冲击和震撼。可惜的是,人身损害赔偿解释正式出台时未采此计算公式,仍然使用了"残疾赔偿金"、"死亡赔偿金"、"人均可支配收入"、"职工平均工资"等概念。但该解释关于消极损害与精神损害的区分、经营者安全保障义务的规定、可支配收入与消费性支出的不同适用、死亡赔偿金的成倍增加和一次性赔偿不限于一次请求等方面的规定,亦使平均与"唯物"的特点有了较大改观。人身损害赔偿解释第25条规定残疾赔偿金根据受害人丧失劳动能力程度或者伤残等级,按照受诉法院所在地上一年度城镇居民人均可支配收入或者农村居民人均纯收入标准,自定残之日起按20年计算。但60周岁以上的,年龄每增加1岁减少1年;75周岁以上的,按5年计算。第29条规定死亡赔偿金按照受诉法院所在地上一年度城镇居民人均可支配收入或者农村

[10] 喻敏著:"自由心证与自由裁量",载《民商法论丛》第5卷,第603页。

[11] 姜玲著:"浅议精神损害赔偿制度——精神损害抚慰金确定方法之检讨",载《审判研究》2002年第2期,第38页。不同观点可参见陈现杰著:"最高人民法院《关于确定民事侵权精神损害赔偿责任若干问题的解释》的理解与适用",载《判解研究》2001年第2辑,第44页。

[12] 马强著:《债权法新问题与判解研究》,人民法院出版社2002年版,第244、297页。王利明教授主张违约责任和侵权责任的区别之一,在于是否能够对精神损害提供补救,并认为既然违约责任中适用精神损害赔偿的情况仅限于违约与侵权竞合的场合,那么在此情况下,为什么不基于侵权而一定要基于违约提出请求呢?参见王利

居民人均纯收入标准，按20年计算。但60周岁以上的，年龄每增加1岁减少1年；75周岁以上的，按5年计算。该解释在调整残疾赔偿金赔偿标准的同时取消了残疾者生活补助费这一赔偿项目。

我们认为，除去平均和“唯物”两大特点外，现行损害赔偿制度在实践中尚有“轻视生命”之痕迹，此与“以人为本，尊重人的生命价值的原则”相去甚远。《交通处理办法》废止前的司法实务中，该办法中设定的标准常被用作人身损害赔偿的参照标准，基本已形成司法实务中法官裁判案件之习惯做法。因此，当时游客溺水身亡后参照《交通处理办法》之标准赔偿，强奸案附带民事赔偿时也参照《交通处理办法》设定的标准赔偿。[14]虽然国家赔偿法和《交通处理办法》有其特定的适用范围，但既是参照其赔偿标准，则仅需要关注其计算方法即可。国家赔偿法第27条规定，死亡赔偿金与丧葬费一起计算，总额为国家上年度职工年平均工资的20倍，对死亡者不区别年龄、职业、实际收入等情况。《交通处理办法》第37条第8项规定，死亡补偿金按当地平均生活费计算，补偿10年，对不满16周岁的，每小1岁减1年，对70岁以上年龄的，每增加1岁减少1年，最低不少于5年。在这两种计赔方法中，就计算方法来看，在大多场合下，按国家赔偿法的标准计算，受害人或受害人家属所获赔偿额较高，然而司法实务中并非从尽最大可能补偿受害方利益出发，而普遍参照国家赔偿法的标准计赔。人身损害赔偿解释将死亡补偿金确定为按20年计算，60周岁以上的，年龄每增加1岁减少1年，最低不少于5年，即使按该解释的计赔方法，在人均可支配收入少于国家上年度职工年平均工资、年龄不满16周岁或超过70周岁的场合，按国家赔偿法计算的死亡赔偿金也可大于按人身损害赔偿解释计算的。另外，《交通处理办法》第36条中规定涉及财产的损害赔偿仅为财产直接损失，最高法院在法释[1999]5号《关于交通事故中的财产损失是否包括被损车辆停运损失问题的批复》中已明确停运损失应予赔偿。[15]对人身损害而言，每个受害人对各自人生的投入不同，收益亦应存在较大差异，如何客观地直面此差异并在裁判时体现更多人文关怀，就成为(物的价值中)连车辆的停运损失都予保护后的重大命题。另外，曾被大量适用的《交通处理办法》所设赔偿标准中的“平均生活费”，系指人均生活费支出额而非人均可支配收入，二者孰轻孰重不言自明。人身损害赔偿解释中已确定为残疾赔偿金、死亡赔偿金按人均可支配收入或人均纯收入标准计算，被抚养人生活费按人均消费性支出或人均年生活消费支出标准计算。最后，我国民法典(草案)第8编侵权责任法中的第11条(属一般规定)的相关表述为“因误工减少的收入、残疾赔偿金、死亡赔偿金应当根据受害人的丧失劳动能力状况、年龄、受教育程度、职业、收入等因素确定”。

明著:《民法疑难案例研究》，中国法制出版社2002年版，第715、719页。笔者以为问题恰恰是在此情况下，为什么不能自主选择基于违约而一定要基于侵权提出请求呢？最高人民法院司法解释未出台前是否两者就无这一区别呢？

⑬最高人民法院《关于审理人身损害赔偿案件若干问题的解释》(征求意见稿)，载唐德华主编:《民事审判指导与参考》2001年第3卷，法律出版社2001年版，第68页。

⑭“苏州一市民海南度假不幸溺水身亡 三亚凯莱酒店赔偿十五万元”，载2003年6月5日《城市商报》第10版；“强奸按交通事故赔偿 法官竟说判决无错”，载2003年6月13日《城市商报》第5版。

⑮关于该批复的相关说明可参见曹守晔:“最高人民法院《关于交通事故中的财产损失是否包括被损车辆停运损失问题的批复》的

理解与适用”，载唐德华主编:《民事审判指导与参考》2000年第2卷，法律出版社2000年版，第131页。

⑯克雷斯蒂安·冯·巴尔著:《欧洲比较侵权行为法》(上卷)，张新宝译，法律出版社2001年版，第545页。

⑰邱聪智著:《民法研究(一)》(增订版)，中国人民大学出版社2002年版，第206页。

⑱王利明著:《民法疑难案例研究》，中国法制出版社2002年版，第367页。

⑲克雷斯蒂安·冯·巴尔著:《欧洲比较侵权行为法》(上卷)，张新宝译，法律出版社2001年版，第537、545页；刘海奕著:“加害给付研究”，载《民商法论丛》(第4卷)，第328页。

⑳从一般侵权向违约侵权(加害给付)发展是大陆法系债法发展的趋势，关于“侵权法向合同法移转”的叙述可参见刘海奕著:“加害给付研究”，载《民商法论丛》(第4卷)，第331页。

三、乘客的合同主体身份之确认——兼与普通行人的区别

在交通事故中受到损害之后，之所以要区分乘客与普通行人的不同主体身份，完全出于对乘客更为周全保护的考量。因为在客运合同中客运服务经营者对乘客之安全掌握绝对控制并负有义务。客运服务经营者与行人在事件发生前并不认识；相反，客运服务经营者与乘客缔结合同时一般就应考虑到自身在订立的合同中所要承担的责任，不仅有注意义务，而且有严格的结果保证义务，并因此承担给对方既有利益造成任何损害的赔偿责任。所以“欧洲任何一个国家，将此情形视为不涉及侵权责任的违约责任，产生出排他的违约责任”。[16]依比较法制之发展及法学界之通说，道路交通责任及及商品责任二者，均可归入危险责任，已属无可置疑。[17]那么以加害给付为基础构成的合同责任与侵权责任的竞合到底是法律所鼓励的，还是法律应着力消除的状况呢?答案无论是什么，其本身均不会影响到此处所作区分的必要性。

乘客购票上车从而与客运服务经营者间成立的客运合同使乘客获得了合同当事人的身份，按照合同法原理，经营者在履约中对乘客生命、财产安全的注意义务应当高于对普通行人(非合同当事人)的注意义务。正因为先行存在的客运合同，它使乘客在合同履行开始时就有两种利益并存其上:一是法定权利和利益，二是履行利益。履行利益是指在债务人依据合同约定履行时，债权人从中所得到的利益。[18]在客运合同中，乘客基于客运合同的履行利益就是人身及财产被安全及时送达目的地。当乘客在道路交通事故中遭受损害时，合同履行利益的落空自不待言，尚且产生其合法的固有利益(生命、健康、财产等)受损害的情形。相对于承运人的义务而言，避免此等损害亦为其合同义务之一部分，违反该义务的情形在域外或被称为违反保护性义务或称之为积极侵害债权(加害给付)。[19]在道路交通事故发生后，如果无视乘客与承运人间的客运合同，而将其与普通行人一体对待，则忽略了承运人对于乘客安全信赖和对于普通行人一般社会安全义务间的差别，以侵权法解决契约上的危险，最终将造成侵权法的不正当适用而与“侵权法向合同法移转”的方向南辕北辙。[20]

《交通处理办法》第35条规定:交通事故责任者应当按照所负交通事故责任承担相应的损害赔偿责任。交通安全法第76条第2、3项规定:机动车与非机动车驾驶人、行人之间发生交通事故的，由机动车一方承担责任；然有证据证明非机动车驾驶人、行人违反道路交通安全法律、法规，机动车驾驶人已经采取必要处置措施的，减轻机动车一方的责任。交通事故的损失是由非机动车驾驶人、行人故意造成的，机动车一方不承担责任。“在审理机动车致非机动车一方人员伤亡的案件时，应当贯彻以人为本，尊重人的生命价值的原则。机动车行为人在无

过错的情况下造成非机动车一方人员伤亡的，除非出于受害人自杀等行为人难以控制的情形，行为人仍应给受害人适当的赔偿；在双方当事人都有过错的情况下，即使受害人有重大过失，也只能按照过失相抵原则适当减轻机动车一方的赔偿责任，而不能免除其赔偿责任，更不得判决过错相抵后再要求受害人赔偿机动车一方的损失"。[21]国外立法例中，如法国 1985 年 Badinter 法第 3(1)条规定：除了机动车司机以外，受害人因为其人身损害而遭受的损失应当予以赔偿，而不能以他们的过错作为此种损害赔偿的抗辩，但是，如果他们的过错是不可宽宥的过错，是交通事故发生的惟一原因(cause exclusive)或者如果受害人自愿追求他已遭受的损害，则可以以他们的过错对抗此种侵权损害赔偿请求。[22]德国《道路交通法》第 7 条、日本《汽车损害赔偿保障法》第 3 条、荷兰《机动车交通法》第 185 条均有受害方存在过错时机动车所有者(保有者)如何减轻或免除责任的相关规定。[23]

上述引用的条文和叙述中均提到了道路交通事故中受害人对事故发生的原因力(参与度)问题。问题恰恰是，在乘客购票上车开始，他就把自己的生命、健康和财物安全等全部托付于承运人了，其对道路交通事故的发生无法左右、无力控制，换言之，在道路交通事故中必须考虑非机动车驾驶人、行人有无交通事故责任，但在通常情况下去考察乘客的责任担当、过失相抵等问题却是非常可笑的。这一点也就区别于产品责任纠纷和医疗责任纠纷，前者有产品使用者的获得渠道、使用方法等方面的考虑，后者尚有患者自身体质、配合医疗与否等方面的考虑。

就免责事由而言，依前文引及的合同法第 302 条、第 303 条之规定，承运人对旅客伤亡的免责事由为旅客自身健康原因或故意及重大过失，对旅客自带物品毁损、灭失的免责事由为承运人无过错(在这里合同法的一般免责事由——不可抗力已被排斥)，这些均与直接履行客运合同、提供服务行为无关，亦与第三人侵害债权无关。对于非机动车驾驶人、行人而言，客运经营者的免责事由仅为受害人的故意(交通安全法第 76 条第 2 项)。《交通处理办法》第 44 条第 2 款还规定了非机动车驾驶人、行人"进入高速公路"(属重大过失)的免责情形，但交通安全法施行后，在此情形下，仅在机动车驾驶人已经采取必要处置措施时，减轻机动车一方的责任。除受害人故意追求损害结果发生的情形外，客运经营者(机动车一方)均须予以赔偿，但赔偿数额的确定却与交通事故责任认定密切相关，这里还存在当其他事故责任主体介入时，所产生的共同侵权连带责任问题。

四、乘客基于不同请求权所产生的法律结果

在民事诉讼中，基于赔偿权利人不同的选择，从诉讼程序到赔偿数

㉑黄松有著："当前民事审判的几个主要问题"，载《中华人民共和国最高人民法院公报》2003 年第 3 期，第 6 页。

㉒张民安著：《现代法国侵权责任制度研究》，法律出版社 2003 年版，第 230 页。

㉓梁慧星著：《民法学说判例与立法研究》，中国政法大学出版社 1993 年版，第 98 页；王书江译：《日本民法典》，中国人民公安大学出版社 1999 年版，第 357 页；克雷斯蒂安·冯·巴尔著：《欧洲比较侵权行为法》(上卷)，张新宝译，法律出版社 2001 年版，第 728 页。

额等一系列重大事项均会产生不同的法律结果。《交通处理办法》将公安机关对交通事故损害赔偿的调解作为民事诉讼的前置程序,交通安全法第74条取消了调解前置程序的规定。在交通事故纠纷中的过错责任方面,《交通处理办法》第35条规定,交通事故责任者应当按照所负交通事故责任承担相应的损害赔偿责任,这不仅存在交通事故责任主体与民事赔偿主体不尽一致的问题(如交通事故责任主体为承运人的雇员时,受害人一般只列承运人作为民事赔偿案件的被告,然后再将雇员的交通事故责任移归该承运人),尚存在交通事故责任是否是法律责任、其能否直接等同于民事赔偿案件中的民事责任等疑问。[24]交通安全法虽然取消了"交通事故责任"这一概念,但保留了"交通事故责任人"的这一可能引起概念上混乱的称谓。更重要的是对交通事故责任认定不服申请重新认定的(人民法院不予受理仅对道路交通事故责任认定不服提起的行政诉讼,对该规定的质疑和探讨会否产生实质性影响尚属未知),实际造成了民事诉讼程序无法如赔偿权利人所愿及时启动。当赔偿权利人选择以人身损害赔偿为诉由时,可径自从应适用的归责原则出发,结合承运人在履约中的过错或单就结果保证义务的违反来确定其民事责任,从而突破道路交通事故认定的非及时确定和其他因素的影响,更无需迂回使用最高人民法院、公安部法发[1992]39号《关于处理道路交通事故案件有关问题的通知》中第4条后段"人民法院经审查认为公安机关所作出的责任认定、伤残评定确属不妥,则不予采信,以人民法院审理认定的案件事实作为定案的依据"这样的规定。当然,乘客正是因其消费者(合同相对人)的身份才获得在过错或举证责任上的优待。在鉴定标准方面,前者由公安机关作出的伤残评定或法医作出的司法鉴定关于伤残等级评定所依据的伤残标准是《道路交通事故受伤人员伤残评定》(原为GA35-1992,自2002年12月1日起适用GB18667-2002),后者由法医作出的司法鉴定所依据的伤残标准是各高级人民法院自行制定的人体(或人身)损伤致残程度鉴定标准。[25]在计赔标准方面,《交通处理办法》规定为交通事故发生地的标准,消费者权益法适用的为被告住所地或侵权行为地或受害人居住地的标准(区别主要源于被选择的受理法院以及该法院所在的省份实施消费者权益法办法的相关规定),人身损害赔偿解释适用的为受诉法院所在地标准且另增加了第30条之属地计算标准的选择权规定。在承运人即为交通事故责任人或交通事故责任人之一的场合,赔偿权利人以道路交通事故人身损害赔偿为诉由提起诉讼的,应依交通安全法第76条之规定将保险公司列为被告或者追加为共同被告并由其承担在机动车第三者责任强制保险责任限额范围内予以赔偿的替代责任。超过责任限额的部分,由承运人与其他交通事故责任人(如果存在的话)同样依该条规定承担赔偿责任。

由于《交通处理办法》之废止,交通安全法仅规定了损害赔偿的责

[24] 于敏著:"机动车交通事故损害赔偿责任若干问题研究",载《民商法论丛》(第11卷),第166页。

[25] 浙江省实施消费者权益法办法第54条末款规定:"本条规定的伤残等级按交通事故伤残等级标准确定",这不禁令人诧异中国内地竟无统一的人体(或人身)损伤致残程度鉴定标准,交通事故致残与其他损伤致残难道还需要不同的鉴定标准吗?刑事诉讼领域已有的鉴定标准有什么理由止于自己的领域?

任主体，而对损害赔偿的范围和计算方法等内容阙如，此与合同法规定情形基本相似。因此，即使乘客放弃合同一方的身份勉强依据交通安全法的规定提起诉讼，最终需适用的赔偿标准还将是人身损害赔偿解释。对于乘客而言，无论适用何种方法，最终计算得的赔偿额才具有实际意义。在赔偿总额方面，如果可供选择的计赔标准仅有人身损害赔偿解释标准，那么本文之讨论将失去其应有价值。当然，“应该尽快统一人身损害的赔偿标准，在民法典颁布之前可以适用特别法或者最高人民法院的司法解释。将来民法典公布后应尽可能做到人身损害赔偿标准包括赔偿范围和计算方法的统一。侵权责任的主要功能是补偿受害人的损害，无论受害人因为何种原因受到人身损害，其补偿的请求权原则上是一样的，不应该由于法律规定之间的差异而导致受害人的损害赔偿请求权不相一致。对此作出明确、统一的规定，未来的民法典责无旁贷。”[26]

在已经施行实施消费者权益法实施办法的省份，该办法属何性质？尤其是在乘客选择适用消费者权益法后能否当然被援引作计赔标准？《中华人民共和国立法法》（以下简称立法法）第 79 条规定了行政法规的效力高于地方性法规，所以，《交通处理办法》的效力应高于地方实施消费者权益法实施办法毋庸置疑，这在直接适用上不成问题。但在确定适用消费者权益法后，就赔偿标准的参照处理时，是否仍需强调《交通处理办法》的优先参照地位？应该看到，地方实施消费者权益法的办法是地方人大为贯彻实施消费者权益法的规定，结合本行政管辖区域的具体情况和实际需求所制定颁布的地方性法规，其效力及于整个管辖区域。如果因为消费者权益法对损害赔偿标准没有具体规定而必须在确定赔偿标准时优先参照（作为行政法规的）《交通处理办法》所设标准，则不单单是客运服务这一领域而应该是整个消费领域的损害赔偿均应优先参照之，其结果必然是地方实施消费者权益法的办法始终无法适用，地方人大及其常委会耗费财力、人力，出台的实施办法实质上可能处于自颁布即废止的窘境。理由如前所述，无论适用何法、参照何法，在损害赔偿案件中最终的赔偿标准才是最重要的。可以说，地方实施办法至今未被改变或者撤销并得以施行，就证明了在其行政区域内实施办法所确定的消费领域损害赔偿标准的直接适用排斥了《交通处理办法》所设赔偿标准的优先参照地位。[27]

㉖张新宝、明俊著：“道路交通安全法中的侵权责任解读”，载 2003 年 11 月 7 日《人民法院报》。

㉗《珠海运用〈消法〉处理交通事故第一案》，www.cn315. net/aljs/aljs27. htm。该案中反映出来的信息就是：如果案中不存在时间效力方面的障碍，地方实施办法会被当然地毫不犹豫地适用。

好意致害人赔偿责任的减轻与衡平原则

◆冯彦彬*

* 吉林省高级人民法院高级法官。

一、问题的提出

好意致害人赔偿责任的减轻,是指致害人在为受害人提供无偿帮助或进行有益于受害人的活动中,由于致害人的过失行为,致受害人人身或财产损害时,减轻致害人赔偿责任的制度。

十几年前笔者既曾经遇到过这样一起案件:郑某与王某系同学关系。郑某邀请王某到家里帮助调试新购的电视机,当王某打开电视机开关,转身去取遥控器时,电视机从床上掉在地板上,电视机显像管尾管被摔坏,损失1008元。双方因赔偿问题不能达成一致意见,郑某提起诉讼,请求王某赔偿损失。对于此案如何处理,一种意见认为,双方当事人均无过错,根据《中华人民共和国民法通则》(以下简称《民法通则》)第163条关于公平责任之规定,应由双方分担民事责任;第二种意见认为,根据《民法通则》第106条第3款关于无过错责任的规定,王某无过错,应驳回郑某的诉讼请求;第三种意见认为,王某由于过失行为,造成郑某损害,根据《民法通则》第106条第2款之规定,应负过错责任,但鉴于王某是无偿帮助行为,可减轻其赔偿责任。受理法院经审理,判决王某承担60%责任,40%责任由郑某自己承担。

此类案件,在一些国家和我国台湾地区的司法实务中,也一直存在着争论。如日本法院对机动车的"保有者"造成好意同乘者(指在运行供用者好意并无偿地邀请或允许下,同乘于运行供用者之车的人)损害,是否按照日本《机动车损害赔偿保障法》予以赔偿即出现了完全赔偿、不予赔偿和按比例赔偿的三种具体判决案例。[①]在我国台湾地区法院,甚至有对好意致害人定罪的判例。[②]

我国《民法通则》关于侵权赔偿的规定,以全部赔偿为原则,以减轻赔偿为例外。即如无减轻的特殊规定,则采完全赔偿原则。而《民法通则》减轻赔偿的特殊规定仅仅是混合过错、正当防卫、紧急避险及监护人的责任,《民法通则》第132条规定的"公平责任"则没有减轻的明确规定。因此,可以理解为按《民法通则》的相关规定,对基于好意

①李薇:《日本机动车事故损害赔偿法律制度研究》,法律出版社1997年版,第100~102页。

②据台湾"中国时报"报道,一位中学生呱呱落地就患有先天性骨骼发育不全的瘫痪病,人称"玻璃娃娃"。同学们基于爱心与善念,每天背他上下楼梯,学校也是基于有教无类的理念,收留了这样的学生。这原本是一段动人的佳话,没料到一场小雨,让背负他上下楼的同学身不由己地滑了一跤,造成"玻璃娃娃"头颅破裂,不治而亡。此事闹到对簿公堂,法官公事公办依法判决,对背负者和学校定为过失致死罪,予以惩罚。转引自郝铁川:"良善优先于权利",载2002年10月31日《法制日报》。

的损害,实行全部赔偿原则。《中华人民共和国合同法》(以下简称《合同法》)针对好意致害的两种类型——无偿保管、无偿委托的情形,作出了存在重大过失才负损害赔偿责任,无重大过失不负损害赔偿责任的规定(《合同法》第 374 条规定:"保管期间,因保管人保管不善造成保管物毁损、灭失的,保管人应当承担损害赔偿责任,但保管是无偿的,保管人证明自己没有重大过失的,不承担赔偿责任。"第 406 条第 1 款后段规定:"无偿的委托合同,因受托人的故意或者重大过失给委托人造成损失的,委托人可以要求赔偿损失。"此处虽然没有指明"没有重大过失,不承担赔偿责任",但按照反面解释,自然包含这个意思)。按照类推的逻辑原理,《合同法》规定显然是好意致害人无重大过失不负损害赔偿责任。这样的结果,放纵了好意致害人,对受害人的权利保护不利。

最高人民法院《关于审理人身损害赔偿案件若干问题的解释》(以下简称《若干问题的解释》)第 13 条、第 14 条虽然对无偿帮工责任进行了规定,但只是对帮工受损、帮工致他人损害及帮工被他人损害三种情况进行了规定。

二、好意致害人赔偿责任与相关范畴辨析

好意致害人赔偿责任不同于好意施惠人的赔偿责任。好意施惠关系(Gefalligkeitsverhaltnis),[③]又称施惠关系或情谊行为,[④]是指在日常生活中,公民之间,出于友情的无偿帮助或其他无偿施惠行为的约定,无受其约束的意思,因而,不是法律行为。如搭便车、邀好友赴宴、托同事捎东西等。它与无偿合同的区别在于,好意施惠不是法律行为,无法律上的约束力,不发生给付请求权。如甲乙二人约定,甲搭乙的车于某日去某地,该日,乙忘记此事,未通知甲,则甲不能以有约定而向乙主张履行的请求权或承担其他违约责任。对于好意施惠活动中,造成受益人(受惠人)损害,学界通说认为,好意施惠人的赔偿责任则与履行无偿法律行为中发生的赔偿责任具有相同的法律后果。[⑤]好意致害人的赔偿责任包括了好意施惠人的赔偿责任、无偿合同致害人的赔偿责任两种。

好意致害人赔偿责任又不同于公民帮工的风险责任,公民帮工的风险责任是指:"被帮工人对于在帮工活动中的帮工人,由于意外事故或者帮工人自己的一般过失行为,而遭受到的人身或财产损害所必须承担的无过错的经济补偿、经济帮助的民事责任。[⑥]最高人民法院《若干问题的解释》第 13 条规定:"为他人无偿提供劳务的帮工人,在从事帮工活动中致人损害的,被帮工人应当承担赔偿责任……"第 14 条规定:"帮工人因帮工活动遭受人身损害的,被帮工人应承担赔偿责任…… 帮工人因第三人侵权遭受人身损害的,由第三人承担赔偿责任。

③王泽鉴:《债法原理(一)》中国政法大学出版社 2001 年版,第 199 页。

④[德]迪特尔·梅迪库斯著:《德国民法总论》,邵建东译,法律出版社 2000 年版,第 149 ~ 150 页。

⑤见[德]迪特尔·梅迪库斯著:《德国民法总论》,邵建东译,法律出版社 2000 年版,第 150 ~ 158 页;王泽鉴:《债法原理(一)》中国政法大学出版社 2001 年版,第 200 ~ 201 页。

⑥杨立新:《疑难民事纠纷司法对策》,吉林人民出版社 1991 年版,第 88 页。

第三人不能确定或者没有赔偿能力的,可以由被帮工人予以适当补偿。"这就是说公民帮工的风险责任与好意致害人赔偿责任中,虽然都是在帮工中造成损害,但区别于:好意致害人赔偿责任中的受害主体是被帮工人(受益人);而帮工的风险责任的受害主体是帮工人或第三人。

好意致害人赔偿责任与《民法通则》第132条规定的"公平责任",虽然法律后果都是分担责任,但二者的责任构成要件不同。主要是,前者致害人方有过错,后者双方均无过错。

好意致害人赔偿责任减轻也不同于损益相抵。损益相抵是指"加害行为损害被害人同时亦给与利益者,于计算损害赔偿额时,依据衡平原则,应自损害额扣除利益额,谓之损益相抵。"⑦台湾"民法"第216条规定:"基于同一原因事实受有损害并受有利益者,其请求之金额,应扣除所受之利益。"损益相抵与善意致害人赔偿责任中的受害人虽然均是受益人,其分配责任的实质均是衡平理念,但是,损益相抵是"基于同一原因事实受有损害并受有利益",即受损和受益是基于同一损害行为,受益是因侵权行为发生而产生,在侵权行为发生前并不存在;而后者是在侵权行为发生前就已产生的。

好意致害人赔偿责任不同于受益人的补偿责任。最高人民法院《若干问题的解释》第15条规定:"为维护国家、集体或者他人的合法权益而使自己受到人身损害,因没有侵权人、不能确定侵权人或者侵权人没有赔偿能力,赔偿权利人请求受益人在受益范围内予以适当补偿的,人民法院应予支持。"这即是关于受益人的补偿责任的规定。两种责任,虽然都由受益人承担部分责任,但二者致害主体不同,责任的性质也不同。

好意致害人的赔偿责任不同于"自愿承担危险"。"自愿承担危险"亦称"受害人的同意",是指:"受害人事前作出的甘愿承担某种损害后果或者致损风险的明示或默示的意思表示"。⑧"行为人自愿地承担风险去面临可能出现的危险"。⑨如激烈的体育比赛中的伤害风险,一般由受害者自己承担,而不能要求参加比赛的对手承担。"自愿承担危险"分为明示的自愿承担危险、默示的自愿承担危险。"如果在受到任何伤害之前,原告向被告明确表示,同意免除被告遵守一名通情达理的人的通常应尽的注意义务,那么这就是明示的自愿承担危险。"⑩默示的自愿承担危险是指"被告没有责任保护原告免受某种特殊活动的本身具有的危险的伤害,并且原告已经通过参加这种活动的行为表示了对这种危险的承担。"⑪好意致害人的赔偿责任与自愿承担危险虽然归根到底都是风险引起的,但在好意致害场合,受害人没有明示或默示的自愿承担风险的意思表示,因此,不能产生免责的法律后果;而在自愿承担危险的场合,受害人存在明示或默示的自愿承担风险的意思表示,一般产生免责的法律后果。

⑦曾隆兴:《详解损害赔偿法》,中国政法大学出版社2004年版,第446页。

⑧王家福主编:《中国民法学·民法债权》,法律出版社1991年版,第497页。

⑨文森特·R.约翰逊著:《美国侵权法》,赵秀文等译,中国人民大学出版社2004年版,第220页。

⑩文森特·R.约翰逊著:《美国侵权法》,赵秀文等译,中国人民大学出版社2004年版,第221页。

⑪文森特·R.约翰逊著:《美国侵权法》,赵秀文等译,中国人民大学出版社2004年版,第223页。

损害赔偿责任的减轻,有广狭二义,广义的损害赔偿责任的减轻,是指在确定责任的有无及责任的大小或赔偿范围上两个方面的减轻;狭义上的损害赔偿的减轻仅指赔偿范围上的减轻。借用化学分析的术语来讲,广义和狭义上的损害赔偿责任的减轻,前者既有责任的定性又有责任的定量。前者包括正当防卫、紧急避险、混合过错及监护人的责任、"公平责任"等责任定性问题及责任定量问题;后者仅包括"公平责任"等责任定量问题。本文在考察损害赔偿的减轻制度的演进时,采用广义;在分析衡平减轻时则仅指狭义。

三、对好意致害人减轻赔偿责任的制度的比较法观察

在过错责任中,大陆法系与英美法系在对好意致害人减轻责任的具体制度设计上,形式上是不相同的。

(一)大陆法系对好意致害人减轻赔偿责任的制度

关于赔偿范围,以完全赔偿为一般原则,即不论责任的基础和致害人的过错程度如何,都要对财产损失实行完全赔偿,"它必须将现状修复到假设导致赔偿义务的时间未曾发生时的可能情形。所有欧洲国家的法律制度都是从这一原则出发的。""但是,没有任何一个国家僵硬地在一切结果上遵循这一原则",[12]采用这种方法的所有法律制度,都通过一些原则,合理减轻致害人的赔偿责任。考查各国法律,基本有以下几种方法:按固定的责任承担责任、损害赔偿与过错的均等和特殊情况下对损害赔偿的公平减轻。基于此,好意致害场合,致害人分别承担具体轻过失责任、考虑致害人好意的情节以及过错的程度综合减轻责任及有过失就应当承担责任,但在赔偿范围上减轻赔偿。

1. 按照固定的责任等级承担责任。

按过错程度确定责任。过错作为民事责任的基础范畴,可根据注意义务和预见能力的不同,而划分成多个等级序列,根据过错程度的不同,确定责任的有无或赔偿责任的大小。按固定的责任等级确定责任,使责任范围与过错程度相适应的固定责任等级,滥觞于罗马法。从"惟一能追溯其一千年前的、跨越人类历史最壮观和最关键时期的发展进程的法"[13]的罗马法看,罗马法上过错分故意和过失,过失依注意标准的差别,分轻过失与重过失,而轻过失又分抽象轻过失与具体轻过失。未尽到疏忽之人的注意,就构成重过失;未尽到"善良家父"(谨慎之人)的注意,就构成轻过失。善良家父之注意又按一般标准和特殊标准分为两种:处理通常事务之注意,违反这种义务,构成"抽象轻过失";处理自己事务之注意,违反这种注意义务,构成"具体轻过失"。从而最早提出了区分过失程度的思想,但罗马法中区分过错程度的目的主要是为了确定致害人是否应当承担责任,而没有关于过错程度与

⑫科雷斯蒂安·冯·巴尔:《欧洲比较侵权行为法(下)》,焦美华译,法律出版社2001年版,第184页。

⑬彼得罗、彭梵得著:《罗马法教科书》,黄风译,中国政法大学出版社1992年版,第6页。

责任相一致的思想。[14]按过错等级承担赔偿责任,尽到了相应的注意义务,则不具有可责难性,不应承担责任,因此,是一种责任减轻的方法,较完全赔偿前进了一步。其后,这一制度被大陆法系民法所继承。较早确立这一制度的是1794年普鲁士民法典,[15]普鲁士法把各种可能出现的过错区分为故意、重大过失、一般过失和轻微过失,并依此确定不同责任。1811年的《奥地利民法典》基本上采纳了普鲁士制度,但相对简化。

(1)负具体轻过失责任。

《德国民法典》也确认了过错等级制度,但对轻过失分为具体轻过失和抽象轻过失。该法第690条关于好意致害的一种情况无偿保管时的责任的规定:"无偿接受保管的,保管人应与处理自己的事务一样尽相同的注意。"即是负具体轻过失责任的规定。日本民法典及我国台湾"民法"典均与《德国民法典》作出类似的规定,日本民法第659条规定:"无报酬而受寄托的人,对于受寄物的保管,负有与对自己财产场合同样的注意责任。"台湾"民法"第590条规定:"受寄人保管寄托物,应与处理自己事务为同一之注意。其受有报酬者,应以善良管理人之注意为之。"

(2)负重大过失责任。

我国《合同法》关于无偿保管、无偿委托的规定,无偿行为人存在故意或重大过失时才负责任。

2. 损害赔偿与过错的均等(对应)。

19世纪的大陆法理论超出了固定责任等级的自然法制度,并发展了必须在过错和损害赔偿之间进行公平均等这一原则。瑞士学者普兰茨希利首先明确提出了这一原则,他在1855年关于《苏黎士州民法典》(仍然是采用固定责任等级的法典)的评论中强调,致害人的过错越大,其损害赔偿的责任也就越大。此后,这一学说得到其他国家的一些著名学者,例如德国的耶林、奥地利的波法福、法国的拉伦疵尔、比利时的劳伦特的提倡。这一均等原则在1881年《瑞士债法典》第51条得到了承认。1911年《瑞士债法典》第43条第1款的规定,在确定赔偿的性质和范围时,法官必须考虑案件的情节以及致害人过错的严重程度。此外,在第44条第2款中,法典对造成损害既非故意也非重大过失的债务人由于支付全额赔偿而将陷入困境的情况作了特别规定。在这种情况下,法官可以减轻赔偿。《民法和商法典》第438条第1款的规定,法院必须根据具体情节以及不法行为的严重程度而决定赔偿的方式和范围。瑞士原则上承认"均等说",除泰国外,在其他国家则不存在。

1933年《波兰债法典》包括有一条明确提及在确定赔偿范围时应考虑"案件情节"的规定。法院从这一规定中推断出了对减轻赔偿的一般认可,这就导致了一种相当专横的实践,因而受到了某些学者的激

⑭刘甲一:"私法上的契约自由的发展及其限制",载《民法债编论文选辑》(上册),1984年版,第121页。

⑮以下见严冶译:西德"国际比较法百科全书·侵权行为·责任的后果",1972年版,载中国人民大学法律系民法教研室编:《外国民法论文选》,第318页。

烈批评。他们认为,侵权行为责任的主要目的在于赔偿因致害人造成的一切损害,而不在于制裁错误的行为。在关于修改和编纂第二次世界大战后颁布的波兰私法的讨论会上,学者的意见各不相同。现在,侵权行为人原则上应负完全赔偿责任的观点已开始流行。1964 年的新民法典第 440 条采取了一种折中办法,即着眼于自然人之间的关系,如果当事人的经济状况和社会主义人与人互相交往的原则要求作出限制,可以根据案件的情况减少赔偿范围。

在其他法律制度中,"均等说"往往出现在独立的法律条款中。例如,《荷兰民法典》第 1406 条、第 1407 条第 2 款规定要求在处理非法死亡和人身伤害案件时,法官估计损害赔偿应考虑当事人的社会和经济状况以及其他情况。一般认为,这些条款赋予了法官减轻赔偿的权利。占主导地位的法律学说也允许在加害人只具有轻微过错的情况下减轻赔偿。但实践中依据这些理由而减轻赔偿的判决是不经常的。[16]

3. 特殊情况下的衡平减轻赔偿。

所有欧洲国家法律制度都是从全部赔偿原则出发的,"但没有一个国家僵硬地在一切结果上遵循这一原则,因此,欧洲法学界讨论的首要问题是:对全部赔偿原则的偏离是否是或者何种偏离是公平和合理的。"[17]

(1)一般减轻条款——法官自由裁量权。

一般减轻条款,是一种承认运用司法权力基于衡平理由减轻赔偿的方法。"均等说"与一般减轻条款从概念上说有交叉部分,均等说强调过错与赔偿的对应;一般减轻条款,着眼的是减轻的各种因素,不仅仅包括过错这一项因素,除过错外,还有案件的其他情节。如 1911 年的《瑞士债法典》第 43 条第 1 款确立了过错和赔偿之间的均等原则,但在实践中却被作为减轻条款予以运用。1889 年的《西班牙民法典》第 1103 条允许法院在债务人对因过失不履行债务而负有责任的情况下,有权根据案件情节减轻债务人的责任。但是,后期的法律编纂和法律修改建议却赞成援用将导致自由裁量权的一般减轻条款,并赞同把减轻赔偿的公平理由系统为细则。在 1959 年匈牙利民法典中的减轻条款最广泛地适用了自由裁量权,但未详细列举任何减轻的理由。这一条款规定,法院可以"因为具有公平性质的特殊理由"而部分免除损失责任人的责任(第 339 条第 3 款)。根据 1964 年捷克斯洛伐克民法典第 450 条的规定,法院可以"根据特别值得考虑的因素"而把赔偿减轻到一个适当的数额。1964 年的波兰民法典包括的减轻条款(第 440 条)在适用范围上要狭窄一些,它只适用于自然人之间的关系。苏联法允许仅仅参考致害人的经济状况而公平减轻赔偿。

在斯堪的那维亚国家,当前的倾向赞同确立一个普通适用的减轻条款。这一倾向在现代修改法律的活动中有所体现,但这些修改只涉及侵权行为法的某些特定的特别领域。

⑯转引严冶译:西德"国际比较法百科全书·侵权行为·责任的后果(补偿)",1972 年版,第 136 ~ 148 页,载中国人民大学法律系民法教研室编《外国民法论文选》。

⑰克雷斯蒂安·冯·巴尔著:《欧洲比较侵权行为法》(下卷),焦美华译,法律出版社 2001 年版,第 184 页。

(2)特别减轻条款。

在实务中,由于一般减轻条款,对于权力的范围和法官必须考虑的情况,存在着分歧,以至于相同的案件,不同的法官处理,可能有不同的结果。人们把通常公认的减轻责任的理由特殊规定在法律中。在第二次世界大战后的关于修改损害赔偿法的热烈讨论中,这一学说得到发展。特别值得注意的是1964年尤申的有关修改斯堪的纳维亚法的备忘录,1960年海尔曼·龙格的关于修改西德法的备忘录,以及1964年波西奥顿和范哈伦的关于修改荷兰法的备忘录。所有这些备忘录都承认在例外的情况下法院可以减轻损害赔偿。一般有:侵权行为人的行为表现了微小的可受谴责性,例如未成年人和精神病人以及正在从事运动和比赛的人的行为;免费服务或侵权行为人对受害人作出了某种有益的事情;损害的产生和加重是由受害人风险范围内的异常原因所造成,例如受害人、受损物件的重大价值以及受害人巨额经济收入的易受损害性;如果对受害人提供完全赔偿,则会使侵权行为人处于一种经济上的危险境地。[18]

(二)英美法系对好意致害人的赔偿责任减轻的制度

在英美,由于遵循古老的普通法规则也根据行为人的主观意志和注意程度而将过失分为三类,即轻过失、一般过失和重大过失。[19]对好意致害赔偿的态度,由初期的仅对重过失负责,转变为当代的对一般过失就承担责任的过程。当代美国对此问题的著例为立法及实务中对好意同乘(无偿搭乘)是否担责的问题上态度的转变。由汽车所有人只有存在较重过失时,才对无偿搭乘的人负责,转变为有一般过失就应担责,但在赔偿范围上分担损失。"1970年之前,由于保险公司坚持不懈的游说,美国半数以上的州制定了汽车搭乘法(automobile guest statutes)。各州制定的法律虽然在用语上存在差异,但是在内容上一般都规定,汽车的所有人或使用人只有在实施了超过一般过失的严重不当行为时,才对免费搭乘的旅客负责。这些法律制定之后受到了来自各方的攻击,随后大多数州都判定该法律违宪或者通过立法而废除了该法律,目前仅有少数州仍然保留了该法律。"[20]"有关汽车搭乘法的案例反映了对事故受害者予以赔偿以及分担损失这一强劲的发展趋势与已然过时的限制侵权责任的法律进行斗争的司法尝试。"[21]

英美法系与大陆法系中的侵权损害赔偿的目的都是相同的,都是使原告恢复到损害没有发生前的状况,因此也遵循全部赔偿原则。Lord Blackbum在1880年对损害赔偿的基本原则作了陈述,他认为,被告对原告所承担的损害赔偿金实际上是"一笔数额的金钱,此笔数额的金钱使那些受到损害的一方当事人处于损害行为没有实施时他原本应当处的地位上。"[22]此种原则此后被英美司法判例得到不断的援引,从而成为有关侵权损害赔偿方面的一般原则。从理论上讲,英美法系

⑱转引严治译:西德"国际比较法百科全书、侵权行为·责任的后果'补偿'",1972年版,第136~148页。载中国人民大学法律系民法教研室编《外国民法论文选》。

⑲Rémy Cabrillac, p. 163; Jean Car-bonnier, p. 410. 转引自张民安:《过错侵权责任制度研究》,中国政法大学出版社2002年版,第237页。

⑳[美]文森特·R. 约翰逊著:《美国侵权法》,赵秀文等译,中国人民大学出版社2004年版,第96~97页。其理由在Whitworth诉By-num[699 S. W. 2d 194 (Tex. 1985)(SATL312)]一案得到充分揭示。"就保持好客的习俗而言,法院可能认为没有适当的理由把汽车旅客和其他类型的客人区别对待,普通过失侵权责任的威慑作用并不足以制止人们乐于助人,因为强制汽车保险的普及,使得人们通过保险可以分担损失,而不至于令汽车的使用人或所有人的负担过重。"

各国法律也践行全部赔偿的原则,“但基于公共政策的要求,全部赔偿原则不可能得到完全的贯彻。”[23]并且,在英美法系,损害赔偿的具体数额,由法官根据具体案件情况加以确定。法院认为:“损害赔偿金的确定从来就不是一门精确的科学,它实际上是由法官根据实际加以确定。”[24]法官根据案件是否有偿等实际情况进行自由裁量,自由裁量的准则之一是衡平原则。因此,在英美法系中,减轻赔偿是由衡平法及取消衡平法后的衡平原则承担的。1928 年美国著名法官卡多佐(时任纽约州最高法院法官)为法官磋商会报告 Srrentino v. Sorrentino,涉及一个未成年人是否有权因他在其父的过失引起的事故中受损害而控告其父。初审法官驳回起诉,理由是,他不能以过失控告其父,上诉分庭维持原判。此案上诉到上诉法院,卡多佐散发了他以整整一张纸的篇幅写下的要求改判的意见稿,声称他无论在形式上还是在内容上,都对原判不满意,并督促有不同意见的同事写下异议,以便帮助得出公平的结论。卡多佐认为,法律应为每一过错提供补偿,法院应当支持孩子的起诉。但他认为,但在父母的过失属于消极被动即不作为等情况下,可以免除父母的责任。[25]此案也应当属于好意致害场合,因为父母基于亲权有抚养、保护、管教子女的义务,应为好意,而父母的过失行为是在这一过程中发生的。

四、好意致害人赔偿责任制度的理性选择

对此问题英美法系与大陆法系,制度形式上并不相同,但实际并无太大差别,均可归类于大陆法系的各种类型。就上述大陆法系二种制度来讲,均存在合理性,均考虑了“好意”的因素而减轻责任,在过错侵权法的不同发展阶段起到了积极的作用,但比较而言,我认为特别减轻条款更为合理。

(一)按照固定的责任等级确定责任的不足

1. 对好意致害承担具体轻过失责任,起码有如下几种弊端:

——理论上界限不清。将过失类型化,其初衷是善良的,追求公正价值的体现。但如何划分过错的等级,无论是在大陆法系还是在英美法系,都不能有个统一的确定标准。这从对此问题存在不同的学说即可得到佐证。学者将罗马法的过失分为重过失、抽象轻过失、具体轻过失。[26]其后,学者关于过失的分类呈多样化,有两分法(重大过失和轻微过失);[27]有三分法,在法国,学者将过失分为三种“即轻微过失、重大过失和不可宽宥的过失。”[28]台湾学者将过失分为“抽象过失、具体过失、重大过失。”[29]有美国学者将过失分为:“轻过失、一般过失、任意的行为不当。”[30]在我国,学者也将过失分为三种,但与法国学者的分类不同,即“重大过失、一般过失和轻微过失”。[31]有四分法,包括“轻微过失、重

㉑[美]文森特·R.约翰逊著:《美国侵权法》,赵秀文等译,中国人民大学出版社 2004 年版,第 97 页。

㉒转引自张民安:《过错侵权责任制度研究》,中国政法大学出版社 2002 年版,第 694 页。

㉓张民安:《过错侵权责任制度研究》,中国政法大学出版社 2002 年版,第 695 页。

㉔ Charterhouse Credit v. Tolly [1963] 2Q, B, 683, 712. 转引自张民安:《过错侵权责任制度研究》,中国政法大学出版社 2002 年版,第 705 页。

㉕考夫曼著:《卡多佐》,张守东译,法律出版社 2001 年版,第 440 ~ 442 页。

㉖彭梵得:《罗马法教科书》,黄风译,中国政法大学出版社 1992 年版,第 78 页。

㉗[德]克雷斯蒂安·冯·巴尔著:《欧洲比较侵权行为法》,焦美华译,法律出版社 2001 年版,第 319 页。

大过失、一般过失和不可宽宥的过失”。[32]此外，还有其他分类，不一而足。而对过失的过细分类“性质上是模糊的，是不切合实际的，在原则上是没有根据的”。[33]当代一些国家尤其是美国立法和实务中，有否定对过失过细分级从而克服由过失程度确定责任有无而在实务中带来的不公平结果的弊端的趋势，“过失程度的理论是在已经模糊不清的和不确定标准之上增加困难和混乱。”[34]因此，不该作过细的分类，尤其是不应作具体轻过失与抽象轻过失的划分。正如学者所言：“由于各种不同程度的过失之间的满意界限难以划清，并且由于其历史发展中的不幸，在大多数情况下，不应作出此种过失的分类。”[35]“法院和立法机构不时地想要区分轻微过失、普通过失和重大过失，或者区分不同程度的注意标准。事实表明这些区分基本上是行不通的，因此最好是忽略不计。”[36]

——不利于保护受害人的合法权益。不仅由于对此类案件诉讼周期的加长，而使受害人的合法权益得不到及时的保护，还由于在规则的设定上对好意致害场合，好意致害人尽了与处理自己的事务相同的注意，就可免责，这样的规则设定，对受害人(虽然为受益人)显然是不公平的，尤其是当受害人受到较大损害时，更是如此。

过失的本质应当是主观范畴，但正如法筚所云：“人的思想不能加以审判，因为撒旦本人也不知道人的思想”，这就产生了必须根据外在因素进行判断。于是先后出现了判断过失的主观标准和客观标准。“主观标准，以行为人之生理和心理为基础具体判断；客观之标准，以同一事件下，一般人、正常人、理性之人的情况为基础作抽象之判断。”[37]可见具体轻过失、抽象轻过失分别是过失的主观标准与客观标准的集中体现。主观标准在过错责任初期，是顺理成章的，因为过失是该行为人的过失，不是其他人的过失，而这是通过该行为人的外在表征判断的，而不是通过其他人的外在表征判断的，有过失，即在道德上的可责性，应当受到惩罚，惩罚程度的轻重取决于其过失程度的轻重，即侵害人的侵权责任的大小取决于其过失程度的轻重。这对行为人是公平的。而让行为人达到其不可能达到的善良管理人的行为标准，这对行为人是不公平的。这反映了在价值取向上以行为人为中心的思想。但是，随着社会的进步和侵权法的发展，此种惩罚理念也有其局限性。这种局限性表现在，主观标准只考虑了行为人的在道德上的否定性评价，而未考虑对受害人的赔偿，即未考虑受害人的利益，忽视了侵权受害人的利益保护，对受害人是不公平的。因为，在现代社会，行为人是个很轻的过失可能会带来极大的损害，如果被告不承担侵权责任，原告的损害得不到赔偿，显然是不公平的。在现代社会，保护弱者是公平原则的体现，而在侵权责任场合，受害人是弱者，使受害人的损害得到赔偿，以受害人中心，正是体现了公平原则。

——实务中难以判断。即使是理论上能够划分清楚界限，在审判

[28]转引自张民安：《过错侵权责任制度研究》，中国政法大学出版社2002年版，第237页。

[29]曾隆兴：《现代损害赔偿法》，1988年自版，第75页。

[30]美国学者Corley和Rorbert拟出的过错等级表。见王卫国：《过错责任原则：第三次勃兴》，中国法制出版社2000年版，第175页。

[31]王利明、杨立新：《侵权行为法》，法律出版社1996年版，第72页。

[32]张民安：《过错侵权责任制度研究》，中国政法大学出版社2002年版，第238～239页。

[33]W. Page Keeton on Torts, ibid, p.110. 转引自张民安：《过错侵权责任制度研究》，中国政法大学出版社2002年版，第238页。

[34]张民安：《过错侵权责任制度研究》，中国政法大学出版社2002年版，第238页。

实务中也难以判断。判断具体轻过失的证据难以收集。因为按照具体轻过失的标准判断致害人是尽了与处理自己的事务相同的注意,那么,在法官处理案件时,要收集致害人以往的处理事务时的注意程度的证据,诸如致害人的天资、知识、经验、技能及受教育程度,依此判断致害人的该行为是否有过失的标准,而这往往是做不到的。即使法官收集到了这类证据,也难以判断是否尽到了与处理自己事务相同的注意。因为,首先,同一个人对不同事物的认知程度不同,决定了同一个人对处理不同事物的注意程度不同,如天才数学家,很可能生活自理能力却较差;其次,还由于致害人以往的处理事务的客观情况与侵权时的客观情况不同,也难以比较是否有过失;第三,致害人以往的处理事务的主观情况与侵权时的主观情况不同,也难以比较,因为同一个人由于情绪和其他生理因素的影响,对相同的事物的注意程度不同时间是不同的,即使在同一天不同时刻如早晨和晚上也可能不同。

——不利于实现"公正与效率"的审判工作的主题。如果法律作出具体轻过失与抽象轻过失的划分,对好意致害场合,由于对同一致害行为,原被告双方对是否尽了与处理自己事务相同的注意义务,由于判断标准的模糊,多有较大分歧,法官也难以判断,也存在较大分歧。往往是一审、二审、再审、再再审,缠诉不断。徒增讼累,不利于提高效率,不利于当事人的息诉服判,不利于社会秩序的稳定和树立法院及法官的公正形象。

——与过错侵权行为制度相矛盾。在过错责任场合,理论上关于侵权行为的构成要件甚有争论,但无论哪种学说,无论"三要件说"还是"四要件说",均把过错作为侵权行为的构成要件之一,在好意致害场合(如符合其他构成要件),好意人存在过失(尽管是具体轻过失)过错,则构成侵权行为,但不负民事责任,则与过错侵权行为制度相矛盾。

——为个别法官主观擅断,办关系案、人情案提供了方便。毋庸讳言,案件当事人由于种种原因,通过各种方式,向法官说情的现象在不同程度上是客观存在的。而对法律明确规定的问题,法官一般是不敢逾越的。但当法律规定的不明确或对法律规则可以作不同的理解时,则有可能倾向于说情方,这为办关系案和人情案创造了客观条件。在好意致害场合,由于对好意致害人是否尽到与处理自己的事务相同的注意判断的模糊性,法官往往是会有不同的理解,而这恰为倾向于说情方提供了一个通道。

——坚持具体轻过失标准,即坚持行为人道德上的责难性,其隐含的前提是,责任的主体必须有责任能力,即要求有识别能力的人才能成为过错侵权责任的主体,无识别能力的人不能成为过错侵权责任的主体,这就排除了未成年人和精神病人侵害他人权利而承担的民事责任,这不利于对受害人的保护和对未成年人的监督,也与现代侵权制度相矛盾。

㉟W. Page Keeton on Torts, ibid, pp. 210 – 211. 转引自张民安:《过错侵权责任制度研究》,中国政法大学出版社 2002 年版,第 237 页。

㊱[美]文森特·R. 约翰逊著:《美国侵权法》,赵秀文等译,中国人民大学出版社 2004 年版,第 96 页。

㊲曾世雄:《损害赔偿法原理》,中国政法大学出版社 2001 年版,第 81 页。

综上,在侵权法上,区分具体轻过失和抽象轻过失是一种不符合现代社会需要的过时的制度。正如Prosser教授所指出:"人们或多或少地普遍承认,作为法律责任根据的过错(fault)是一种社会过错,此种过错可能但并非必然要与个人的不道德性相协调。"[38]"过错意味着偏离了社会为保护他人利益而要求的行为标准,此种标准应当是由公共利益和社会利益来决定,而不以个人的道德因素来决定。20世纪,人们看到了法律在许多领域的发展,在这些领域中,被告被责令对其善意的、完全符合道德和情理的行为承担侵权责任,因为,良好的社会公共政策要求被告应当对他们的行为承担责任。从更广泛的意义上讲,任何人,即便其因善意而引起他人损失,亦应对他人的损害承担责任,此种规则包含了道德的观念,但是,此种规则涉及的是社会的道德而非个人的应受责难性。个人也许根本不存在道德上的责难性,因为他与社会所要求的行为规则不符;但是,由于他仍然没有达到社会所要求的行为标准,法律仍然要求他对其行为承担法律责任。"[39]

2. 区分重过失与过失的弊端。

如《合同法》那样区分重过失与过失,对好意致害中的无偿保管、无偿委托类型,负重大过失责任制度,较特别减轻条款起码主要有两条弊端:其一,在实务操作上,还稍逊一筹,为法官判断增加难度,易产生要么全赔要么不赔的弊端;对致害人的注意义务要求过低,明显是致害人中心主义,不利于保护受害人的利益。

(二)过错的均等制度的不足

按照损害赔偿与过错的均等制度,应当说这种制度较按照固定的过错等级确定责任制度是个进步,克服了前者要么不赔要么全赔的弊端,但过于原则,也易流于法官的恣意。

若好意致害人承担一般过失责任,但在赔偿范围上承担全部责任,则未考虑好意因素,也违背社会公德。

孔子云:"中庸之为德也,甚至矣乎"。[40]"人类行为的理想之境是中庸之道"。[41]亚里士多德论述道:"一切有识之士都在避免过多或过少,而寻求中道或选取中间。""中道就是过度和不及的居间者。"[42]孔子和亚里士多德都把中庸看做是至高的境界。从以上比较法来看,划分过错的等级,好意致害人承担较轻的过错责任,是以致害人为中心;特别减轻条款,对过失不再作具体轻过失和抽象轻过失或重过失与过失的分类,统一为过失(实际是抽象轻过失),无论是否有偿,只要存在过失就应当完全赔偿,则是以保护受害人为中心。显然是两个极端。有过失就应担责,但在赔偿范围上,考虑"好意"因素,减轻赔偿,正是体现了中庸之道。也避免了在好意致害场合,按过错程度确定责任时由于法官价值判断的个体差异导致的要么全赔要么不赔的不公正结果,是解决善意致害人赔偿责任的最佳方案。而特别减轻条款其理论基础无

㊳W·L. Prosser, Law of torts, ibid, p.18. 转引自张民安:《过错侵权责任制度研究》,中国政法大学出版社2002年版,第15页。

㊴W·L. Prosser, Law of torts, ibid, p.18. 转引自张民安:《过错侵权责任制度研究》,中国政法大学出版社2002年版,第241页。

㊵孔子:《论语·雍也篇》。

㊶郑也夫:《代价论》,生活读书新知三联书店1995年版,第158页。

㊷亚里士多德:《尼各马科论理学》,中国社会科学出版社1990年版,第33、114页。

论是大陆法系还是英美法系都根源于罗马法的衡平原则。

五、好意致害人赔偿责任减轻的理论基础——衡平原则

衡平原则，是指法院在确定侵权损害赔偿范围时，要基于公平、合理、正义的要求，斟酌个案的相关情势，进行合适的裁判，是“超越成文法的正义”。在一起诉讼案件中，有时会出现一系列具有奇特特点的事实，而这些事实既不适于按现存规则加以裁判，也无法同早期的已决判例相比较。在这种情形中，正义之考虑会在狭小严格限定的范围内要求背离某条业已确定的规范和对该规范作扩大解释，以达到公正满意的裁判该案件的目的。正如英国中世纪的法学家克里斯多夫·圣·杰曼（Christopher St. Germain）所说：“在某些案件中，有必要摒弃法律中的词语，有必要遵循理性和正义所要求的东西，并为此目的而实现衡平；这即是说，有必要软化和缓解法律的刚性。”[43]

衡平（或衡平法）一词有多种含义：其基本含义是公平、合理、正义；第二个含义是相对于严格法律规则而言，表示与法律的严谨性或严格性不同的衡平法；此外，还指中世纪以来发展起来并为英格兰大法官和大法院采用的原则与规范的整个体系，是与王座法院（王室法院）、高等民事法院、理财法院等普通法院适用和发展的普通法原则和规范体系相对应的。[44]

德国著名民法学者 Oertmann 将衡平划分为“抽象衡平”与“具体衡平”，立法者基于衡平理念制定某项规定或制度，在法律制定中体现的衡平为“抽象衡平”；与抽象衡平相对应的是“具体衡平”，此为固有意义上的衡平，指应于个别案件斟酌相关情势，以实践正义。[45]本文所论述的为具体衡平，目的为实务中解决特殊案件提供理论支持。

王泽鉴教授更进一步从衡平与法律及衡平与正义两个层面，对衡平进行阐述。[46]衡平法滥觞于古罗马，英美等国“其衡平法采用的是罗马法原则”。[47]在罗马法因诉讼的僵化，导致法律的严格性，在后古典时期，由法务官（Preator 有的译为“执政官”）发展出衡平法，以缓解法律的严格性。该执政官拥有庞大的司法权，以敕令将当时的罗马法加以修正，但仍保持原有条文。此项敕令，仅属零星散漫的规则，附属于民法条文，不得视为衡平法的原则。此时的衡平法具有三种功能：以衡平法作为批评法律的准则；作为解释的方法及补充法律的不备；使法官得依衡平而为裁判，以适应个案的需要，避免造成法律严格性而出现的不公平。其后，其地位逐渐提高，以至于与严格法相抗衡。殆万民法与衡平法融于一体后，所有衡平法的原则，均归纳于法典之内。至此，罗马法不再有衡平法与严格法之分。[48]

衡平法在英国法中得到特殊的继承和发展。在英国，11 世纪以前，英国适用的基本上是盎格鲁·萨克逊习惯法，法院均属地方性质，

㊸转引自：E. 博登海默著：《法理学：法律哲学与法律方法》，邓正来译，中国政法大学出版社 1999 年版，第 459 页。

㊹戴维·M. 沃克：《牛津法律大辞典》，北京社会与科技发展研究所组织翻译，光明日报出版社 1988 年版，第 304 页。

㊺转引自王泽鉴前引书，第 30～31 页。

㊻王泽鉴：“举重明轻、衡平原则与类推适用”，载《民法学说与判例研究》（第 8 册），中国政法大学出版社，1998 年版，第 15～23 页。

㊼周枏：《罗马法原论》（上册），商务印书馆 1994 年版，第 13 页。

㊽王泽鉴：“举重明轻、衡平原则与类推适用”，载《民法学说与判例研究》（第 8 册），中国政法大学出版社 1998 年版，第 15 页；何孝元：《诚实信用原则与衡平法》，三民书局 1986 年版，第 4～11 页。

还没有全国性的法院,1066年,诺曼人在威廉公爵(William I, the Conqueror)率领下,侵入英国并确立其统治,威廉加冕为王,称威廉一世(1066~1087),建立了中央集权的统一国家。依据强大的王权,威廉着手统一全国的司法机关,他从御前会议中分设出王室法院,并派遣法官到全国各地实行巡回审判,王室法院拥有中央司法权,司法逐渐统一。在这个过程中,由英王法院根据国王的敕令,并吸收各地方的习惯法,创造出一些具有普遍意义的法律原理、原则、制度,然后通过判决,适用于全国各地。至12世纪,便形成了通行于全国的普通法体系。普通法的特色在于程序先于权利,权利源于程序,程序根据令状提起,令状由大法官的书记,以国王的名义签发。该令状有一定的方式,符合此方式的,才可以向英王法院提起诉讼。开始时,这种令状不多,成本过高。1285年制定威斯敏斯特法(Statute of Wesminister11,1285),授予大法官法院可以就类似案件签发新的令状,以适应需要,普通法因而扩大发展。但此项令状仍受一种限制,即须经普通法法院认可,才属有效。但令状的数目仍然有限,各种诉讼格式各有专门的名称和严格的要件,当事人陈述若非完全符合,必遭败诉;规范性不足,条文本身含混不清;适应机制不全,不能随社会的变化而在内容上作相应的变更。这种严格格式主义的僵化的诉讼模式不能适应社会的需要,同时,早期普通法法院的法官没有自由裁量权,这使普通法面临危险。这样,由于普通法的形式主义和保守性质不能适应13世纪以后商品和货币经济关系的发展,衡平法顺应社会潮流应运而生。在普通法法院由于严格格式而遭败诉的一方当事人,为获得公平判决的可能性,向国王及其枢密院请愿,国王遂委托"国王良心维护者"的大法官审理这些请求。大法官审案时采用比普通法简便的方式和程序,如不需要令状、不设陪审,凡普通法不予受理的案件,他均接受。在判案的根据上,不受普通法的约束,而是以衡平原则,以自己的判断来判决。早期的大法官为神职人员,断案多凭良心上的公平。有时,议会亲自决定某些衡平法的补偿。为了克服大法官凭自己良心判决而有时产生的矛盾冲突的任意性弊端,大法官的判决须附理由并采先例原则,使衡平法逐渐体系化。至14世纪逐步形成了一套区别于普通法的法律体系,这就是"衡平法"。[49] 1485年亨利七世登基后,衡平法法院开始出现。1529年亨利八世任命普通法法学家托马斯·摩尔(Thomas More)为大法官,"这标志着公平法的原则的基础从道德上的良知转向法律上的良知"。[50]

普通法与衡平法在13世纪及14世纪二者能够和平相处,并且,由于衡平法的补充性、灵活性的优点,对普通法也产生影响,普通法法院也常常采用衡平法的某些原则。但随着衡平法的发展,普通法法院与衡平法法院时常为争夺管辖权而发生冲突,以至于1616年英王詹姆斯一世亲自裁定双方纠纷,并根据埃尔斯米尔和培根的建议,判定衡平法与普通法互异时,要优先适用衡平法。大法官法院的管辖权更为扩张

㊾何勤华:《西方法学史》,中国政法大学出版社1996年版,285页。

㊿蒋为廉:《普通法和公平法原则概要》,中国政法大学出版社2002年版,第252~253页。

和巩固。衡平法在信托、已婚妇女财产分割等方面享有专属管辖权；在合同强制履行、欺诈、过错和意外事故等方面与普通法法院享有共同管辖权；在发布禁令、指定管理人上享有辅助管辖权。并且以衡平法格言的形式概括了衡平法的原则（亦称衡平法公理），诸如：衡平法注重实质而不注重形式、寻求公平的人必须做事公平、衡平法诉讼是对人的诉讼、衡平法有错必纠等。

衡平法的优点在于，衡平法缓和了普通法的严格性，衡平法逐渐发展起来弥补普通法的不足和纠正普通法的错误之处，适应了社会的实际需要。

任何事物都有两个方面，衡平法也不例外，也有其不足。由于衡平法本身的弊端，尤其是诉讼费用高昂、诉讼周期过长，难以有效地补救普通法的不公平，最终导致1873～1875年的司法制度法取消了衡平法法院与普通法法院的划分，从此，所有的英国法院都有权适用普通法与衡平法，实现了衡平法与普通法的融合。但是也规定，除专门对冲突情况下作出的规定外，在所有的法律事务中，衡平法规则应优先于普通法规则。“衡平法之特点则迄今仍然保存。”[51]

（一）衡平原则与相关范畴辨析

1. 衡平原则与衡平理念。

在大陆法系的理论中，衡平理念与衡平原则是同一范畴。我国台湾学者黄茂荣根据与实证法的关系，将法律原则分为三种存在态样：一是存在于法律明文。指存在于宪法和其他制定法中明文规定的法律原则，学界又称这类原则为概括性条款。二是存于法律基础。这类原则虽未规定于法律明文，但构成法律规定的规范基础，体现了该法律规定的规范目的或曰意旨。三是存于法律之上。这些原则只是居于法律之上，本于现代法治国家对实证法之正义要求，而有规范上的意义。对此法哲学上常以正义或法理念称之。纵使这些原则不存在于法律明文，也不明显存在于法律基础，但由于这里所称之原则，在理解上与法律所应实现之最高价值最接近，是故，“这些法律原则也被称为位阶最高的法源，其他法源与之抵触者，其正法资格即生动摇。”[52]从这个角度说，衡平原则与衡平理念是相同的。因此，在本文中在同一意义上使用“衡平理念”与“衡平原则”。

2. 衡平原则与民法基本原则的公平原则。

法律是由原则和规则两个要素构成的，“法律和道德正是通过它们所包含的规则和原则而成为行为的指南”。[53]“规则是指对某一类行为的规范形式，是明确规定主体权利义务的规范。包括初级规则与次级规则、调控性规则与构成性规则。”[54]“规则是指具体权利义务以及具体法律后果的准则。”（德沃金语）

有观点认为，衡平就是公平，衡平原则就是公平原则；还有学者认

[51] 何孝元：《诚实信用原则与衡平法》，台湾三民书局1986年版，第11页。

[52] Germann, aa O. S. 154. 转引自黄茂荣：《法学方法与现代民法》，中国政法大学出版社2001年版，第377～380页。

[53] 米尔恩：《人的权利与人权的多样性》，中国大百科全书出版社1995年版，第15页。

[54] 转引自白飞鹏、李红：“司法原则、规则的二元结构与法益的侵权法保护”，载《现代法学》2002年第2期。

为,衡平法译作公平法,"公平法原意没有平衡或权衡的意思,而且权衡相冲突的法律权利或利益不是公平法特有的性质,每个法律体系有时都有必要在作出决定之前,考虑一系列与法律权利或利益相关的因素,所以公平法是一个简洁了当的名称"。[55]这里的"公平法"即指衡平法。台湾大学法律学研究所也在翻译德国民法典和瑞士民法典时,将衡平翻译为公平。[56]这里涉及衡平与公平的词义的区别、衡平原则与作为民法基本原则的公平原则的区别及衡平原则与侵权行为法中的归责原则中的公平原则的区别问题,但它们的区别关键在于衡平与公平的区别。

衡平与公平。如前所述,衡平虽有公平、合理、正义的含义,但从衡平的产生和发展的历史及其作用上看,衡平在民法上是特指具体衡平(或个别衡平),衡平的机能在于缓和严格的法律,衡平系就个案通观相关情势,个别化地实现个案正义。即"是去发现法院在遇到由法规或先例所规定的一项实在法规则时,是否会在一个具有异常特性的案件中以此特殊事实情形中适用该规则会导致对正义的蛮横否定为理由而背离该项实在法规则"。[57]而公平主要指平等、合理、公允和不偏袒,但它与公正又有所不同,"公平与正当共同构成公正这种概念,而公平则是公正这一种概念下的属概念……公平与衡平却是性质、层次完全不同的两个概念。公平是法律追求和体现的一种价值,衡平则是用以获取和实现这类价值的手段;前者是目的,后者是方法,显然不可混为一谈"。[58]产生两个概念混淆的原因之一在于东西方语言上的差异,在西方表示公平含义的词不仅一个,且一个词既有公平的含义又有衡平的含义。以至于在翻译为中文时出现一个词有不同的理解。如"fairness"一词表示"公平";但"equity"也有公平的含义,且又有"衡平"的含义,而这个意义则是在民法中通常表达的含义。又如王泽鉴教授在评论台湾大学法律学研究所翻译的德国民法典第829条和瑞士民法典第4条时指出,将德国民法第829条所称Billigkeit译为公平原则,颇值深思,"德国民法规定之所谓Billigkeit,系在针对个案,移译为'衡平'或较妥适。"瑞士民法第4条中的Recht und Billigkeit如何译为中文时指出"Recht一语,通常指法而言,异于所谓的Gesetz(法律)。法者,以正义为理念,故将Recht译为正义,自有所本,但径依其文义,移译为法,似较妥当。又将Billigkeit译为衡平似较能显现其为个别正义。依瑞士学者通说,Recht及Billigkeit不是两个不同的概念,而是用两个连接的名词来表示一个概念,就是Billigkeit Recht(衡平之法)"。[59]产生衡平与公平概念的混淆原因还在于,西方学者对这两个词也有歧义。对"衡平"一词,意大利法学家彭梵得论述到:"为了从内在的目的的意义上,即从法的宗旨的实质上表现法,罗马人使用(aequitas)这个词。这个词有确定和似乎明显的词源,它产生于一个含有'统一'、'平等'意思的词根,它生动地体现着法的宣告性原则,即:为单个人的活

[55]蒋为廉:《普通法和公平法原则概要》,中国政法大学出版社2002年版,第248页。

[56]转引自王泽鉴:"举重明轻、衡平原则与类推适用",载《民法学说与判例研究》(第8册),中国政法大学出版社1998年版,第31~37页。

[57]E.博登海默著:《法理学:法律哲学与法律方法》,邓正来译,中国政法大学出版社1999年版,第460页。

[58]米健:"关于'公平'归责原则的思考",载《中外法学》1997年第1期,第5页。

[59]王泽鉴:"举重明轻、衡平原则与类推适用",载《民法学说与判例研究》(第8册),中国政法大学出版社1998年版,第32~35页。

动确定条件和限度,在人民意识中,考虑到每个人的理由以及与联合体的其他人的关系,这些条件和限度对每个人都是平等的……然而,在优士丁尼的谕令和编纂者作了添加的法学家著作中,aequitas 和 aequus 有了温和、宽让的含义,它们一般指审判员所欣赏的情形。既然古代概念同现代概念之间存在着矛盾,把原始文献中的'aequum'和'aequitas'通常译为'公平的'和'公平',这纯属误解,它给理论造成影响。"(60)

在前所述的衡平与公平概念区分的基础上,衡平原则与民法基本原则的公平原则的区分则是明显的。也是手段与目的的关系,并且,按照原则的分类,(61)公平原则为民法的基本原则,相对为上位原则,而衡平原则为民法中的一般原则,相对为下位原则,受到公平原则的支持。所以,那种认为《民法通则》中基本原则中已有公平原则,就不再需要衡平原则的观点是不正确的(这是从应然的角度作的分析,而非实然分析)。把《民法通则》第 132 条称为"公平责任"原则也是有待商榷的,该条规则是衡平原则适用的一种情况,但不是全部,因为作为原则的特征之一就是具有开放性。

3. 衡平理念与自由裁量权、自由心证。

"法官自由裁量权"一词源于西方法律文化,依牛津法律大辞典的解释,"法官自由裁量权是指法官酌情作出决定的权力,并且这种决定在当时情况下应是正义、公正、正确、公平和合理的。"(62)可见它是法官的一种自由判断,自由斟酌决定具体法律问题的权力。依我国学者的解释,自由裁量权是指法庭在审理案件过程中,在法律规定范围内或在没有明确法律规定的情况下,根据情势所需,法官就有关事项进行权衡、裁量并合理地作出决定的权力。自由心证,是指证据的取舍即证明力的大小及其如何运用,法律不作预先规定,完全交由法官秉诸良心、理性自由判断,形成内心确信,从而对案件事实作出结论。(63)衡平理念与法官自由裁量权、自由心证存在的首要价值均在于其能有效地克服法律的不合目的性、不周延性、模糊性和滞后性、局限性。但三者的区分是明显的。三者的关系:自由心证是自由裁量在认证和证据运用中的体现;衡平理念是自由裁量与自由心证的准则——自由裁量与自由心证,本属主观的判断,易产生主观擅断,因此,自由裁量与自由心证必须具有客观的妥当性,自由心证是否具有妥当性,应以衡平理念判断。

（二）确立衡平原则的必要性与可能性

如前所述,衡平理念产生于罗马法,但均为大陆法系和英美法系减轻赔偿的原则。大陆法系虽未经过英美法系的衡平法阶段,但大陆法系已将衡平作为一项原则融入民事实体法,这从大陆法系一些国家法律规定的"特别减轻条款"就可得到佐证。正如王泽鉴教授所言:"在任何时代,于各国法律,均有衡平原则,惟其表现态样机能及范围有所不同……在现代法律,尤其是欧陆民法,衡平理念也已融入法律,成为

(60)彭梵得:《罗马法教科书》,黄风译,中国政法大学出版社 1992 年版,第 4~6 页。

(61)参见李可:"原则和规则的若干问题",载《法学研究》2001 年第 5 期。

(62)《牛津法律词典》,中国大百科全书出版社 1980 年版,第 261 页。

(63)见陈朴生:《刑事证据法》,三民书局 1979 年版,第 66 页;汪建成、孙远:"自由心证新论",载何家弘主编:《证据学论坛》(第一卷),中国检察出版社 2000 年版,第 328 页。

法律的一部分,而非法律外的控制因素。”[64]既然两大法系均有衡平原则的基础,因而,作为成文法的我国民法,没有适用衡平理念的障碍。

——衡平理念可以弥补我国民法的漏洞。理性的法律人都明白,法律不可能制定得完美无缺,自成一个包罗万象、完备无缺的、封闭的规则体系,法自身存在局限性,典型的为不合目的性、不周延性、模糊性和滞后性。那种认为对任何案件的审判,法官只要输入具体案情,只需按三段论推理,即可得出惟一正确的想法,只是一种幻想。这是因为,法律是人类理性抽象的产物,属认识范畴,按照辩证唯物主义认识论的观点,人的认识是有限的,因而作为人们认识的产物的法律也是有限的。一方面,社会生活纷繁复杂,立法者不可能穷尽对各种情况的认识为之立法;另一方面,社会生活又是千变万化的,立法者不可能对未来的社会生活了如指掌,完全先知先觉是不存在的。因此,在法律中出现漏洞是必然存在的。而在民事法律中,不能因为法无明文而拒绝裁判。西方法学家布鲁特在分析审判工作时指出:“法律应用体系的一个沉重的工作是这样构成的,即更深入地发掘实在法的深层含义。然而更重要的工作是这个系统所服务的第二项工作,即填补那些或多或少的见之于每一个实在法中的空白。”[65]这时,“严肃的法官工作才刚刚开始”。[66]从这个意义上说,“法律的生命从来不是逻辑,而是经验。”[67]而衡平理念正是一种理想的法律漏洞补充手段。正如埃尔斯米尔大司法官所说:“存在一个司法官法院[68]的原因是因为人的行为形式各异,不可穷尽,一般的法律不可能恰如其分地符合每一个行为以及行为发生的具体情况。”[69]

——衡平理念可以缓解法律的刚性带来的不公平。

由于法律是人类抽象的产物,因而,法律规则中所规定的关系模式具有普遍性,普遍性是法律的基本特征之一,在一般情况下其能导致公平。因此,基于事物共性得以成立的法律体现一般正义。但由于法律不能完全准确地概括社会生活的全部,并且,具体情况并非总是典型的,相对于典型情况存在许多特例;同时,法律相对于社会生活的滞后性。有时严格适用法律,往往导致不当或极不公平的后果,正如罗马法的名言“法之极,恶之极”,即是法律越严格,对无辜者伤害越大,违反法律的正义的基本理念。此时,法官必须秉持正义,对法律进行矫正。“法官的基本信念就是在他面前的当事人之间实现公正,如果有任何妨害做到公正的法律,那么,法官所要做的全部本分工作就是合法地避开甚至改变那条法律。”[70]而矫正的利器正是衡平理念。正如柏拉图指出:“法律的一般性,若不借助衡平加以调剂,将如一个顽固无知的独裁者。”[71]如前所述衡平法的出现正是以兹缓和罗马法因格式诉讼的僵化,导致法律的严格性,在后古典时期由法务官发展出来的。法官根据个案的具体情况,根据衡平理念,变通僵硬的法律,以免因法律的规定与特殊情况不相宜而不公平地分配利益或不利益,力求每个案件都获

[64] 王泽鉴:《民法学说与判例研究》(第8册),中国政法大学出版社1998年版,第30页。

[65] 卡多佐:《司法过程的性质》,苏力译,商务印书馆1990年版,第5页。

[66] 卡多佐:《司法过程的性质》,苏力译,商务印书馆1990年版,第5页。

[67] 霍尔姆斯语,转引自考夫曼著:《卡多佐》,张守东译,法律出版社2001年版,第209页。

[68] 衡平法院,笔者注。

[69] 蒋为廉:《普通法和公平法原则概要》,中国政法大学出版社2002年版,第254页。

[70] 丹宁著:《家庭故事》,刘庸安译,法律出版社2000年版,第226页。

[71] 转引自王泽鉴:《民法学说与判例研究》(第8册),中国政法大学出版社1998年版,第24页。

得正当、合理的解决，以克服“法之极，恶之极”。法律适用必须与时俱进，与事俱进，否则，就会犯刻舟求剑、削足适履的错误。

——衡平理念可以对法律作出正确解释。由于法律语言无法完全充分表达其规范意旨，加之不同人的思维能力和思维方式的差异，使得不同的人对同一法条有不同的理解，因此，在法律适用时，需要对法律进行解释，解释是法律适用的前提。正如德沃金所言：“法律是一种阐释性的概念”。[72]西方法学家杰斯罗·布朗说：“一个制定法只有在法院解释之后才成为真正的法律。”[73]马克思说：“法官的责任是当法律运用到个别场合时，根据他对法律的诚挚的理解来解释法律。”[74]不同的人对法律有不同的理解和说明，为了保证人们对法律解释的客观性，衡平理念不失为一种理想方式。凯因斯说：“衡平法于亚里士多德时代，视为今之解释规则，同时亦为司法制度之守门警犬，务使哲学上之公平理念，实用于实际之司法制度。”[75]

——衡平理念可以提高司法艺术或水平。“科学的方法为逻辑，艺术的方法为实践。”[76]科学的目的既在追求普遍之真理，发现原因，探求事物的本质，而这须运用逻辑。艺术的目的在于求美，发抒其个性而达到特定的目的，故必须就个别事物，实践体会，逻辑的方法于此无适用余地。法律与衡平的差异，即是科学与艺术的差异。法律的确定性、普遍性、一致性的特性，决定了法律适用的方法，须运用逻辑的方法，一般为演绎推理，典型的为三段论方法。而衡平理念是调和的、具体的、个别的，需靠实践的体会和经验的总结，因而是艺术性的。正如吴经熊所说：“衡平之于法律，犹诗之于文。法律之优点，在明晰而有秩序，衡平之优点在柔和而能调协。”[77]

——衡平理念可以推动立法的发展。立法与司法的目的都是为了实现社会正义，“必须记住，立法机关在重要的程度上和法院一样，都是人民的自由和福利的最终卫士。”[78]我国属成文法国家，在司法实务中生效的判决，不像英美法系国家那样，可能成为一种法律规范。但并非对立法没有任何意义。法官对案件中出现的法律漏洞，依据衡平理念作出补充的判决，虽然不是法律规范，但它可以为立法提供素材和实践经验以及立法理由。法律漏洞存在的场合，正是司法和立法的接触点。大陆法系中的不当得利制度的确立就为典例，是借助于衡平理念使得不当得利作为一种请求权在司法中得到保护，最终成为一种法律制度为成文法所确认。[79]

综上，我国民法中应确立衡平原则，以适应那些按现有法律规则裁判将出现明显不公平的特殊案件。事实上，我国学者曾提出了衡平原则是在侵权法中确定赔偿范围的一个原则，[80]但其在对衡平原则具体化时，只考虑了致害人的赔偿能力等情况，而未考虑免费服务或侵权行为人对受害人作出了某种有益的事情这种情况。

[72]德沃金：《法律帝国》，李常青译，中国大百科全书出版社1996年版，第364页。

[73]转引自卡多佐：《司法过程的性质》，苏力译，商务印书馆1990年版，第78页。

[74]《马克思恩格斯全集》第1卷，第76页。

[75]转引自何孝元：《诚实信用原则与衡平法》，三民书局1986年版，第6页。

[76]何孝元：《诚实信用原则与衡平法》，三民书局1986年版，第8页。

[77]转引自何孝元：《诚实信用原则与衡平法》，三民书局1986年版，第8页。

[78] Missouri, K. & T. C. Co. V. May, 194U. S. 267, 270; People v. Crane, 214N. Y. 154, 173. 载卡多佐：《司法过程的性质》，苏力译，商务印书馆1990年版，第55页。

[79]王泽鉴：《民法学说与判例研究》（第8册），中国政法大学出版社1998年版，第57页。

[80]王利明、杨立新：《侵权行为法》，法律出版社1996年版，第333～335页。

(三)衡平原则的具体适用

衡平原则的性质与特征。衡平原则的特征在于无具体的构成要件可供选择,而需斟酌相关情事,参酌个案而为裁判。这种衡平裁判,并无多种方案可供选择,仅能作为对个案最属合理妥当的判断。

法律原则(王泽鉴教授称为"概括条款")需具体化才能适用。在分析案件的逻辑结构上,法律原则不像法律规则那样有具体的假定条件、行为模式及明确的法律后果,法律原则通常不设具体的假定条件和明确的法律后果,不设具体的行为模式,只是对行为或裁判设定一些概括性标准或要求。正如德沃金所言:"一个规则对于一个预定的事件作出一个固定的反应,而一个原则则在我们决定如何对一个特定的事件作出反应时,指导我们对特定因素的思考。"[81]因此,法律原则均需具体化才能适用。这一具体化过程有两种途径:其一,由立法者完成,即由立法者制定蕴含法律原则意旨的法律规则,即前述的抽象衡平;其二,由法官完成,即针对个案依据法律原则隐含的法律目的和精神进行价值判断作出判决,即为前述的具体衡平。这里,法院的衡量,必须客观。所谓客观,要有合乎通常的事理的理由构成。衡平实有拘束的,并非全然自由。具体衡平,其性质按我国台湾学者黄茂荣教授的观点为"法内漏洞的补充"。[82]衡平原则作为原则也应具体化,方能适用。可见,衡平原则为法官将法律规则适用到具体案件当中去提供了法律理由。

衡平原则的适用,不能损害法的安全价值,衡平原则的适用是有条件的,这个条件就是,只能在特殊案件中适用,即"在适用实在法规则会导致一种被斥责为完全不能接受和完全不合理的结果"的案件中适用。那么,衡平原则具体在何种场合发挥作用呢?"规则越是古老,并且为规则支配的活动越是活跃(即规则指涉的活动在一段时间中变化较大),法官受到的压力就会越大,就要求他们制定特例和特定延伸",[83]过错责任的基本规则是有过错并且构成过错责任,就应当承担责任,且应当承担全部责任,这是自罗马法以来就有的古老的规则之一,需要制定特例的概率就越大。在过错责任中,在确定了应当承担侵权行为责任这一定性分析之后,在确定赔偿范围问题上作定量分析,如果全部赔偿,在有的情况下,这可能存在"会导致一种被斥责为完全不能接受和完全不合理的结果",此时,衡平原则将大显身手。

衡平是个别化的正义,须就个案加以判断及衡量。客观的衡量须有判断标准,判断的标准,有的是法律明确规定的,但不限于法律的明定。法律明定的情况如1922年的《苏俄民法典》第406条规定:"依本法第403条至405条所规定之情形,致害人不应负赔偿责任时,法院得酌量致害人及受害人之财产状况,令其赔偿。"我国台湾"民法典"第187条及188条规定衡平责任,明定法院得斟酌行为人(或雇佣人)与

[81] 德沃金:《认真对待权利》,中国大百科全书出版社1998年版,第46页。

[82] 黄茂荣:《法学方法与现代民法》,中国政法大学出版社2001年版,第300～304页。

[83] 波斯纳:《法理学问题》,苏力译,中国政法大学出版社2002年版,第59页。

被害人之经济状况。这里的"经济状况"是法律明确规定的判断标准。但学说认为,除经济状况外,还应斟酌加害之种类与方法,责任能力的欠缺程度,受害人过失的有无及轻重,以及受害人是否已得保险金等情事。[84]我国《民法通则》第132条中规定的"实际情况"也是法律明确规定的判断标准,只不过是较为原则罢了。

善意致害人赔偿责任的减轻,无论侵权行为适用过错责任场合,还是适用无过错责任场合,均得适用。

在立法未明确规定一般善意致害人应当衡平减轻的原则的情况下,为了保证衡平原则在适用中判断的客观性,即保证法官的价值判断符合某种客观秩序与公平正义原则,避免流于恣意或专断,一方面,可对应当适用衡平原则的案件作出批复或系统的司法解释,这是必要的。但司法解释,其虽有补充法律漏洞的功能,在时常受到越权(立法解释权)指责的情况下,在加快法治进程的当今社会,司法解释过多,其弊端也是显见的。另一方面,可将适用衡平理念的案例类型化,发挥案例的指导作用。最高人民法院可在《最高人民法院公报》上刊载适用衡平原则的案例,作为实务中的类比参考,"法院裁判的事件愈多,提供比较的可能性也随之增大;因此,作出确实可靠的裁判之机会也随之增加,而残留的——必须作不那么确定的裁判之判断空间也将随之缩小。"[85]更重要的是,将适用衡平减轻的案例加以分析整理,使之类型化,作为待审案件的比较基础。而其意义正如王泽鉴教授所说:"对法律适用的安定性及法律的进步与发展,助益甚巨,实为民法学研究的重大课题"。[86]在侵权赔偿范围的确定上,如前所述,好意致害等四种情况,应为主要类型。

六、结论

"司法过程即包含着创造的因素也包含有发现的因素。法官必须经常对互相冲突的利益加以权衡,并在两个或两个以上的可供选择的在逻辑上可以接受的判决中作出抉择。"[87]在好意致害的情况下,存在着两个互相冲突的利益:依侵权法侵权行为人的行为构成侵权行为,在受害人无过错等抗辩事由的情况下,应当完全赔偿,以补偿受害人的损失,这是保护受害人的利益;而善意致害人是在出于友情、道义等善良动机,帮助受害人为一定行为的过程中而致害,如果完全赔偿,则不利于人与人之间的互相关心、互相帮助善良风俗的倡扬,而这属于社会公德,就利益讲属于社会整体利益。显然存在两个利益的冲突。"以良善代替权利,以权利代替良善均不可取,我们现在要走出一条……新路",[88]而这条新路,就是依据衡平原则,对好意致害场合,按"一般过失"确定责任的有无;若有责任,在责任范围上衡平减轻,即"特别减轻条款"。

⑭王泽鉴:"举重明轻、衡平原则、与类推适用",载《民法学说与判例研究》(第8册),中国政法大学出版社1998年版,第42页。

⑮拉伦茨:《法学方法论》,陈爱娥译,五南图书出版公司,第196页。

⑯王泽鉴:《法律思维与民法实例》,中国政法大学出版社2001年版,第248页。

⑰E.博登海默著:《法理学:法律哲学与法律方法》,邓正来译,中国政法大学出版社1999年版,第149页。

⑱郝铁川:"良善优先于权利",载2002年10月31日《法制日报》。

【人民法庭工作专题研究】

全面落实科学发展观 构建人民法庭工作新局面

◆江苏省高级人民法院

始终把加强人民法庭工作作为推进全省人民法院整体工作的“强基”工程，是江苏省高级人民法院党组一以贯之的指导思想和工作方针。自1998年11月全国人民法庭工作会议以来，在省委的正确领导和支持下，在最高人民法院的有力指导和监督下，全省法院牢固树立科学发展观，创新法庭工作新机制，人民法庭的各项工作都得到了长足的发展，为维护社会稳定、构建和谐社会、促进经济发展作出了重要贡献。总结六年来我省人民法庭的工作和建设，我们加强法庭建设的主要做法有以下几个方面：

一、建立专门指导机构，实行指导工作归口管理

在全国率先建立专门的、单列的人民法庭工作指导办公室，是我院党组切实加强人民法庭工作的一项重要举措。

1.建立专门法庭指导机构。我院早在1990年即成立了指导人民法庭工作领导小组，并在民一庭设办公室。但通过多年的实践，我们感到，由于人民法庭工作涉及多项审判业务、物质装备建设和综合治理、指导人民调解等职责，指导工作量大，仅由民一庭承担指导法庭工作显得势单力薄。为了改变“有事管一管，平时没人管”的局面，2002年9月，我院党组研究决定，设置人民法庭指导的专门机构——人民法庭工作指导办公室，受院党组和院人民法庭工作指导委员会领导，实行人民法庭指导工作的归口管理，加大对全省人民法庭工作的指导力度。

2.明确工作职能，实行归口管理。法庭指导办的主要任务为：制定全省人民法庭机构设置、人员构成及物质建设等工作的发展规划；组织全省人民法庭庭长的业务培训和指导；指导全省人民法庭物质装备建设及其管理；协助组织全省人民法庭评先创优活动的总结、表彰；对全省人民法庭设置、撤并的审批；指导人民法庭对人民调解组织的业务指导及与人民法庭有关的其他事项。

3.指导工作取得明显成效。机构成立后，我们建立了全省人民法

庭基本信息资料库，对人民法庭实行动态管理；规范、实施人民法庭的设置、调整工作；指导全省人民法庭广泛开展各项司法便民活动；举办了全省人民法庭庭长培训班；开展人民法庭的评选表彰活动等等。人民法庭的指导工作得到扎实、有效的开展，取得了明显成效，积累了经验，为今后更好地开展法庭指导工作打下了良好的基础。

4. 全省法庭指导网络基本形成。目前，全省已有5个中院成立了专门的人民法庭指导机构，2005年各中院将全部设立单列的法庭指导机构，基层法院都有具体人员负责人民法庭的指导工作。形成了上下三级法院的人民法庭指导网络，为有效开展人民法庭工作提供了有力的组织保障。

二、积极争取党委、人大、政府对法庭工作的领导和支持，全面提升人民法庭物质建设水平

多年来，我省各级法院牢牢树立党的观念、政治观念和大局观念，自觉接受和坚决服从党对司法活动的领导，对法院工作的重大决策部署、主要改革措施都及时向地方党委汇报，积极争取地方党委的领导、人大的监督、政府和社会各界的支持。各级党委、人大、政府和社会各界也高度重视人民法庭工作，加大对法庭建设资金的投入，提升人民法庭的物质建设水平。

1. 坚持重点工作汇报、横向协调联络制度，积极争取地方党委、人大、政府对人民法庭建设的支持。

（1）我院在坚持每年向省人大定期报告人民法院工作的同时，对重点工作及时向省委作专题汇报。2004年，为了切实解决人民法庭建设中的难题，我们在充分调查研究的基础上，写出专题报告，作为省法院工作报告的附件，向省委作了专题汇报，引起了省委领导的重视。为此，在2004年7月省委召开加强法院、检察院工作会议上，省委决定自2005年起3年内，由省财政拨款5000万元作为法院“两庭”建设和检察院“两房”建设专项资金；盐城中院积极主动地向市委汇报人民法庭工作，得到了市委的大力支持，2004年5月，盐城市委专门召开了全市人民法庭工作会议，并制定了《关于进一步加强人民法庭工作的决定》。在市委、市政府的关心支持下，盐城市的人民法庭建设中的难题迎刃而解，一批崭新的法庭拔地而起，展示了人民法庭建设的成果。

（2）我院与省财政厅、省发改委等职能部门建立了长期的协调联络制度，定期通报全省“两庭”建设的情况，共同谋划“两庭”建设重任，特别是对苏北贫困地区和革命老区，采取特殊的财政补助制度，将“两庭”建设的专项资金列入每年的省财政预算。此外，我们三家还不定期地组织联合检查组，对拨付的补助资金、配套资金进行专项检查，确保资金专款专用。

2. 上下联动,全面提升人民法庭物质建设水平。

(1)省级财政重点扶持。六年中,省财政厅、发改委、省委政法委共拨付专项资金3100余万元用于苏北贫困地区和革命老区的“两庭”建设。2001～2006年度,省委、省政府将人民法院的“两庭”建设列入省财政资金项目库,分2个3年拨款5100余万元,作为专项资金用于苏北五市“两庭”建设。

(2)各地党委、政府合力支持人民法庭建设。泰州市属经济欠发达的革命老区,市委、市政府高度重视人民法庭建设,在经费十分紧张的情况下,优先考虑人民法庭的建设资金,提出先建人民法庭再建审判办公大楼的工作思路,全市19个人民法庭中有18个达到我省规定的800平方米的建设标准,领先于全省法院。扬州市委、市政府领导视察人民法庭后,及时召开了全市人民法庭建设工作会议,并通知未达标的县(市、区)分管财政的县(市、区)长以及扬州市财政、国土和规划部门的负责同志参加了会议,共谋对策,市政府还决定采取以奖代拨的形式,先安排100万元专项经费,用于对人民法庭建设达标完成得好的县(市、区)的奖励,要求确保两年内完成改、重建任务。南京市委两次召开加强人民法院“两庭”建设工作会议,部署“两庭”建设;辖区江宁区、浦口区、六合区、溧水县等人民法院主动向当地党委汇报人民法庭建设情况,当地党委多次召开协调会研究人民法庭建设事宜,从资金和土地等方面全力支持人民法庭建设,南京市辖区人民法院自2004年起掀起新一轮人民法庭建设热潮,有望在两年内实现新的飞跃。地处苏北的邳州市法院,在经费十分困难的情况下,多方筹措资金230万元,兴建了官湖和碾庄两个规范化人民法庭,为法庭的同志创造良好的审判和工作环境。

3. 物质装备建设取得明显成效。

(1)加强基础设施建设,保障法庭审判需求。基础设施建设是人民法庭严肃执法的物质保障。自1999年全国人民法庭工作会议后,我省人民法庭掀起了两次建设高潮。1999年,我省提出了人民法庭办公、审判用房达到500平方米的建设目标,经过全省法院的共同努力,到2002年基本实现了这一奋斗目标。2002年起,我们适时调整人民法庭建设标准,提出了苏南地区人民法庭,建筑面积不得少于1000平方米,苏中、苏北地区不得低于800平方米,到2007年底全省人民法庭全面完成改、重建任务的奋斗目标,全省人民法庭建设进入了第二轮建设高峰。特别是2004年省委加强“两院”工作会议和“全国人民法院加强基层工作会议”后,各地法院抓住机遇,紧紧依靠地方党委、政府的支持,想方设法,筹措资金加强法庭建设。南京、盐城、扬州、徐州等中院一把手亲自抓法庭建设,制定了详细的建设计划和方案,新一轮建设高潮在各地蓬勃展开。目前,全省人民法庭中,建筑面积在800平方米以上的有152个,占法庭总数的63.87%。在全省各级党委、政府的全力支持和全省法院的共同努力下，我们完全有信心在2007年底实现人民法庭百分之百达标，并使全省50%的人民法庭，建设成为功能齐全、设施先进、环境优美、办公现代化的一流法庭。

(2)积极改善交通工具，实现办公信息化，保证审判机制高效运转。为了适应人民法庭快速便捷的审判运行机制，提高办案效率，我省加大了对人民法庭的物质装备建设的投入。自2000年起，我院分期分批对苏北贫困地区和革命老区的人民法庭配发办案用车，确保每个人民法庭有一辆汽车，以满足办案需要。目前全省人民法庭有办案用车323辆，平均每个法庭1.4辆汽车，经济发达、规模较大的人民法庭一般拥有2～4辆汽车；加快办公信息化、自动化建设是我省提高人民法庭办案效率的重点工程，我院采取验收奖励的形式，鼓励、促进各级法院的网络建设，凡建成网络并实行三级联网的法院奖励15万元。在历次的物质装备会议、人民法庭会议上我们要求，凡基层法院建立网络的一律要与人民法庭联网，并实行网上立案。目前，全省人民法庭共拥有电脑1027台，审判人员人均0.8台；苏南、苏中地区的大部分法庭基本实现审判人员人手一台电脑；已有126个人民法庭实现网上立案，74个人民法庭启用电子印章。我省将在2006年实现计算机三级联网，全面实行人民法庭的网上立案和启用电子印章系统。2005年将是我省人民法庭全面实行电子信息化办公的攻坚之年，南京、盐城、无锡等市已提出全部实现人民法庭办公信息化的具体方案。物质装备的改善，极大地方便了当事人的诉讼，确保了人民法庭公正高效审判机制的运行，为人民法庭审判职能和其他功能的发挥提供了有力的物质保障。

三、健全工作制度，规范法庭管理

制度建设是人民法庭得以科学发展的保障。多年来，我省的人民法庭工作坚持以制度建设为先导，强化规范管理，督查制度落实，开创了一条制度化、规范化的发展道路。

1.法庭设置科学化。我们于1999年、2002年，先后制定了《关于人民法庭设置、建设规范化、规模化的实施意见》和《关于进一步加强人民法庭规模化规范化建设若干问题的意见》两个规范性文件，对人民法庭设置的原则、标准、条件和人民法庭建设的基本要求、基础设施建设的标准、功能都提出了明确要求，对人民法庭建设实行科学规范和管理。

2.审判管理制度化。我们从管理机制上确保人民法庭依法独立行使审判权，规范人民法庭的工作机制，我们制定了《关于人民法庭审判工作管理制度化的意见》、《关于人民法庭审判方式改革的实施意见》等规范性文件。对人民法庭的审判职责，立案、审理、执行的程序规范，庭长、审判员、书记员的职责要求，案件质量管理以及人民法庭开展以公开审判为核心的审判方式改革的各项要求作了详细规范。今年,我们又下发了《关于建立全省人民法庭审判质量管理考评体系的通知》,对全省人民法庭的审判质量、效率实施单独考评,强化对人民法庭的审判管理。

3. 队伍建设规范化。我们制定了《关于加强人民法庭队伍建设的意见》,在从严治庭、从严治警、从优待警的基础上,建立和完善教育管理机制,全面提高人民法庭队伍的整体素质。与此相配套,我们还制定了《关于人民法庭干部培训工作的实施意见》、《关于继续深入开展评选规范化人民法庭、先进人民法庭、最佳人民法庭活动的实施意见》等规范性意见,有力地推动了全省人民法庭各项工作的有序展开。2004年7月,我院在充分调研的基础上,制定了《关于进一步加强全省人民法院基层建设工作的意见》,对人民法庭组织建设、指导管理、法庭干警的政治、生活待遇、业务培训、物质建设等方面作了进一步规定,为指导全省人民法庭工作的顺利开展指明了方向。

各中院也相继制定了加强人民法庭工作的规范性意见,如徐州中院制定了《关于加强人民法庭建设与管理的意见》;淮安、扬州中院也制定了《关于切实加强新形势下人民法庭工作意见》和《关于全面加强人民法庭建设与管理的若干意见》;无锡中院制定了《无锡市人民法庭规模化规范化建设纲要》;南京中院制定了《关于加强人民法庭指导工作的若干意见》等等,从制度上强化对人民法庭各项工作的管理。

四、坚持科学发展,规范法庭设置

1999年以前,我省共有人民法庭574个,随着我省经济的发展,道路交通网络化格局的形成,撤乡并镇、行政区划调整的实施,结合江苏实际,我们从1999年开始,对全省人民法庭进行了两次调整、撤并工作,至2004年12月止,我省有人民法庭252个。人民法庭调整、撤并工作涉及面广,影响大。为了确保法庭撤并工作规范、有序、稳妥地实施,我们主要采取以下措施:

1. 统一思想,精心组织。对人民法庭的撤并问题,法院内外都存在一定的认识问题。首先是来自法院外部的阻力,一些地方党委、人大认为,法庭撤并后,将不利于"两便"原则的贯彻落实,会形成新的告状难。特别是一些原有法庭辖区党委、政府领导担心法庭撤销后会减弱其威信,影响招商引资的法治环境,因而,或对法庭撤并持抵触情绪,或争相要求撤并后的法庭设在其乡镇。其次是来自法院内部的阻力。有的同志认为,多年来,我省人民法庭建设投入了大量的资金,人民法庭的办公、通讯、交通条件有了较大改善,撤并法庭是劳民伤财,且庭长的职数减少,对基层法院中层领导的安排也是一大难题,弄不好会挫伤干部的工作积极性。面对阻力,我院党组认为,要做好法庭撤并工作首先是要做好人的思想工作，为此，决定采取“走出去，请进来”的办法，达到认清形势，统一思想，提高认识的目的。

（1）首先对全省法庭的现状进行深入调查研究。省法院院长、分管院长多次深入基层，广泛听取基层组织、人民群众的意见。我们还组织由副厅级审判员带队的专题调研组，对全省13个市的人民法庭作了全面调查，分析现状、查找问题，提出调整、撤并的方案和工作步骤，为人民法庭的撤并工作做好前期准备工作。我院党组根据调查的实际情况，反复研究，统一思想、精心部署，确保法庭撤并工作的顺利开展。

（2）及时向省委汇报，争取党委的支持。全国第一次人民法庭工作会议结束后，我院党组及时把会议精神及我省规范化建设人民法庭的意见向省有关部门作专门汇报。省委领导对省法院法庭撤并工作的报告予以充分肯定和支持，并专门召开常委会研究了法庭撤并工作的相关问题，支持全省人民法庭撤并工作。为顺利实施人民法庭的撤并工作奠定了组织保证。

（3）邀请省人大代表、政协委员及民主党派人士，视察人民法庭的工作情况，争取社会各界的理解和支持。视察团经过对人民法庭的实地视察，代表们对法庭工作有了更深的了解，对法庭撤并多了一份理解，写出专题调查报告，并在省政协会议上作出提案，呼吁社会各界支持、关心人民法庭的改革工作。法庭所在地的党委、人大、政府和社会各界也逐渐转变观念，理解、支持人民法庭的撤并工作。由于工作到位、组织到位、宣传到位，使我省人民法庭的撤并工作在法院内外形成共识，社会上造成了一定的声势，为人民法庭撤并工作的全面展开打下了扎实的基础。

2. 合理调整，科学设置人民法庭。为确保撤并工作的有序开展，省法院从工作制度以及撤并人民法庭的原则和要求等方面作了明确规定。

（1）明确规定设置人民法庭的具体要求。综合考虑辖区大小、人口多少、案件数量、交通和当地经济发展等情况来设置人民法庭，一般按一个人民法庭管辖4～7个乡镇、20万左右人口、辖区与人民法庭相距不超过20公里、案件数量不少于450件的要求设置人民法庭。对行政关系隶属于农场（企业）的农场法庭、县城所在地、市辖区设置的与基层法院的职能重叠的人民法庭一般予以撤销。

（2）明确法庭撤并的原则。为防止法庭撤并一刀切，省法院两次撤并法庭都制定规范性意见，明确规定设置、撤并人民法庭必须坚持实事求是和“两便”原则，从各地经济、文化、交通、通讯等实际情况出发，本着便利当事人诉讼和便利人民法院审判的原则科学设置人民法庭。

（3）明确人民法庭的设置、撤并的步骤，必须由基层法院提出方案，并附有当地行政区划图以及人口、历年案件情况等详细资料逐级报省法院批准。省法院对各基层法院提出的方案，逐一讨论和研究，并进行实地考察,以此保证法庭撤并工作的有序开展。

经过两轮法庭调整、撤并,人民法庭的区域分布更合理,"两便"原则得到更加充分的体现,审判资源配置得到进一步优化,目前,法庭在编干警人数8人以上的人民法庭有147个,占法庭数的61.8%。

五、充分发挥审判职能作用,践行"司法为民"根本宗旨

努力实现人民的愿望,切实维护人民的利益,满足最广大人民群众对司法功能的基本需求,是"三个代表"重要思想本质要求和以人为本的科学发展观在人民法院工作中的集中体现。1999年至2004年6年,全省人民法庭充分运用审判职能,共审理各类案件872,990件,占全省法院审理各类一审案件数1,955,922的44.63%。全省人民法庭还积极发挥其特有的社会功能,通过公开审判、巡回办案开展法制宣传,积极指导人民调解组织,解决纠纷,平息矛盾,发挥了维护社会稳定的第一道防线的作用,为加强农村民主法制建设、保障农村改革的顺利进行作出了积极的贡献。

我省人民法庭深入、广泛地开展各项司法便民、利民活动,忠实践行了"司法为民"的根本宗旨。2002年底,我院制定下发了《关于人民法庭司法便民的若干指导意见》,全省人民法庭积极行动起来,扎扎实实地开展各项司法便民活动。网上立案、就地交费,预约立案、电话立案、上门立案、风险提示等便民措施充分体现人文关怀;巡回审判、假日法庭真正方便群众诉讼;给辖区群众发放司法为民联系卡、公布司法便民承诺,架起了人民法庭联系群众的桥梁;实行繁简分流,进一步扩大简易程序的适用范围,大大缩短了审判周期;建立人民法庭与人民调解委员会的联络与挂钩制度,切实加强对人民调解工作的指导,使大量的矛盾纠纷解决在萌芽状态。一项项便民措施的落实,开通了一条条亲和的文明通道、快捷的诉讼通道、便民的审判通道,涌现出大屯人民法庭、蒋华人民法庭、汤山人民法庭等一大批全国、全省模范人民法庭。他们的成功经验,正在全省各地推广。

六、以评先创优为载体,大力加强队伍建设

加强队伍建设,大力提高法官队伍素质,是实现司法"公正与效率"工作主题的根本保证。抓住了基层法官队伍素质的提高,就抓住了法院队伍建设的根本。多年来,我省法院高度重视人民法庭队伍建设,采取有力措施推进"强基工程",全省人民法庭队伍建设取得明显成效。

1. 坚持"支部建在庭上"的原则,在法庭组建党支部。人民法庭庭长"一岗双职",不仅抓审判业务,还抓好法庭干警的思想工作、廉政建

设、工作作风。

2. 配好、配强法庭庭长，将人民法庭作为培养人才的摇篮。各地注重选派有理论、重实践、富基层工作经验的年轻优秀法官担任法庭庭长，目前，全省人民法庭庭长中 40 周岁以下的占 57.2%；所有法庭庭长均具有大专以上学历，其中达到本科以上学历的占 87.8%。一大批年富力强的审判骨干走上人民法庭的领导岗位，给人民法庭工作注入了活力。这几年共有 46 名法庭庭长走上了院领导岗位。人民法庭真正成为培养人才的重要基地。

3. 采取多种形式，加强业务培训，优化知识结构。

(1)狠抓学历教育，提高全省人民法庭人员素质。据统计，到 2000 年底，我省人民法庭 35 周岁以下干警具备本科学历的只占 39%。狠抓学历教育，全面提高法院干警的文化素质成为当务之急。首先，制定全省法院干部学历教育计划，从 2002 年到 2006 年底，全省 40 岁以下干警全部达到本科以上，40 岁以上的全部通过专项培训。为此，我们通过远程教育、专升本教育、与法院所在地高校联合办学以及自学考试等多种形式开展学历教育；第二，拓宽高层次教育培养面。我院主动与高校联系，制定法律、法学硕士、博士研究生培养目标，并将培养目标下达各中院，积极争取招生指标，放开报考名额，鼓励干警再学习。现我省人民法庭中已有 50 多人获得硕士学位。第三，经费保障。我省对干警参加学历教育普遍实行奖励措施，参加本科学历教育的，单位报销 2/3 的学费，拿到学位的，其余 1/3 学费作为奖励；对参加本科以上学历教育的学费全额报销。通过这种鼓励措施，极大地提高了干警的学习热情。到 2004 年底，全省法庭 1376 名在编干警中，本科以上学历 1005 人，占 73%；大专学历 323 人，占 23.5% 人。本科以上学历人数远远超出了我院 1999 年提出的“到 2005 年，35 周岁以下的法庭干警的 50% 要达到本科以上法律专业水平”的奋斗目标。

(2)加大对法庭人员的培训力度。我省自 1999 年制定《关于人民法庭干部培训工作的实施意见》起，全面开展了对人民法庭干警系统培训工作，定期对全省人民法庭庭长进行轮训，并将此作为一项工作制度。到 2001 年，共举办了四期人民法庭庭长培训班，参训人数 490 人，完成了全省人民法庭庭长的第一次轮训计划。2004 年 10 月，我院再次举办了为期 10 天的全省人民法庭庭长培训班，230 人参加了培训。各中级法院、基层法院，也采取多种形式组织法庭干警学习审判业务、培训审判技能。通过培训，法庭人员的法律适用、庭审技巧、文书写作、诉讼调解能力得到有效提高。

4. 以评先创优为载体，全面提高人民法庭整体工作水平。我省自 1992 年决定在全省范围内开展评选省级“优秀人民法庭”，到 1995 年起开展全省“最佳人民法庭”评选，全省人民法庭评先创优的热潮一浪高过一浪。1999 年，省院按照“一流的干部队伍、一流的审判业务、一流的管理水平、一流的执法条件”的要求,制定了经过细化和量化的标准和评选办法。全省最佳人民法庭每两年评选一次。经过四届的评选,全省共评选出58个“最佳人民法庭”。几年来,全省人民法庭涌现出一大批先进集体和优秀法官,全省有73个人民法庭集体立功,其中16个人民法庭荣立集体一、二等功;151人次个人立功,其中,荣立一、二等功21人;受到省级以上表彰的先进集体92个,其中5个人民法庭受到国家级表彰;涌现出杨美华、李国忠等全国“人民满意的好法官”的先进典型;南京市江宁区汤山人民法庭被团中央授予“全国青年文明号”,沛县人民法院大屯人民法庭多次受到最高法院、省委、省政府和省法院的表彰和记功。这些受到表彰和立功的先进集体和个人,展示了当代人民法庭和人民法官的风采,代表了全省人民法庭的整体形象和执法水平,他们在人民法庭的建设和发展中,发挥着巨大的示范作用。

人民法庭工作正迎接着大好的发展时机,我们决心以求真务实的工作作风,开拓创新的精神面貌,与时俱进,扎实工作,全面提升人民法庭工作的水平,为全面落实党的农村工作政策,为建设“法治江苏”,实现“两个率先”,构建和谐社会提供更加优质高效的司法保障!

2005年1月

立足法庭实际　规范法庭建设 不断推动人民法庭工作向前发展

◆上海市高级人民法院

人民法庭是人民法院的前沿阵地，是实现司法为民最直接的窗口。人民法庭工作做好了，人民法院的工作就有了坚实的基础，维护社会稳定就有了可靠的司法保障，党的工作大局就落到了实处。近几年来，上海各级法院根据最高法院和上海高院的工作部署，在当地党委、人大、政府的支持下，始终把加强法庭建设作为法院工作的重中之重，始终把规范化建设作为法庭工作的主线，求真务实、开拓创新，不断加大工作力度，取得了明显成效，法庭的建设和工作水平上了一个新台阶。主要是：

一、法庭设置改革基本完成，工作格局不断趋于科学化

近十几年来，上海经济发展加快，基础设施建设加强，交通状况明显改善，人民群众因交通不便引起的诉讼困难逐渐减少。而原有的法庭设置面过宽，市辖内法庭由于辖区太小且与院本部相距较近，作用也不明显，导致了司法资源分散与低效配置。为此，从 2000 年起，上海高院紧密联系实际，科学理解“两便”原则，稳定推进全市法庭的调整撤并工作，将零碎分散于各乡镇街道的人员、装备等司法资源进行有机整合重组，成立中心法庭，每一中心法庭跨越行政区域管辖多个乡镇街道，至于市辖区法庭，则全部撤销，逐步形成了新的工作格局。截至目前，从原有 69 个法庭撤并重组为目前的 23 个中心法庭（注：大场法庭目前仅保留编制但不实际运作；海事法院的连云港法庭不在本次统计之列），共管辖 101 个乡镇街道农场、3397.87 平方公里、695.04 万人口，平均一个法庭管辖 154.45 平方公里及 31.59 万人口，基本实现了法庭设置的规模化，资源利用率提高，成效明显。以 2004 年为例，1 ~9 月全市 73% 的法庭，审结案件数均高于 500 件，最高的达到了 2523 件。

二、物质基础建设发展迅速，逐步实现法庭装备现代化

近几年来，上海各级法院加大了对人民法庭基础建设和物质配备

的投资力度。在现有运作的22个中心法庭中,除芦潮港法庭借房办公、朱家角法庭与青浦法院合用办公用房、朱泾法庭沿用金山检察院原办公房(已装修一新)外,其余法庭绝大部分在90年代后期兴建了各自的办公用楼,目前金桥、张江、芦潮港、杜行、朱家角、浦南、庙镇等法庭均有改建、新建办公楼的计划,有5个法庭的办公大楼正在建设当中。在22个法庭中,人均办公面积超过100平方米的有11个,占了50%,人均办公面积超过200平方米的有3个,占了13.64%。另外,上海所有法庭目前均配备了2~3台汽车,电脑、电话、打印机、复印机、传真机等现代化办公设备基本俱全。法庭内部、法庭与院本部之间基本实现了电脑联网,有的法庭甚至还装有闭路电视、证据显示系统等,办公自动化及信息化程度相当高。

三、人员素质不断增强,法庭队伍建设不断走向职业化

随着近几年来法官职业化进程的不断加速,人民法庭的审判力量也得到了显著增强。目前,上海22个法庭中共有工作人员243人(包括审判人员和书记员),平均每个法庭11人。其中,超过10人的法庭有13个,占了59%,最多的达到了24人,最少的也有5人。在人员构成上,上海22个法庭中共有审判人员163人,平均每个法庭7.4名,确保了每个法庭配备3名以上的审判人员。最多的六里法庭,则配备了20名审判人员。全市法庭共有书记员80人,平均每个法庭3.6名,部分法庭还配备了一定数量的速录员等辅助人员。在人员的学历构成上,上海22个法庭中共有法律本科以上人员212人,占总人数的87%。在人员的政治面貌构成上,22个法庭共有党员143人,平均每个法庭6.5名,从实际情况来看,几乎所有的法庭都有3名以上党员,最多的法庭达到了12名。

四、审判质量与效率不断提高,法庭审判日益走向专业化

近几年来,法庭人员职业素质的显著改善,以及各项审判方式改革的深入发展,极大地促进了法庭司法水平和诉讼效率的提高。目前,上海各法庭主要负责审理民事案件及少量商事案件,不负责刑事、行政等其他案件的审理。从各法庭审理的民商事案件情况来看,法庭承担了基层法院较大部分的民商事审判任务。以2004年1~9月为例,上海各法庭共审结民商事案件20103件,占法庭所在基层法院审结的民事案件总数的43.34%,占全市基层法院审结的民事案件总数的23.88%。其中,法庭审判人员人均结案数为81.29件,超出于全市人均结案数2倍多,简易程序适用率达到了90.86%,调解撤诉率达到了66.28%。在审判质量方面,从2004年1~9月的数据来看,上海各法庭审结的民商

事案件中，上诉率只有16%左右，低于全市平均上诉率7个百分点；而在上诉案件中，发改率（包括全部改判和发回重审）为7%左右，低于全市平均水平。

五、监督机制趋于完善，法庭司法形象逐渐走向文明化

近几年来，上海各法庭认真践行司法为民宗旨，加大管理力度，加强了各方面工作的规范约束，通过不断健全和完善规章制度，使法庭的审判管理由粗放型向专业型转变。目前各法庭在审判工作、队伍建设、后勤保障等各方面的管理上，都基本做到了依制度办事、依制度管人、依制度治庭。不少法庭还推行制度公开，增强审判工作的透明度，为人民群众参与诉讼和监督人民法庭的审判活动提供了便利。上海各法庭还在文明窗口建设上下大力气，在硬件配备和软件设置上都给予了最大的保障。例如，用书面等各种方式公开人民法庭的诉讼制度、工作规程以及当事人的诉讼权利义务、法庭的职权范围，指导当事人合理地行使自己的诉讼权利；由专人负责接待处理当事人的咨询、告诉、催办等事宜；编写各种法制宣传资料放在法庭办公场所供人取阅，等等。上海各法庭通过不断强化工作人员司法为民的服务意识，端庄威严、热情主动的形象意识，一丝不苟、耐心细致的办事意识，受到了当地群众的好评。

六、维稳意识不断增强，法庭功能趋向多元化

上海各法庭在承担大量民商事案件的审判任务的同时，还密切结合辖区的工作实际，向所在乡镇、街道、社区提供了不少的司法服务，使其功能趋向多元化。如不少法庭积极配合当地党委、政府各项社会治安综合治理工作的开展，协助基层培训执法人员，提高法律素质和法制意识，对基层治安执法工作提供法律意见，推动综合治理工作向规范化、法治化纵深发展。不少法庭通过开展法律咨询、法制讲座等形式送法下乡，通过宣传栏、公告栏、印发宣传资料等形式宣传法律常识，有效地推动普法工作的深入。不少法庭积极参与对人民调解工作的指导，通过授课、案例研讨、邀请人民调解员旁听、巡回办案等多种形式，因地制宜地开展业务培训，提高人民调解员的法律水平和调解能力。

从总体而言，近几年来，上海法院的法庭工作是卓有成效的，起到了为当地群众排难解纷，维护社会稳定的作用，得到了社会的广泛认同，不少法庭相继荣获了多项荣誉称号，如陆家嘴法庭、泗泾法庭等多次荣获了市人民法庭先进集体称号，朱家角法庭荣获了全国人民调解工作模范法庭称号等等。上海法院法庭工作的快速发展主要得益于以下几个方面的措施：

（一）各级法院领导高度重视法庭建设，确保各项工作顺利开展

基层是法院工作的基石，也是法院建设的重点。上海各基层法院审结的案件数占了全市法院审结案件总数的80%以上，而人民法庭审结的民商事案件数又占了所在基层法院民事案件总数的近一半。因此，法庭的建设搞好了，我们就能在法院工作中占据战略制高点。正是立足于这一指导思想，上海各级法院领导都十分重视人民法庭工作，注重法庭建设与院本部建设工作并举，确保了法庭各项工作的全面推进。

1.成立专门的法庭工作领导机构。2004年年初，为了进一步加强对法庭工作的领导和组织，根据最高法院在全国人民调解工作座谈会上提出的工作要求，上海高院专门组织成立了由院领导、政治部、民一庭、立案庭、司法行政装备处等部门负责人参加的人民法庭工作领导小组，领导小组下设办公室，设在高院民一庭，负责日常事务。各法庭所在基层法院也由院党组成员等组成了各自的法庭工作领导小组，统筹安排法庭建设所需要的各种资源，协调法庭与院本部之间的资源调配和工作关系。

2.加强对法庭工作的规划。在每年的年终工作总结中，各法庭所在基层法院都能把法庭工作的发展情况作为重点进行详细汇报，同时提出下一年度的法庭工作规划。上海高院党组则在每年巡回检查法庭工作的基础上，综合全市法庭工作的发展状况，及时确定下一年度全市法庭的工作重点，做好相应的规划，确保全市法庭建设的有序发展。

3.定期深入法庭了解情况、指导工作。各级法院领导坚持定期对法庭工作进行检查和指导，及时掌握法庭在队伍建设、规范管理、物资装备等方面的发展情况，对法庭工作中存在的困难和问题，及时予以解决。2004年1~11月，上海高院人民法庭工作领导小组深入各基层法庭，陆续对全市10个基层法院22个法庭进行了调研，对法庭工作中存在的普遍性问题作了全面把握，为进一步规划法庭建设作了充分准备。

4.给予适当的政策倾斜，确保所需人、财、物到位。各级法院领导十分注重对法庭工作所需要的各种资源的投入，通过给予适当的政策扶持，加以优先保障。如不少基层法院将法庭建设，特别是基础建设所需财政资金置于优先考虑，列为专项资金，专款专用。不少基层法院针对法庭工作的特殊性，对法庭工作所必需的汽车、电话、电脑、传真机、复印机、打印机等办公装备，都给予优先配置、配足、配好。为了加强法庭的审判力量，不少基层法院均挑选经验丰富、业务精通、能力突出的法官担任法庭庭长，同时坚持将那些德才兼备、有发展潜力的优秀年轻干部放到法庭锻炼，通过不断向法庭补充新鲜血液使法庭队伍长期保持蓬勃的朝气和昂扬的斗志。

（二）正确定位法庭的工作任务，注重体现法庭的工作特性

法庭的工作成效如何，很大程度上取决于我们能否对于法庭的工

作性质、工作任务有个正确的理解和认识，在此基础上开创性地工作，发挥出法庭的工作优势。近几年来，上海各级法院针对社会形势的发展变化，结合本辖区的实际情况，科学认识新的历史时期法庭建设的工作重点，注重体现法庭工作的时代特征、工作特色，取得了良好效果。

1. 注重发挥人民法院“前沿阵地”功能。近几年来，随着上海社会经济的持续发展、改革措施的不断深入和群众维权意识的不断增强，上海社会矛盾纠纷的上升趋势十分明显，矛盾比较尖锐复杂的动迁拆、劳动争议、医疗纠纷、消费权益等案件大量出现，作为人民法院审判工作“前沿阵地”的人民法庭，所担负的审判任务也日益繁重。对此，上海各法庭在认真抓好审判工作的同时，从工作全局出发，逐步将法庭的工作重点转向维稳，通过不断延伸审判职能，切实把社会矛盾化解于基层、化解于萌芽状态。2004 年 1 ~ 9 月，周浦法庭受理了多起群体性纠纷案件，在审理中，由于注重执法的衡平与公正，兼顾法律效果与社会效果的统一，均得到了妥善处理，维护了一方稳定。

2. 重视建设人民法院“窗口”形象。人民法庭是法院联系群众的窗口和纽带，法庭的形象如何直接影响到整个法院的形象，关系到司法的公信和权威。近几年来，上海各法庭始终把法庭的形象建设摆在重要位置来抓，在强调严肃执法的同时，提倡文明司法。如泗泾法庭一直以来坚持“三心”、“三不”、“三送”制度，通过对待当事人热心、诚心、耐心，对当事人不打官腔、不踢皮球、不打回票，对接待完毕的年老、体弱病残者，送出门、送上车、送回家，不断强化法庭的形象意识，体现法庭审判工作的亲民性。

3. 不断深化“便民诉讼”工作要求。便于群众诉讼是人民法庭设置的基本要求，但随着近几年来人民生活水平的提高以及法律意识的增强，人民群众对于法庭的要求不再仅仅是方便诉讼，而更在于司法公正，人民群众更关心的是法官素质的提高以及执法的公正性。对此，上海各法庭一方面继续将法庭的工作融合于社区，服务于社区，服务于群众，同时更加注重法庭工作的规范性，通过严格依法办案、确保审判质量，提高法庭的社会公信度。如中兴镇法庭长期坚持定期的审判质量专题学习及讲评活动、定期检查案件质量，确保了办案质量与效率的明显提高，2004 年 1 ~ 9 月该法庭尚无被追究责任的改判发回案件，无超审限案件。

（三）积极争取地方党委、政府的支持和配合，为法庭建设营造良好的外部环境

上海法院的法庭工作之所以能取得较好成绩，一个很关键的因素就是当地党委、政府的大力支持。地方党委、政府的支持使法庭的基础建设获得了充分的财政援助，也确保了法庭审判工作的顺利开展。

1. 经常性座谈协商，加强沟通，寻求共识。不少基层法院领导在定

期到各法庭检查和指导工作时，往往同时与当地党委和政府领导进行座谈，加强沟通，寻求共识。一方面了解法庭工作在地方建设中的作用以及地方对法庭工作的意见和建议；另一方面也及时向当地通报法庭的工作情况以及法庭建设中面临的困难和问题，寻求当地党委和政府的配合与支持。

2. 充分发挥审判职能，为地方经济和社会发展提供司法保障。法庭通过审理各类民商事纠纷案件，特别是对涉及地方经济和社会发展的重大案件的审理，为地方稳定和经济发展提供强有力的司法保障，能极大地争取到地方党委和政府对法院工作的理解和重视。

3. 拓展法庭多元化职能，为地方法治发展提供优质的司法服务。在争取地方理解与支持方面，各法庭还注重拓展非审判职能作用，积极配合地方开展社会治安综合治理、法制宣传和普法教育，加强对人民调解活动的指导等，通过建立多种良好的互动发展关系，促进法庭的不断发展。

(四)加强法庭工作的监督管理，走规范化建设道路

上海各级法院始终坚持"严格监管、规范监管、科学监管"的原则，走规范化建设道路，不断加强对法庭工作的监督管理，注重法庭的改革、建设、管理有机结合，力求从科学管理中求规范、从规范中求公正。从监察部门反映的情况来看，尽管上海各法庭的工作人员长期在基层工作，有的同志与本乡本土有着广泛的人际关系，但至今未发现一起严重的违纪违法情况，值得予以肯定。

1. 加强法庭自身的内部管理。上海各级法院始终把强化法庭的自律放在监督管理的突出位置。如通过审判流程管理系统，加强对法庭审判工作的科学管理；通过审判方式改革，理顺法庭审判工作中的突出问题；通过一岗双责制，充分发挥法庭庭长的监督作用；通过建章立制，确保工作规程、纪律检查、后勤管理等方面制度的建立和健全，完善法庭管理的规范体系。

2. 加强对法庭工作的外部监督。上海各级法院十分重视对法庭建设他律的工作力度，通过坚持短期检查与长效检查相结合、全面检查与专项检查相结合、审判活动检查与队伍建设检查相结合，确保了司法的公正和队伍不出问题。如不少法院领导经常性地对法庭工作开展调研，对法庭工作进行检查监督、评比；朱泾法庭还主动邀请辖区内区人大代表、镇人大代表到法庭视察，旁听庭审，接受监督。

3. 对法庭审判人员进行定期、分批的轮岗。不少基层法院注重通过对法庭审判人员实行轮岗制度来加强队伍的监管。为了避免对工作带来不便，法庭人员的轮岗一般分批进行，便于新到岗的人员能够在原有人员的协助下逐步熟悉和开展工作。实践中，轮岗的机制对于保持队伍活力、廉洁性以及培养人才都起到了相当重要的作用。

（五）法庭审判人员辛勤工作，确保了各项任务出色完成

近几年来，上海各法庭审判人员始终保持着旺盛的工作热情，坚持扎根法庭、融入基层，通过辛勤工作，出色完成了各项审判任务，为全市民事审判工作起了较好的榜样作用。如海岛法庭的张新连庭长，二十多年来一直坚守法庭岗位，化解了大量当地矛盾纠纷，为年轻同志起到了示范作用。颛桥法庭的徐玉弟法官，热爱工作、勇于实践，办案的数量与质量一直处于全市前列。2004 年 1 ~ 9 月全市法庭的收案数尽管同比增加了 3.21%，但在全市法庭审判人员的努力下，结案数同比仍增加了 3.85%，取得了较好的工作成绩。

1. 注重发挥调解工作的独特作用。近几年来，针对社会矛盾纠纷的新特点，上海各级法院尤其是法庭均十分重视通过调解来彻底化解矛盾，始终把调解放在审判工作的首位，宁愿多花点时间，多做点工作，尽力化解当事人之间的矛盾，维护社会的长治久安。2004 年 1 ~ 9 月，上海各法庭中调解撤诉率最高的达到了 80%，超出全市一审民事案件平均调解撤诉率 30 个百分比，充分说明了法庭同志在调解工作中所付出的艰辛努力。

2. 注重扩大简易程序的适用。人民法庭受理的民事案件，除案件复杂、争议较大、影响较广及发回重审、按审判监督程序再审和起诉时被告下落不明的案件外，均可适用简易程序进行审理。目前上海各法庭适用简易程序审理的案件数达九成以上，最高的达到了 97%，提高了审判效率，取得了良好的审判效果。

3. 注重开展巡回审理等便民诉讼活动。不少法庭从方便当事人的角度着想，针对辖区内部分当事人距法庭所在地较远，交通相对不便等现状，长期坚持巡回审理等方法，通过就地办案，尽力方便群众诉讼。如朱泾法庭 7 年来一直坚持在枫泾镇设立信访接待站，朱家角法庭在每镇设立简易审判庭，浦南法庭开展三庭制度（即巡回法庭、假日法庭、即日法庭），极大地方便了当地群众诉讼，也有利于及时倾听群众意见，接受群众监督，提高审判水平。

4. 注重拓宽审判职能作用。不少法庭结合辖区情况，在审判工作中针对性地开展工作，不断拓宽审判职能。如七宝法庭率先建立了指导人民调解的“一会一员一张网”模式，通过定期联席会议制度及固定联络员、将辖区调解主任、司法所长名册汇集，建立工作网络，加强对人民调解工作的指导，同时也大大方便了办案中的信息收集及法律文书的协助送达。

这几年来，上海法院的法庭工作取得了巨大的进步和发展，但同时我们仍清醒地认识到在法庭建设方面仍存在着不少的问题和不足，法庭的发展还面临着诸多的困难与障碍。主要是：法庭的规范化建设还需进一步加强，尚不能全面发挥方便群众诉讼的工作优势；法庭的工作

机制还需进一步完善,尚存在机械理解“三个分立”原则,不利于法庭工作的深入开展;法庭的工作作风还需进一步改进,与人民群众的期望、社会的要求尚存在一定的差距;法庭的考核管理制度还需进一步健全,尚不能全面反映法庭所肩负的各方面工作任务;法庭的业务指导还需进一步抓实,尚未形成业务指导的常规化、定期化;等等。这些问题都值得我们进一步深思,需要我们在今后的工作中不断加以改进。

以争创"五化"法庭活动为载体全面加强人民法庭现代化建设

◆山东省高级人民法院

1999 年以来，山东各级法院在最高法院的指导下，在当地党委政府的关心支持下，根据法庭设置改革后的形势和任务要求，在"三个代表"重要思想的指引下，紧紧围绕"公正与效率"这一主题，以"五化"法庭建设为载体，积极探索新形势下人民法庭的审判工作规律和管理规律，改革创新，真抓实干，全面加强人民法庭建设，不断提高司法能力，使全省法院的法庭建设逐步走上了人民法庭设置规模化、审判规范化、管理制度化、建设标准化、装备现代化的现代化发展轨道，取得了良好成效。我们的经验和做法是：

一、以争创五化法庭活动为先导，不断深化对建设现代化人民法庭的认识

当前，我国还处于社会主义初级阶段，我国广大的区域还是农村地区，我国人口的绝大多数都是农民，在相当长的一个时期里，"三农"问题仍是我国的主要问题，农村工作仍是党和国家工作的重心。人民法庭是人民法院的派出机构，主要任务就是面向广大农村，为农民群众提供司法保障和司法服务，是人民法院在广大农村实践"三个代表"重要思想，实践司法为民，实现"公正与效率"的"主阵地"，是人民法院各项工作和建设发展的基础。

近年来，山东高院党组始终将基层基础工作的重心放在人民法庭，把人民法庭工作作为法院工作的重中之重，先后三次召开全省人民法庭工作会议，多次下发规范性文件，努力探索新形势下人民法庭工作的审判规律和管理规律，一步一个脚印，逐步走上了全面建设现代化人民法庭的道路。在 1998 年召开的第十七次全省法院工作会议上，省法院党组就提出了全省人民法庭建设要改变一乡一庭的状况，走"规范化、标准化、规模化"的道路，并在全省范围开始了法庭撤并工作，拉开了全省人民法庭现代化建设的序幕；在 2000 年召开的第二次全省人民法庭工作会议上，提出了要适应法庭设置改革后新形势的考验，进一步强化人民法庭的建设和管理，积极推进司法改革的目标要求，全省人民法庭的各项工作日趋规模化、规范化、制度化、标准化;在2002年召开的第三次全省人民法庭工作会议上,省法院党组明确提出了要坚持与时俱进、开拓创新,建立符合人民法庭实际的审判模式和管理模式,构建人民法庭工作新机制,全面推进人民法庭的现代化建设的目标。2004年以来,山东高院在认真总结前几年全省法庭工作的基础上,提出了以建设“五化”法庭为总目标的人民法庭建设规范性意见,向全省法院下发了《山东省高级人民法院关于开展争创“五化”法庭活动的指导意见》,明确提出了“五化”法庭的建设标准。各级法院还根据该《意见》层层建立了“五化”法庭建设领导机构,形成了各级法院主要领导负总责,分管领导具体负责,各有关部门各负其责的工作机制。一年多来,全省法院以审判规范化为核心,以管理制度化为保障,以设置标准化和建设规模化为基础,以装备现代化为载体,掀起了建设现代化人民法庭的新高潮,取得了显著成效。截止到2004年12月底,经层层考核评定,全省人民法庭已有261处达到了“五化”标准,占全省法院人民法庭总数的43%,为实现三年内全省人民法庭达到“五化”标准的目标奠定了坚实基础。

随着全省法院人民法庭工作的不断深入和实践经验的不断丰富,各级法院对人民法庭工作的特殊性和规律的认识更加全面、系统和科学,对做好人民法院工作的积极性和主动性也进一步加强,目标也更加明确,逐步走出了一条全面建设现代化人民法庭的新路子。

二、以审判规范化为核心,以司法能力建设为主线,全面发挥人民法庭职能作用

审判工作是法庭工作的核心和主业。我省人民法庭承担着全省50%以上的审判任务,因此,建设“五化”法庭必须紧紧抓住司法能力建设主线,实现人民法庭审判方式的科学化、规范化。为此,我们对原有法庭审判模式以及法庭审判工作的规律进行充分调查研究和积极探索的基础上,坚持以改革创新为动力,以立案体制和审判程序的科学运行为突破口,按照现代司法理念重新构筑适合法庭审判规律和特点的审判模式,促进了法庭审判工作的深入发展。

(一)以立案规范化为基础,着力解决群众“告状难”。

推行以大立案改革为核心的审判流程管理制度是山东法院司法改革的一项成功经验,对保证司法公正具有积极意义,这一经验已经在全国推广。但大立案改革实施过程中也暴露出了群众诉讼不方便、诉讼成本过高以及浪费司法资源的弊端,需要认真加以完善。为此,我省各级法院针对大立案改革中存在的问题,围绕人民法庭如何方便群众诉讼,减轻群众诉累,把“三个代表”重要思想落实到法院工作的实处进

行了认真分析研究和摸索，在现代审判流程管理制度的基础上，创造出了许多行之有效的做法。潍坊中院在全市法庭中实行了立案“双轨制”，即当事人选择到立案庭立案的，由立案庭负责审查立案后转交人民法庭审理，对当事人起诉到法庭的，由法庭负责审查立案。为解决法庭往返机关办理手续费时费力，诉讼成本增加的问题，还在基层法院机关和法庭之间建成局域网，推行“远程立案”。对当事人直接起诉到法庭的民事案件，由法庭通过微机网络进行登记，微机系统自动生成案号，立案庭在线审查，法庭直接进行受理。这些做法都极大地方便了诉讼，提高了审判效率。枣庄法院的许多法庭实行了“多轨制”立案，在开通局域网进行远程立案的同时，还采取了国际互联网上立案，热线电话预约立案、立案车巡回立案等办法，方便了群众诉讼；新泰市法院、临沂市临沭县法院等下属的许多法庭普遍探索实施了“扩大立案时空、实行远程立案”的做法。采取上述措施后，群众起诉到法庭的绝大多数案件都能在较短内办完立案手续，既解决了偏远地区群众“告状难”问题，又保障了“大立案”模式的统一管理和监督，使“大立案”机制在新形势下有了新的完善和发展。

（二）以案件繁简分流为突破，实现诉讼便民利民。

公正、高效、经济、便民，是法庭审判工作的根本出发点和落脚点，也是人民法院设置人民法庭的根本目的。针对法庭简单民事案件占多数的实际，我省法院在审判组织和审判程序上进行了改革和完善。

一是建立了与繁简分流相适应的审理组织模式。如高密市法院实行了“预审法官与庭审法官相结合”的做法，庭审法官主要职责是在简易程序中担任独任审判员，在普通程序中担任审判长，主持庭审，拟定裁判文书，指导预审法官和书记员工作；预审法官主要承担送达、财产保全、证据交换、庭前调解等审前程序准备工作，不参与庭审裁判。既确保了庭审法官庭前不接触当事人，实现查审分立，又通过预审法官的庭前调解，使大量简单民事案件得以及时“消化”，真正实现了繁简分流，提高了效率。2003 年，该院 6 处法庭审结案件 2873 件，平均审理期限 31 天，其中，上诉 84 件，上诉率仅为 3%，且无一改判或发回重审。龙口市法院则推行了法庭“一二一”（一个专职审判长，两个法官助理，一个书记员）审判模式，大部分民事案件得以在开庭前由法官助理进行调解，使有限的司法资源得到最大限度的优化和配置。

二是在实行案件繁简分流的基础上，进一步推行了“简单民事案件即审即结”的速裁机制。在程序上，对一些基本事实清楚、权利义务关系明确、争议不大的简单民事案件，双方当事人共同到法庭要求解决纠纷的，法庭当即立案、当天审理、当天结案、当庭送达；一方当事人到法庭起诉的，通过基层组织或直接用电话传唤另一方当事人到庭，对所诉案件即收即结。在审判形式上，坚持把巡回审理与坐堂问案结合起来。对双方当事人在同一地点，要求法庭解决纠纷的，由办案人员携带笔记本电脑深入案发地，就地“远程立案”，就地开庭审理，就地送达诉讼文书。

三是随着对司法为民认识的不断深入，推广了德州法院建立“便民诉讼网络”的成功经验，普遍实行便民诉讼。近年来，德州两级法院积极探索人民法庭便民诉讼的新路子、新办法，创造性地建立了“庭、站、点”三位一体便民诉讼网络，取得了良好效果，尹忠显院长亲自进行批示，《人民法院报》头版进行报道并配发了评论员文章。2004 年 5 月 28 日，省法院在德州召开现场会议，向全省推广了德州经验。目前，全省法院根据各自实际，普遍建立起了以人民法庭为中心的便民诉讼网络，极大地方便了群众诉讼。在此基础上，许多基层法院为方便农村群众诉讼还购买了巡回办案车，专门到交通不便、比较偏远的地区现场开庭，同时安置扩音设备方便群众旁听，不仅体现了法律的威严，也使广大群众受到了生动现实的法制教育，达到了法律效果与社会效果的有机统一；一些法院和人民法庭还不断探索并完善了远程立案、巡回立案、预约办案、休息日办案等方式，进一步解决群众告状难问题；有的基层法院还在旅游风景区、集贸市场等纠纷易发场所，以巡回办案方式，就地立案、就地开庭、就地解决矛盾纠纷，打造便民诉讼的“绿色通道”，取得了良好效果。

(三)加大调解力度，构建调解工作新格局。

针对近年来审判方式改革中出现的“重判轻调”的倾向，山东各级法院在注意改革诉讼调解中存在的问题的基础上，突出强调调解的本土价值和司法效益，加强诉讼调解和指导人民调解工作力度，逐步建立起了符合现代民事诉讼规律的调解工作新格局。

一是改革规范了调解工作。2001 年 8 月，省法院召开了全省民事诉讼调解工作会议，制定下发了《关于规范民事诉讼调解工作的意见》，强调调解应坚持自愿、合法、效率、公正的原则；规定诉讼调解实行立调分立，有条件的基层法院和派出法庭可尝试设立专门的审判人员或合议庭，专职从事庭前调解工作。为进一步推动和加强调解工作，2004 年 8 月 21 日，省法院又在威海组织召开了全省加强调解工作会议，会议全面总结了近年来全省民事调解工作经验，就进一步健全民事诉讼调解机制，创新民事诉讼调解思路，规范和完善民事诉讼调解程序，建立多元化的调解体系等提出了具体意见。各地法院也都把加强和规范调解工作作为人民法庭工作的重要环节，临沂、潍坊等地两级法院制定了规范调解制度，创新调解方法，完善考核机制的工作制度，把调解率作为年底考核基层法院和法庭审判工作的硬性条件；淄博、烟台中院出台了《关于加强民事诉讼调解工作的意见》、《民事诉讼调解工作制度》等，对调解工作目标进行了细化。一些基层法院也分别制定规范诉讼调解的工作意见，对诉讼调解的适用范围、基本原则、调解程序、调解结案、调解书的送达、调解工作考核等方面都作出了详尽规定，这些规范性意见对于完善诉讼调解程序，规范诉讼调解活动，提高调解质量和水平发挥了重要作用。

二是科学界定了调解案件适用范围。我省许多基层法院大力推行民事案件的简繁分流，将绝大多数事实清楚、权利义务关系明确的民事案件尽量纳入诉讼调解范围。做到诉讼调解的关口前移，启动庭前调解程序，加大庭前调解的力度，实现即收即调，即调即结。如青岛各人民法庭采取措施，强化庭前诉讼调解工作，走出了一条“调解多、判决少、申诉少、质量高”的良性循环路子。

三是探索提高调解质量的调解艺术和方法。全省各地法院十分注重探索诉讼调解活动规律，结合审判实际，不断创新调解艺术，提高调解水平。如威海中院在调解中坚持找准“三点”，即找准双方当事人的利益平衡点；找准双方当事人的情感共鸣点；根据不同案件类型，找准案件调解的切入点，提高了调解的成功率和履行率。高唐县法院要求审判人员在调解工作中要具备“四心”：干好诉讼调解工作的事业心；为当事人合意解决纠纷的诚心；依法维护当事人合法权益的爱心；平等保护、不偏不倚的公心。海阳市法院在长期诉讼调解活动中总结出了“调解八法”，即心理诊治法、情理并重法、扶正祛邪法、案例诱导法、友情解怨法、冷热处理法、亲友协助法、逆向求助法。兖州市法院总结推广的以扩大简易程序和调动各方积极性为中心的“一、二、三、四”调解法，在审判实践中也取得了良好效果。调解艺术的提高，调解方法的创新，丰富了诉讼调解工作的内涵，增强了调解的针对性和有效性，使全省人民法庭调解工作水平迈上了一个新的台阶。据统计，全省法庭的调解率近年来一直稳步攀升，平均调撤率基本稳定在70%左右，“五化”法庭的平均调撤率则达到了78%。

三、以管理制度化为保障，建设现代化的人民法庭管理体系

全省法院在构建人民法庭审判运行新模式的同时，以创建“规范化法庭”、“人民满意的好法庭”活动为目标，高标准，严要求，切实加强内部各项管理，建立健全规范的法庭管理制度，提高了法庭人员的工作效率和战斗力。

（一）加强队伍建设，促进法庭法官精英化。

全省法庭坚持把队伍建设放在法庭管理首位，从保证工作开展和职能发挥出发，配足配强人民法庭力量，特别是选配素质高、能力强、基层工作经验丰富的同志担任法庭庭长，把党支部建在庭上，推行政治业务一体化管理，实行一岗双责，确保了队伍建设的方向。

一是坚持把思想政治建设放在首位,坚持不懈用邓小平理论和"三个代表"重要思想武装法官头脑,打牢法庭工作的政治根基。把法庭作为作风建设的重点岗位和部门,狠抓作风建设,密切与人民群众的血肉联系。二是加强对法官的教育培训,特别是针对人民法庭经常审理的土地承包、婚姻家庭、民间借贷、相邻关系户、人身损害赔偿等案件类型,结合法律和司法解释,采取专家授课、理论研讨、举办培训班等多种形式进行在职培训,同时省法院还出台政策,鼓励基层特别是人民法庭干部继续深造,攻读本科和研究生学历、学位,大力培养知识化、专业化的专家型法官。据统计,目前全省人民法庭工作人员中具有本科及本科以上学历的有2294人,占法庭干警总数3718人的61.7%。三是为进一步提高人民法庭审判人员的职级待遇,去年省法院与省委组织部联合下发文件,就人民法庭庭长及法庭干部的职级配备进行了明确,规定符合条件的基层人民法庭庭长可以落实正科级,干部职级向法庭倾斜,法庭干部职级待遇较以往有了质的提高,极大地激发了法庭干部的积极性,一大批高学历、年纪轻、业务精的优秀审判人员走上了法庭工作岗位。几年来,人民法庭的广大法官在各种冲击面前,始终筑牢坚固防线,确保了省法院"三个不出、四个提高"目标的实现。

(二)加强制度建设,促进内部管理规范化。

法庭要实现有序管理,离不开制度的规范和保障。为切实加强人民法庭的制度化管理,省法院专门制定下发了《关于进一步加强人民法庭工作的几点意见》,并于2002年9月召开了第三次全省人民法庭工作会议,对法庭管理工作的制度化和规范化提出了进一步的要求。各基层法院和人民法庭则根据法庭工作的实际,进一步健全和完善了人民法庭的政治业务学习、审判工作、廉政建设、纪律作风建设等各项管理制度,使法庭的每一项工作都做到了有章可循、规范有序,以制度管人管事的机制已经形成。各地人民法庭普遍推行了审务公开、制度上墙,增强了审判工作的公开性和透明性,为人民群众参与诉讼和监督人民法庭的审判活动提供了便利。如济南、东营等地按照"制度建庭"的方针,把制度建设延伸到法庭工作的各个方面,着眼法庭案多人少的实际,实行了岗位目标责任考核制度;着眼法庭扣押、查封车辆、财物增多的实际,实行了集中统一管理制度;着眼法庭干警"走读"问题,实行了驻庭制度;着眼干警廉洁办案问题,实行了回庭就餐制度等,并狠抓了落实,使遵规守纪成为干警的自觉行动。在管理模式上,全省人民法庭普遍推行了以量化管理为内容的目标责任制,建立了比较规范的目标管理运行机制和管理模式。为提高法庭管理的科学化,不少人民法庭还借助于现代科技手段,建立完善的微机管理系统,实现对审判工作和队伍的有效管理。通过各项管理制度的建设,规范了审判人员的执法行为,促进了公正司法,提高了办案质量和效率。

（三）加强指导，促进监督管理体系化。

法庭工作的健康开展，离不开强有力的监督和指导。全省法院把加强法庭管理作为一项基础性、长期性的战略任务来抓，普遍分工由一名院长主管人民法庭工作；建立起“省法院民一庭——中院民庭——基层法院民庭——人民法庭”四级管理体系，推行以民庭为主，有关部门配合、多管齐下的人民法庭指导机制；充分运用审判监督这一手段，通过依法审判二审和再审案件，对人民法庭的审判工作进行监督；在民庭成立专门的人民法庭工作指导机构，负责安排工作计划，掌握工作动态，协调工作关系，监督、考核法庭工作情况，实施综合管理；充分利用研讨会、座谈会、培训班等多种形式，增强了监督指导效果。

四、以装备现代化为载体，不断提升人民法庭的科技文化量

1999 年以来，山东高院根据全国人民法庭工作会议的精神，在全国率先按照“三五个乡镇一处法庭”的原则，进行了法庭设置的重大改革，将全省 2300 多处法庭撤并为 621 处，顺利、平稳地完成了法庭设置改革的任务，实现了设置规模化。在撤并过程中，全省各地法院按照提高法庭物质装备功能，满足审判工作需要的目标，对原有的法庭资源进行优化配置和整合，并积极争取当地党委、政府的支持、帮助，多方筹措资金，加大了对人民法庭基本建设和物质装备的投入，各地普遍按照最高法院和省法院的标准要求，在党委、政府的大力支持下，在法院领导和同志们的共同努力下，建设起了适应法庭工作需要的审判法庭和办公场所，基本实现了建设标准化和装备现代化。

如经济属不发达地区的德州两级法院高度重视人民法庭建设，在科学撤并原有法庭的基础上，合理统筹，多方协调，本着“成熟一个建设一个”的精神，几年来法庭建设取得了突破性的进展。目前，全市 45 处人民法庭基本上达到了标准要求，其中 31 处法庭建筑面积达到 1000 平方米以上，其中有 6 处达到了 2000 平方米以上，配套设施基本齐全，功能完善。尤其是庆云县法院，地处全省人口最少、财政收入最少的县，全院一年诉讼经费只有 30 万元，但是该院党组没有消极等待，在中院和县委的大力支持下，多方筹措投资 100 余万元建起了庄严大方的常家法庭，并以此为依托设立便民诉讼网络，较好地解决了农村群众打官司难的问题。还有莒县是全省经济较落后的农业县，莒县法院院长王万军在胃部大切除、6 名班子成员 4 人退休离岗的情况下，发扬艰苦奋斗、愚公移山的精神，依靠当地党委、政府和上级法院的大力支持，仅用了不到 10 个月的时间就在全县建起了 10 处总建筑面积达 8600 平方米的高标准法庭，创造了该县法庭建设的奇迹，当年年底，10 处法庭中就有 9 处被授予市县级“文明单位”，法庭已成为当地法治建设的象征。在各级法院的不懈努力下,目前,全省人民法庭总面积达到了638,329平方米,每个法庭的平均面积达到了962平方米。其中,潍坊、济宁、枣庄等地法院大多数法庭的建筑面积达到1000平方米以上。全省每个法庭平均拥有1.5辆汽车、2台微机和2部程控电话。全省绝大多数法庭还创造条件,改善法庭生活环境,因地制宜,实施了小食堂、小菜园、小浴室、小图书室、小娱乐室等"五小"工程,改善了法庭人员的工作、生活环境,使法官在法庭工作干得好、留得住。

在法庭设置达到规模化、标准化的基础上,全省法院舍得继续加大人民法庭的物质装备投入,不断提升科技含量和文化含量,一些法庭已经走在了全国前列。如潍坊全市法院建成了联系各法庭的局域网,推广了审判流程管理系统软件及升级版,实现了案号生成、法律文书打印、法院印鉴处理、票据打印、案件分流、开庭排期、审限监督"七个自动化",有力地保障了审判工作开展。诸城法院院长王克田身体力行抓好法庭信息化建设,参与有关信息软件的设计,对"公章数字化"的保密问题和远程立案审判办公的诉讼成本问题亲自写出调研文章,有力地推动了法院及人民法庭的信息化建设。目前全省部分法庭还实现了公文起草、档案管理、法律文书审批签发的网络化办公,改变了以往法庭工作依靠手工的状况。平阴县法院东阿法庭在内部建设局域网的基础上,还在国际互联网上建立了法庭网站,并创办了《法庭园地》刊物,使法庭成为展示人民法院形象的一个窗口。寿光市法院的八处法庭在实现了高标准的法庭建设目标后,在各法庭的墙壁上张贴了哲思警句、建设了环境优雅的当事人等候室,体现了司法文明与人文关怀。由于全省法院人民法庭建设成绩突出,2004年,省法院法庭建设工作受到了最高法院表彰,被授予全国人民法庭规范化建设先进单位。

全省人民法庭的现代化建设收到了良好成效。规范、便民的审判运行模式与良好的审判装备相结合,使诉讼效率大大提高,去年以来,全省民事案件个案平均审理周期28天,较以往缩短10多天。许多群众由衷地表示:过去打一场官司,从立案到审理、执行,从法院到法庭,至少要跑三、五趟,如今,只去一趟法庭,就可办理从起诉到申请执行所有的诉讼手续,甚至在家门口,纠纷便得以及时解决,法院办事真是想到老百姓的心坎上了。科学的队伍建设和管理机制造就了一支适应农村法庭工作实际的法官队伍,树立起人民法庭和法官的良好形象。1999年来,全省人民法庭先后获得各类表彰和荣誉2614人(次),2004年,全省人民法庭审结各类诉讼案件496,304件,同比增长5.2%,人均办案113.67件,同比增长11.5%。在审判任务日趋繁重的形势下,办案质量和效率明显提高,充分发挥了人民法庭在维护农村社会稳定和促进农村经济发展中的巨大作用。

依托信息化建设　打造现代化法庭
——四川省彭州市人民法院人民法庭工作经验介绍

◆四川省彭州市人民法院

彭州市位于成都西北，距成都市18公里，辖个20乡镇，面积1420平方公里，人口78万，是成都市面积第二、人口第三、财政收入仅3亿多元的农业县级市。彭州法院现有龙门山和蒙阳人民法庭，干警12名。去年，两个人民法庭共审结案件524件，占全院的19.3%。法庭作为法院的窗口，在了解民情、社情、接受人民群众对审判工作的监督，联系人民群众方面，具有得天独厚的优势；在方便群众诉方面，指导人民调解解决纠纷方面，也具有院机关无法代替的功能。因此，人民法庭工作抓出成效，就为全院工作打下了良好基础，就为审判工作和队伍建设备足了后劲。近年来，彭州法院以整合审判资源为手段，建设规模化人民法庭；以教育培训为重点，打造人民法庭队伍；以“三位一体”管理模式为契机，规范人民法庭管理；以信息化建设为契机，打造现代化人民法庭，人民法庭的形象和公信力不断提高。1月19日，最高人民法院民一庭副庭长、加强人民法庭建设领导小组副组长杜万华一行10人到彭州法院调研时，高度评价了该院人民法庭工作。

一、抓整合，实现法庭建设规模化

彭州法院原有6个人民法庭，分别是天彭人民法庭（城关法庭）、通济人民法庭、九陇人民法庭、庆兴人民法庭、敖平人民法庭和蒙阳人民法庭，收、结案占全院的40%左右。随着经济的发展和我市城乡一体化建设进程的加快，道路畅通，交通便利，当事人打官司已经不像以前那样困难，他们便从2000年开始，对审判资源逐年进行了整合，先后撤销了天彭人民法庭、通济人民法庭、九陇人民法庭、庆兴人民法庭、敖平人民法庭，保留了蒙阳人民法庭，决定兴建龙门山人民法庭（旅游法庭），审理原通济法庭和九陇法庭所辖的案件。通过人民法庭的撤并，现有的两个人民法庭无论装备，还是人员都得到了充实，具备了人民法庭的规模。蒙阳人民法庭现有干警5名，其中，审判员3名、书记员2名，配备电脑4台、打印机1台、扫描仪3台、捷达轿车1辆。龙门山人民法庭现有干警7名，其中，审判人员4名、书记员3名，配备电脑5

台、打印机1台、扫描仪3台、捷达轿车和昌河微型车各一辆。

去年4月,彭州法院根据基层法院涉及婚姻家庭类案件所占比例较大的特点,成立了民事审判第三庭,专门审理婚姻家庭类案件,成为全省第一个专门审理婚姻案件的专业庭。民三庭负责审理原天彭法庭、庆兴法庭和敖平法庭辖区内的婚姻家庭类案件,所有案件都用速裁的方式审判,最短结案时间不超过30分钟,提高了审判效率。民三庭还把赡养案件的庭开到家里,采取拉家常的方式解决纠纷,深受群众好评。

由于现龙门山法庭的办公在九陇镇,距离法院机关不到10公里,交通十分便利,不符合设置人民法庭是为了方便群众诉讼的原则。因此,彭州法院将在通济镇选址修建龙门山人民法庭,总体规划是将龙门山人民法庭建成规范化、规模化和信息化的人民法庭,建成后的龙门山人民法庭配备人员10人,占地面积约1800平方米,建筑面积500平方米,附属设施建筑面积约600平方米。在通济镇设龙门山人民法庭,不仅符合最高人民法院的要求,也符合成都市中院关于在景区设"旅游法庭"的工作思路,其名称更符合彭州市旅游特色(龙门山系旅游景区)。

二、抓管理,实现法庭管理规范化

彭州法院将法院管理工作划分为队伍管理、审判管理、行政后勤管理三大块,根据三大管理的不同特点和要求,设置三个管理机构,制定三大管理制度体系,辅之《岗位目标管理考核办法》,形成全方位的管理机制,简称为"三位一体"管理模式。通过"三位一体"管理模式的成功经验渗透到人民法庭的管理之中,以及人民法庭达标活动和"规范化管理年"活动的有效开展,他们建立了科学、规范、合理的人民法庭管理模式。

一是健全人民法庭管理机制。彭州法院制定了《人民法庭办案规范》、《审判委员会议事规则》、《案件质量评价办法》等,把原本针对各法庭及业务庭的监督检查扩展为针对每一位审判人员进行检查,将检查结果纳入法官的考核和岗位目标考核进行通报,并建立和完善了案件归档质量验收制度、错案确认、追究和总结制度,通过管理机制,做到职责明确,奖惩分明、工作活跃,使整个法庭成为一盘棋。

——健全人民法庭考核机制。该院通过完善对法官的选用、使用、考核、奖惩、晋升等方式和途径,对法官进行符合法院工作特点的管理;通过完善《岗位目标考核办法》,修改和制定《法官考核办法》、《法院其他工作人员考核办法》,对审判工作和法院管理工作进行全方位、多层次考核;通过将人民法庭指导人民调解组织、法制宣传和参与社会治安综合治理纳入考核指标,使这些"软"任务变成了"硬"指标,促进了法庭工作的全面开展。

——健全人民法庭纪律制度。该院从抓队伍建设入手，狠抓党风廉政建设，采取党组书记与全院干警签订党风廉政责任书、建立干警廉政档案等形式，将查摆问题与解决问题、解决问题与防范机制、防范机制与规范性文件结合起来，出台了《关于严格约束干警业外活动的若干规定》、《车辆集中管理规定》等制度，杜绝了法庭干警中午饮酒、酒后驾车、违规动用警车的现象。使法庭的管理与院机关管理同步，法庭管理与院机关管理协调发展的良好局面。

三、抓培训，实现法庭法官职业化

彭州法院以“一个并重，三个教育”为指导思想，倡导人才兴院。采用高学历教育、到上级法院锻炼以及在岗培训等方式和途径，加强对法庭干部的培养，法庭干部全部达到大专以上文化，其中审判人员全部达到大学本科以上学历。

——深刻剖析和解决法庭队伍中存在的问题。他们深刻剖析，正确评估法庭队伍素质：法官比例和年龄结构较为合理，但离法官职业化要求尚有一定差距；极少数法官素质较低，少数个案质量未达基本平台；部分法律文书质量不够高的状况还未得到根本扭转。他们通过分析法庭法官存在的三个不同层次，确立了围绕三个层次狠抓法庭队伍素质的思路，探索法庭队伍建设的长效机制。

——多种手段打造职业法官。基于法庭队伍素质参差不齐的现状，该院在保证法官基本素质不出问题、保证基本素质和绝大多数案件质量达到基本平台的基础上，通过引导、教育、倡导、激励等多种手段，促使法庭干警自我加压，严格自律，打造高素质法庭队伍。一方面，对法庭中层干部和新到法庭工作的同志进行集体谈话，与他们交心、谈心，对他们进行政治品行和业务素质引导。要求他们要将职业化法官作为努力的方向和孜孜以求的奋斗目标，勉励他们要以调研设计审判，培养理性思考的习惯和能力。另一方面，对存在不足的同志采取个别谈话的方式，指出问题，批评教育并鼓励他们放下包袱，增强信心。同时，彭州法院还十分注重审判实务和技能的教育培训，每年利用两至三个月的时间，进行审判专题培训，先后邀请省、市法院资深法官和著名学者举行了《法官的职业素质》、《裁判文书改革的若干问题》、《司法改革》、《做心理健康的现代人》、《证据规则》等14个专题讲座，提高了法庭干警的业务、政治、心理素质。

——通过调研提高工作层次。该院倡导和鼓励法官把典型、疑难案件办成具有示范性和典型性的精品案件，把办理精品案的法官作为法官中的榜样，把精品案件作为裁判文书中的范文，重视对典型疑难案件的理性思考，反对单凭经验办案。去年以来，在抓案件质量达到基本平台的同时,要求各人民法庭法官树立品牌意识,提倡法官把典型疑难案件办成精品和结合审判工作搞调研,以此提高素质。各人民法庭根据自身工作实际积极参与调研工作,龙门山人民法庭针对精神抚慰义务难以兑现,撰写了"精神抚慰义务的迷惘",蒙阳人民法庭针对留置送达存在的问题,撰写了"对留置送达的思考",针对立法中的漏洞撰写了"对'三养'案件被告必须到庭的思考",针对交通事故处理难的特点,撰写了"无责任认定书的道路交通事故的处理"。这些调研文章分别被国家、省、市级刊物采用,人民法庭法官参与调研的比例达100%。

四、抓建设,实现机关与法庭办公同步

彭州法院把法院信息化建设作为提升法院工作层次,提高法院管理档次的有效途径。采用超前的培训方式,使干警尽快地熟悉计算机的基础知识和基本操作技能,实现了纸质档案与电子档案同步生成,实现了司法统计自动生成,实现了全省第一个基层法院与法庭光纤联网,人民法庭实现了真正意义上的办公现代化。

——法庭常规办公无纸化。彭州法院建成了具有491个信息点、151个语音点、有113个工作站的计算机综合网络,龙门山、蒙阳人民法庭依托院机关局域网,实现了稿件从撰稿、送审、修改、签发、传阅各环节顺畅流转,避免了书面的文来交往,大大提高了办事效率。实现了数据库能够根据操作人的指令,将审判流程中数十个填充式的表格、文件、文书,通过电脑处理自动生成并打印成文,减少手工方式下的重复劳动,节约了审判资源。

——法庭档案管理电子化。针对网上案件数据与实际数据往往存在差异,或滞后或不完整准确的问题,该院将建立案件电子档案作为深入推进现代化办公的核心任务之一。法庭干警利用休息时间,克服各种困难,将2004年以前的未结案件及新收案件均建立了电子档案,使电子档案与纸质卷宗完全相同,实现了利用管理系统对案件整个过程的监督和管理,并实现了司法统计自动生成,防止了人民法庭办案的随意性。

——法庭流程监控网络化。该院利用案件从登记、审理、开庭、执行、归档等全过程相关内容的必录设定,全程掌控了案件;实现了对各个节点进行自动检测,对审限、执限等期限到来自动警示,对未录入重要节点的档案实行"冻结";实现了利用网络录入数据的不可逆转性,为案件质量评查和错案追究提供准确和有力的依据。法庭承办人员只要打开电脑就知道案件所处的流程环节,以及电脑所进行的提示。法庭庭长可以随时通过电脑了解全庭和庭员个人的收结案情况。不仅强化了法官的程序意识,杜绝了超审限案件,而且杜绝了法庭先审后立、边结边立,以及抽屉案的老大难问题。

——法庭交流信息化。彭州法院十分注重法院内网和互联网建设,把"两网"建设作为法院和全院干警对外学习交流的平台,作为增加司法透明度的桥梁,作为扩大公众知情权、参与权的纽带。2004 年 5 月 20 日,他们开通了法院局域网,成为第一个与成都市中院联网的郊县法院。12 月 20 日,该院又开通了彭州法院互联网网站,成为成都市法院系统第二个,全省第六个与中国法院网链接的基层法院。法庭干警可以通过法院内网和外网了解法院的工作动态、通知等重要信息,通过给法庭庭长的微机开通互联网,使人民法庭能及时了解更多更新的信息,人民法庭不再是被遗忘的角落。

五、抓服务,实现司法为民

彭州法院倡导树立"法官个个是形象、法院处处是窗口"的形象观念和意识,牢固树立群众观念,以看得见的方式实现司法为民,拉近人民法院与社会公众的距离。一是在各人民法庭专门设立立案接待室,设置群众休息座位、饮水、书写等便民设施。人民法庭开展巡回就地办案,把赡养案件的庭开到家里,实现司法便民。二是立案时,各人民法庭向当事人发送诉讼手册、诉讼(执行)风险告知书,提示当事人超过诉讼时效、举证超过期限、执行不能,可能导致的不利后果,减少当事人的诉讼风险,实现司法保民。蒙阳法庭为方便当事人联系,还向当事人发放便民联系卡,联系卡上记载了人民法庭人员的联系方式及打官司应注意的事项。三是各人民法庭依法对赡养、扶养、抚养案件以及其他弱势群体实行司法救助,每年免收诉讼费用近 10 万元,确保了有困难的当事人打得起官司,实现司法利民。龙门山人民法庭为方便山区当事人诉讼,他们在距法庭较远的白鹿、磁丰等镇建立接待站,定期到所在乡镇接待群众和处理纠纷。四是在充分尊重当事人意愿的基础上,各法庭通过立案调解、庭前调解和庭审调解方式解决纠纷,调解结案率达 60% 以上,简易程序适用率达89.6%,实现了司法安民。此外,各人民法庭还积极做好司法的延伸服务,如在席文贵离婚案件中,龙门山人民法庭的承办法官发现当事人全家是"黑户"时,便主动提出司法建议,解决了困扰当事人多年的户口问题,《人民法院报》以显要标题褒扬了彭州法官为群众解忧的做法。

六、抓指导,实现纠纷解决的多元化

人民法院指导人民调解工作既是民事诉讼法和法院组织法规定的法定职责,也是及时化解社会矛盾、维护社会稳定,促进经济发展的政治责任。该院各人民法庭通过业务培训、个案宣传、法官与乡镇结对子等多种方式、多种途径指导,大大提高了调解人员的积极性,充分发挥了人民调解“第一道防线”的作用。每年培训人民调解员180多人次，培训司法助理员70多人次，参与指导人民调解委员会解决纠纷100多件。

——加强基层组织培训，提高调解员素质。彭州法院及人民法庭在实践中建立了定期培训制度，通过研讨会、培训会、观摩庭审和作为人民陪审员参与案件审理等形式，协助司法行政机关，提高人民调解员的业务素质。各法庭深入到乡镇，把关系人民群众生产生活、关系到社会道德风尚、民风民俗的最新法律知识传递到调解员。近年来，人民法庭有选择性地组织调解员学习了《婚姻法》及其司法解释、《收养法》、《老年人保护法》和《最高人民法院关于审理涉及人民调解协议民事案件的若干规定》等。在讲解时，人民法庭结合案例深入浅出将立法精神和立法原意传递给调解员，便于调解纠纷时针对性更强。

——通过个案审理，强化业务指导。人民法庭主要通过个案审理来对人民调解进行指导，而不是直接介入人民调解组织的调解活动。在对调解委员会的业务指导中，最直接的指导方式就是通过对涉及人民调解协议的民事案件的审理。如果调解协议被确认无效、变更、撤销的，其理由及时告知调解委员会，并因案而异提出具体的建议。如审理赡养案件中，调解委员会主持达成双老分别由两兄弟赡养的协议，其中一儿子供养的老人老逝后，另一子拒绝再尽赡养义务，由于赡养协议违背法律规定而归于无效。法庭在审结该案后，向调解委员会提出了指导性意见，讲解了既要尊重当事人约定，更要符合法律规定。

——鼓励法官与乡镇结对子，增强法庭与乡镇联系。在指导人民调解工作中，该院各人民法庭结合自身工作特点，采取分片包干、固定联系乡镇的方式，与乡镇司法所结成对子，建立相对稳定的调解指导关系。院里把指导人民调解工作作为人民法庭的一项重要考核指标，人民法庭以把此项工作作为考核庭员的目标。凡涉及某一乡镇的调解工作问题，都与相应的人员联系，而每一联系的人又可以针对乡镇的特殊性采取有针对性的指导。

在看到人民法庭良好发展趋势的同时，我们也清醒地看到，人民法庭工作存在法院经费难以维持正常的办公需要，法庭建设举步维艰；法庭整合后，对个别乡镇的人民调解指导将形成真空；人员素质不高；现行有的法律规定给法庭工作带来不便等问题和不足。人民法庭的发展同经济建设及法制建设的大环境息息相关，精简、强化是人民法庭建设的长远目标及必由之路，我院的人民法庭建设正朝着数量精简化、形象威严化、队伍精英化、业务单纯化、装备精良化和办公信息化迈进，力争走出一条在经济欠发达地区建设先进人民法庭的特色之路。

打造一流人民法庭　为党旗争辉让人民满意

◆贵州省息烽县人民法院

位于西部地区的贵州省息烽县地处黔中要塞、乌江南岸。公元1682年,明代崇祯皇帝依“平息烽火”之意赐名“息烽”,1914年息烽正式建县。现辖区面积1036平方公里,人口25.8万,设6乡4镇。我院结合息峰县的实际情况,将原有5个人民法庭合并为养龙、九庄、黑神庙3个人民法庭,管辖4乡3镇,面积758.03平方公里,占全县面积的73.17%,人口18.8万,占全县总人口的74.31%,人民法庭共有审判人员12人(党员9名),占全院干警数的24%。在这片拥有全国爱国主义教育示范基地“息烽集中营”和著名疗养胜地“息烽温泉”的热土上,全院始终以“贵州经济滞后,但贵州的审判水平绝不能落后”的志气,用邓小平理论和“三个代表”重要思想统领法院工作大局,紧扣“公正与效率”主题,围绕队伍建设、审判工作和法院改革三件大事,与时俱进,勇于创新,各项工作取得可喜成绩,得到当地党委、政府的高度赞誉和人民群众的一致好评。并两获“全国人民满意的好法院”和“全国模范法院”的殊荣。成绩的取得,与我院注重基层建设,狠抓人民法庭工作密不可分。在抓人民法庭工作中,我院从加强人民法庭的组织建设、思想建设、作风建设入手,大力抓好人民法庭的规范化、规模化、标准化、制度化、现代化“五化”建设,使人民法庭工作得到全面发展,司法能力和水平不断得到提升,为维护农村社会稳定、营造良好法制环境、构建和谐社会作出了应有的贡献。为此,我院的养龙人民法庭被最高人民法院和司法部表彰为“指导人民调解工作先进集体”,九庄人民法庭被最高人民法院荣记“集体一等功”,养龙、九庄两个人民法庭分别多次获省、市“模范法庭”、“优秀人民法庭”称号,养龙人民法庭成为全省惟一推荐参加全国“十佳人民法庭”评选活动的候选法庭;法庭干警分别荣获省、市“五一”劳动奖章、市“十佳杰出青年人民卫士”、市“指导人民调解工作先进个人”等省、市、县各级荣誉40余人次。

一、始终把人民法庭工作作为“一把手”工程来抓

人民法庭宛如人民法院伸出的一双手,在基层独当一面,肩负不可或

缺的职责,是人民法院联系人民群众的前沿阵地和桥梁纽带,起着矛盾纠纷排查解决的"晴雨表"、"过滤器"的作用,其管理、审判等活动无一不代表基层人民法院的形象。因此,我院党组始终坚持将加强人民法庭工作作为"一把手"工程来抓,使领导的重视落到实处,将"一把手"重不重视法庭工作、关不关心法庭工作作为检验主要领导执政能力高低、好坏的标尺,做到了对人民法庭工作"主要领导亲自抓,分管领导具体抓",使领导重视不停在嘴上,更不流于形式。在明确一名副院长具体分管人民法庭工作的同时,院长每两月一次下到人民法庭,走访乡镇党委、政府及人民群众,了解他们对人民法庭工作的意见和建议并及时向法庭反馈,与干警座谈交流,积极为其想主意、出办法,帮助、指导人民法庭开展各项工作,排除干警工作和生活中存在的后顾之忧,这样,既随时解决了法庭存在的困难和问题,又鼓舞了法庭干警的士气,提高了对其工作重要性的认识,使其能自觉积极主动地搞好法庭工作,从而推动了人民法庭工作向前开展。

二、坚持对人民法庭实行"两精"配备

坚持将政治素质较好、业务素质较强、年纪较轻,并且具有一定审判经验和发展潜力的精干审判力量不断充实到法庭。一是选好人民法庭庭长,始终坚持按照"年轻化"、"知识化"、"专业化"的标准和德、能、勤、绩、廉全面考查的要求,把政治思想素质高、审判业务能力强、有开拓创新精神、善于协调、敢于管理、勤于思考而又积极向上、有一定驾驭复杂局面能力的审判人员任命为庭长,使其能够真正独当一面、担当重任,带领全庭干警完成好人民法庭的各项工作。二是始终坚持人民法庭"三审一书"的配置,将政治业务素质较强、乐于奉献、充满朝气的年轻干警不断充实到人民法庭第一线。多年来人民法庭干警的平均年龄均在35岁以下,低于全院干警平均年龄5岁,且均具有法律专业大专以上文凭。

坚持将最精良的装备配置到人民法庭,从改善法庭审判业务用房入手,逐步配置较为先进的办公设施,使法庭物质装备得到夯实。我院处于西部经济较为落后地区,办公经费十分紧张,院党组却始终坚定地将有限的经费用在人民法庭建设这把刀刃上,不仅按规模化的要求解决了3个法庭的审判业务用房,还为他们配置了全院最好的车辆及装备。经过努力,已为人民法庭购置了价值50余万元的审判业务用车6辆,台式电脑4台、手提电脑3台及相应的打印输出、复印设备,从而保障了人民法庭工作向高科技要效率得以实现。

三、切实做到对人民法庭工作"三个"到位

(一)对法庭的管理到位

人民法庭远离基层人民法院,既是人民法院的派出机构,又具有相

对的独立性，其审判职能作用能否发挥好，如何加强对其进行管理成为关键。为此，我院一是加强人民法庭队伍建设。要求法庭干警努力学习，树立紧迫感、危机感和使命感，自觉刻苦钻研，锤炼意志，注重把提高自己的政治业务素质视为第一需要，牢固树立“全心全意为人民服务”的宗旨和文明执法意识。要求法庭干警必须坚持每月四会（即政治思想教育会、业务学习会、行政管理庭务会、案件质量分析会）雷打不动，形成了自觉强化管理和努力夯实队伍建设的良好风气。二是加强人民法庭制度管理。紧紧围绕审判业务、队伍建设、法庭建设这三条主线，结合实际，除要求各人民法庭必须严格执行本院的各项制度外，指导和帮助各人民法庭制定并健全了有关行政、审判管理等一系列规章制度，从机制和制度上保证法庭审判规范化、管理科学化，坚持用制度管人管事，使其工作有条不紊，避免盲目性和被动性，避免“人管人、人盯人”的弊端，更加规范了人民法庭的活动。三是强化对人民法庭的内外监督。在案件质量的监督方面建立案件评查制度，法庭审结的案件必须当月内装订成册送审监庭，由审监庭逐案全面进行检查，一经发现问题和不足立即指出，除责令法庭干警分析原因、总结存在的问题外，还按案件质量奖惩制度予以处罚，以确保人民法庭审判案件的质量。几年来，人民法庭办理的案件二审发回、改判率均在0.3%以下。在制度落实监督方面，由院督查小组定期或不定期前往各人民法庭检查贯彻执行情况，促使人民法庭干警按章办事。为增强人民法庭自觉接受人大代表监督的意识，除聘请人大代表作为人民法庭义务监督员外，还规定由人大任命的法官每人每年固定联系三至四名人大代表，定期向代表们征求对人民法庭工作的意见和建议。通过强化监督措施，增强了人民法庭干警的责任心，促使他们积极主动认真地搞好人民法庭各项工作。

（二）政策向法庭倾斜到位

由于人民法庭条件较为艰苦，派下去的干警都是远离家庭，工作、学习、生活多有不便。为此，我院一是提高人民法庭干警的福利待遇，做到从优待警。每月给予人民法庭一定补贴，专门用于解决干警生活不便所带来的问题。对在法庭工作的干警每月每人给予一定的经济补助，虽然受条件所限补贴经费有限，却使干警感到欣慰，较为安心法庭工作。二是在提拔任用干部时将是否具有法庭工作经历作为条件之一，不具备该条件的，一般不提拔任用。目前我院70%以上的中层干部都曾经在人民法庭工作过，有的还直接从人民法庭庭长岗位上提拔为院领导。坚持这样做让法庭干警感到工作有“奔头”，也利于法庭干警队伍的相对稳定。三是在年终考核及评先选优上也坚持优先考虑法庭干警。各种政策倾向法庭，使得院机关干警不再把到法庭工作视为苦差事而畏缩不去，在法庭工作的干警也较为安心本职工作。

(三)确保人民法庭的司法职能作用和司法为民宗旨落实到位

为提高审判效率、促进司法公正,彻底杜绝超法定审限和隐性超时限案件。早在1998年我院便推出了“当日立案、排期开庭、一月审结,公正裁判”十六字工作制度,同时,制定一系列配套措施,保证了“十六字”工作制度的顺利实施,促进了审判工作进一步走向公正高效,为我院提高司法能力水平,切实做到司法为民打下了坚实的基础。实践证明,我院的“十六字”工作制度及其配套措施与后来最高人民法院“公正与效率”的法院工作主题和《人民法院五年改革纲要》的内容不谋而合。我院党组在要求人民法庭不折不扣地执行“十六字”工作制度及配套措施的同时,还结合人民法庭实际,从充分发挥职能作用、加大便民利民为民力度方面制定了若干规定,并督促落实到位,从而使人民法庭工作取得了可喜的成绩。

一是认真开展审判方式改革,落实繁简分流。针对人民法庭受理的案件大多法律关系较为简单、事实较为清楚、争议不大的特点,要求人民法庭除法律明文规定必须适用普通程序审理的案件外,一律适用简易程序审理,以提高诉讼效率,方便快捷地解决当事人诉争,减轻当事人诉累。如从江西省萍乡市远道而来的一当事人在他的货款纠纷案件起诉到法庭后,人民法庭适用简易程序仅20分钟便调解处理了此案,并当庭送达了法律文书。他惊讶地说道:“都说贵州落后,我这趟来打官司,却感到贵州并不落后,法庭的审判效率还很高。”几年来,我院人民法庭审理的诉讼案件适用简易程序审理的占95%以上。

二是以定纷止争为目标,把诉讼调解贯穿于案件审理的始终。人民法庭受理的案件大都发生在农村邻里之间或日常生活之中,纠纷双方必将长期相处或继续为邻,其矛盾纠纷不是不可调和的,因而不能就案办案,一判了之。人民法庭以“三个有利于”为出发点,在辨析法理、准确把握纠纷症结所在的基础上,切实注重通过调解化解矛盾。调解时在和风细雨中做耐心细致的工作,对当事人多一点耐心、多一份诚心、多一些爱心,尽量促使双方通过协商解决矛盾,做到案结事了。如养龙法庭在审理张某与王某人身损害赔偿纠纷一案中,张王二人系亲叔侄,双方为生活琐事打架,张某受伤住院,王某为逃避责任也故意去“住院”,均花去上千元医疗费,诉至法庭后,双方各持己见,均认为自己有理,声称就是砸锅卖铁,官司打到北京也要打赢。承办法官考虑到该案系亲属之间的矛盾纠纷,草率下判必将影响两家的团结,达不到解决矛盾、促使两家和睦相处的目的,遂先后3次到距法庭30余公里的当事人家中,召集双方剖析纠纷原因,指出王某故意住院的行为是不受法律保护的,其损失不应由张某承担,同时指出张某系长辈,对纠纷的发生也有一定责任,希望双方从有利于两家的团结和今后还要长期相处的实际去考虑,相互谅解,互相让步。一次、两次、三次,法官切实为当事人着想的真情打动了双方，案件圆满调解结案，王某主动赔偿张某的医疗费损失，张某也当众向王某赔礼道歉，双方言归于好，他们都对法官耐心的说法说理表示深深的敬佩，并感谢法官挽救了他们的亲情。多年来，这样的事例在人民法庭法官身上数不胜数，他们的辛勤付出，使得我院人民法庭所审结的民商事案件中调解结案率长期保持在75%以上。

三是认真贯彻"两便"原则，把司法为民措施落到实处。我县是一个典型的农业县，经济相对滞后，交通不便，群众的法律知识较为欠缺；而随着社会的不断发展和改革的不断深入，在土地承包、涉及工业用地、调整农业产业结构等方面，村与村之间、村与村民之间、邻里之间、村民村委与用地单位之间的矛盾不断凸现，人民群众在法律方面遇到的困惑越来越多，纠纷也大量产生。为此，人民法庭立足辖区实际，不断加强、完善和改进适合农村特点的法制宣传及各项便民利民为民措施。首先，人民法庭在审判中始终坚持走村串户，深入到纠纷发生地或群众聚居地就地开庭、就地审理、就地宣判。通过发生在人民群众身边的一个个鲜活的实际案例就案讲法，以张扬法治，弘扬正气，提高人民群众的法律知识。近年来，我院人民法庭所审结的民商事案件有近40%都是到纠纷发生地或当事人所在地就地审结的。其次，通过编辑《诉讼指南》小册子，并送到各村民委员会及部分人民群众手中，帮助人民群众了解常用的法律、诉讼基本知识，引导帮助他们在发生矛盾纠纷时主动去运用法律手段维护自身的合法权益，真正做到知法、懂法、守法、用法。再次，在坚持和完善巡回办案、走村串户送法上门、将法庭置于田间地头、沟边屋角的传统做法的同时，拓宽服务内容和渠道，利用装备的汽车、手提电脑等现代办案设施，各人民法庭专门固定一辆车作为"汽车流动法庭"，将受案电话、工作职责等内容公布在车上，人民群众如有需要通过电话就可获得人民法庭的帮助，"汽车流动法庭"到哪里，司法审判服务便延伸到哪里，"流动法庭办案车"成为了穿梭在大山深处、密林丛中的一道流动风景线。如胡某欠唐某 8 万元借款一案，胡在答应唐用自己仅剩的一处房产抵偿债务后，又背着唐私下与他人协商以 3 万元低价卖掉，企图赖账。后胡正在腾房欲交付时，唐某知道后赶到现场阻止未果，急得顿胸捶足，毫无办法。这时旁人提醒他说："法庭的汽车流动法庭有求必应，办事很快，你打电话试一下吧。"唐某依言拨通电话后，人民法庭的法官很快驱车赶到现场，见到放下电话后 10 分钟内就赶来的法官，唐某用颤抖的声音说到："我要告他……他赖账……"法官经初步调查后，依唐某的口头申请，当即用汽车上装备的手提电脑和打印设备制作并下达了诉前保全裁定书，查封了该房屋，使唐某的合法权益及时得到保护，唐某握住法官的手激动地连声说道"没想到，没想到"。据统计，几年来，我院人民法庭通过巡回审结的案件占法庭所结案件数的70.6%。

四是加强对人民调解工作的指导，把人民调解和诉讼调解紧密结合起来，充分调动各方面的积极因素，探索和推动各种诉讼替代解决方式，进一步健全社会矛盾纠纷的多元处理机制。把对人民调解组织和人员的业务培训作为人民法庭的一项任务，要求他们结合辖区实际，有针对性地开展对调解委员会和人员的业务指导。为此，人民法庭每年都要派员为辖区的调解组织举办两至三期调解员培训班，在审理较为典型案件时邀请调解员到庭观摩、学习调解技巧，着力提高基层调解组织化解纠纷的能力和水平，将大量的民间纠纷消化在萌芽状态，在为当地党委、政府排忧解难的同时，避免了大量民间纠纷形成诉讼，减轻了人民法庭的负担。同时，还要求人民法庭注重诉讼外矛盾纠纷的排查和调处，避免因矛盾纠纷底数不清化解不及时、调处不妥而致使矛盾激化或引发群体性事件。如九庄法庭辖区的两户村民因排水问题发生冲突，双方各自邀约了亲友数十人准备互殴，一场群体性械斗一触即发。法庭得知这一情况后，迅即赶到现场，会同有关部门疏导化解了这一纠纷。几年来，人民法庭参与诉讼外调解，化解民间纠纷600余起，受到当地党委、政府的赞誉。

五是降低诉讼门槛，加大对弱势群体的法律帮助力度，对确有经济困难的当事人减、免、缓交诉讼费，让确有理而又交不起诉讼费的当事人打得起官司、打得赢官司。几年来，人民法庭共为298名当事人减交、免交、缓交诉讼费11.8万元。

六是在保障公正与效率，及时审结民商事案件的同时，不忘关注当事人诉讼的终极目的。为此，要求人民法庭按照上级法院的要求，对人民法庭所审结的民商事案件，由人民法庭自行执行，从而及时有效地实现当事人的权益，维护了法律尊严。几年来，我院人民法庭受理执行案件800余件，执行兑现标的1400余万元。

上述制度措施的落实，使我院人民法庭以公正高效的审判、以各项司法为民措施的落实深入民心，在人民群众中树立了良好的形象，人民群众感受到了法制的重要和法律的权威，从过去有了纠纷习惯于依靠乡村长老、亲朋好友劝解、依赖或缠绕政府调处的化解方式而转变到纷纷走向人民法庭寻求司法途径解决的法律轨道，过去因“大纠纷怕打官司，小纠纷忍气吞声”而利益受损的当事人也敢于、愿意和善于运用法律武器，通过司法救济途径来维护自己的合法权益了。正如老百姓所说：“人民法庭是我们的法庭，有事找他们解决，他们办得快，办得好，办得公正，而且他们服务到位，很方便”。有鉴于此，我院人民法庭的干警们把人民群众的信任视为压力和动力，视人民利益高于一切，把全心全意为人民服务牢记心中，宁愿自己千辛万苦，也不让人民群众有半点怨气；宁愿自己跑断腿，也不让人民群众跑一步冤枉路；宁愿自己加班加点，也要把方便留给人民群众。五年来人民法庭收案7924件，结案7915件，结案率99.88%，平均结案周期仅为18.2天，年均结案

1300余件，占全院审结案件数的60%左右。各人民法庭平均每年审(执)结案件440件，年平均结案数高居我省农村人民法庭之首，是全省农村人民法庭年平均结案数100件的4.4倍，在数量、质量、效率上走在了我省人民法庭工作前列，为辖区的社会稳定、经济发展作出了积极贡献。

四、规范人民法庭工作形成"四项"机制

通过长期不懈的努力，我院党组以创一流人民法庭为目标，努力开拓人民法庭工作新思路，在对人民法庭工作不断进行规范、管理的过程中，形成了四项制度。

一是把人民法庭工作能否开展好、职能是否发挥好作为法院工作的重要一环，摆上党组议事日程形成制度。多年来都坚持在每年年初、年终针对人民法庭工作召开党组会议，专题就人民法庭的队伍建设、审判管理、物质装备问题进行研究，形成决议，保证人民法庭工作年初有安排、有布置，平常有督促、有检查，年终有总结、有评比。

二是院长、分管副院长定期到人民法庭检查、指导、督促、研究工作，帮助解决问题形成制度。人民法庭工作具有相对独立性，其审判管理、行政管理、工作作风无一不代表人民法院的形象，不能有丝毫疏忽或松懈，而且抓好人民法庭工作本身就是一门学问，必须做到领导高度重视。因而我院一把手始终坚持每两月至少到各人民法庭一次以上，分管副院长每月至少到各人民法庭一次以上，就法庭全面工作进行检查、指导、督促、研究，尽力帮助解决问题。

三是人民法庭庭长相互定期交流审判信息、法庭管理经验等形成制度。每季度用一天时间，由分管副院长召集人民法庭庭长到院机关，会同民庭，就审判管理和司法实践中遇到的新情况、新问题及各自认为有研究探讨价值的典型案件进行会议研讨，保证互通信息、交流经验和体会，达到共同促进和提高。

四是确保人民法庭干警廉洁自律，自觉维护司法公正形成制度。长期以来均做到了在每年年初由分管副院长与院长、各人民法庭庭长与分管副院长、各人民法庭干警与庭长层层签订廉政建设目标责任书，保证廉政建设不仅有要求，更有具体措施，此外，院庭领导还把干警8小时以外的经常性监督管理纳入视线，从制度保障和经常性管理两个方面促使干警面对腐败"不敢为、不能为、不愿为"，使干警始终保持廉洁自律，洁身自好，从而自觉维护司法公正形成了制度。

几年来，我院通过对上述加强人民法庭工作的"一、二、三、四"工程长期不懈的坚持、稳步扎实的推进，使得人民法庭工作连年有新的进步，人民群众也对人民法庭工作有了新的认识，他们认为人民法庭的诉讼门槛降低了、审理周期缩短了、案件质量提高了、服务意识和水平增

强了，由此对人民法庭的工作更加放心和信任，有了纠纷不能处理时也首先想到的是去找人民法庭，这也增强了我院进一步搞好人民法庭工作的责任心和紧迫感。今后，我院将坚持以邓小平理论和“三个代表”重要思想为指导，以加强法院基层建设工作为契机，以改建人民法庭为切入点，进一步加强对法庭工作的“五化”建设，努力使人民法庭工作能够适应形势发展的新要求，为构建农村和谐稳定社会，促进农村经济发展竭尽绵力。

（贵州省高级人民法院民一庭协助整理）

【最高人民法院二审案件解析】

如何认定当事人在仲裁法施行前签订的仲裁协议的效力

◆程新文*

*程新文，男，最高人民法院民事审判第一庭高级法官，中国人民大学法学硕士。

法理提示：本案涉及对当事人在《中华人民共和国仲裁法》施行前签订的选择非终局性仲裁的协议或者条款后，在《中华人民共和国仲裁法》施行后没有签订新的协议放弃仲裁的情况下，如何认定有关仲裁协议或者仲裁条款的效力问题。根据当时施行的《中华人民共和国经济合同仲裁条例》的规定，在各级工商行政管理机关设立的经济合同仲裁委员会，处理经济合同纠纷案件，实行一次裁决制，不具有终局性，不具有与诉讼并行的排除司法管辖权的性质。而自1995年9月1日起施行的《中华人民共和国仲裁法》确定的是一裁终局制，当事人在裁决作出后就同一纠纷向人民法院起诉的，人民法院不予受理。该种解决纠纷方式的仲裁裁决具有终局性，有与诉讼并行的排除司法管辖权的性质。根据国家有关实施《中华人民共和国仲裁法》的规范性文件和最高人民法院相关适用《中华人民共和国仲裁法》的规定，《中华人民共和国仲裁法》施行前当事人依法订立的仲裁协议继续有效；有关当事人向人民法院起诉的，人民法院不予受理，应当告知其向依照《中华人民共和国仲裁法》组建的仲裁机构申请仲裁，由依法新组建的仲裁委员会受理。当事人双方书面协议放弃仲裁后，一方向人民法院起诉的，人民法院应当依法受理。本案中双方当事人在仲裁条款中约定涉及的仲裁机构，属于按照《中华人民共和国仲裁法》施行前国家有关仲裁的规定所确定的仲裁机构，按照《中华人民共和国仲裁法》施行后国家有关法律规范性文件规定的原则，可以确定受理本案当事人之间争议纠纷的仲裁委员会。虽然本案双方当事人在仲裁条款中约定选择的是非终局性的仲裁，但当事人在仲裁法施行后，没有另行签订新的协议表示放弃仲裁，因此，适用有关仲裁的程序处理双方当事人的纠纷，符合《中华人民共和国仲裁法》和有关法律规范性文件规定的精神。

上诉人（原审原告）：中国建筑二局第四建筑工程公司，住所地河北省唐山市唐丰路。

法定代表人：马焕然，该公司总经理。

委托代理人：王宝军，北京市京伦律师事务所律师。

委托代理人:杨晓勇,北京市京伦律师事务所律师。

被上诉人(原审被告):河北国际商贸会展中心有限公司,住所地河北省石家庄市中华北大街3号。

法定代表人:李国庆,该公司执行董事。

委托代理人:安红敏,河北冀立律师事务所律师。

委托代理人:刘爱强,河北冀立律师事务所律师。

一、案件基本事实

一审法院审查的事实为:2003年12月24日,中国建筑二局第四建筑工程公司(以下简称中建二局四公司)向一审法院起诉后,该院于2004年1月12日立案,同年2月13日向河北国际商贸会展中心有限公司(以下简称河北会展中心)送达《民事起诉状》、《应诉通知书》、《举证通知书》、《当事人权利义务须知》等。在《举证通知书》中,一审法院确定的举证截止日期为2004年3月18日。2004年3月15日,河北会展中心提出延期举证申请,在一审法院主持下,双方同意举证时限延期至2004年4月16日。2004年4月13日,河北会展中心向一审法院提出《异议书》,认为双方1992年11月18日签订的《建设工程施工合同协议条款》第30条第1款明确约定:“争议的解决程序:双方发生争议,首先请河北省建设主管部门进行调解,建设主管部门10天内不能作出调解,可提请工程所在地工商行政管理机关进行仲裁。”河北会展中心认为,人民法院无权受理本案,应由石家庄仲裁委员会管辖。

河北会展中心未提交《答辩状》,也未进行证据交换。本案一审法院未开庭。中建二局四公司在一审立案时提出了诉讼保全申请。2004年3月31日,在一审法院主持下,双方达成协议,按3000万元计算保全费,查封河北会展中心所属金圆大厦16~19层。中建二局四公司已向一审法院交纳保全费,但一审法院尚未作出查封裁定。

二、当事人提出异议及答辩情况

中建二局四公司认为该案应由人民法院受理,依据和理由为:(1)应适用《中华人民共和国民事诉讼法》第38条。该条规定:“人民法院受理案件后,当事人对管辖权有异议的,应当在提交答辩状期间提出。人民法院对当事人提出的异议,应当审查。异议成立的,裁定将案件移送有管辖权的人民法院;异议不成立的,裁定驳回。”因此,当事人提出异议的期限是答辩期,本案河北会展中心提出异议时已超过这一期限。(2)应适用最高人民法院1990年8月5日给河南省高级人民法院《关于经济纠纷案件当事人向受诉法院提出管辖权异议的期限问题的批复》。该批复第1条规定:“人民法院受理的第一审经济纠纷案件，当事人在法律规定的答辩期限内对法院的管辖权提出异议的，法院应当先就本院对该案有无管辖权问题进行审议；逾期提出的，法院不予审议。”(3)应适用最高人民法院《关于适用〈中华人民共和国民事诉讼法〉若干问题的意见》第148条的规定。该条规定：“当事人一方向人民法院起诉时未声明有仲裁协议，人民法院受理后，对方当事人又应诉答辩的，视为该人民法院有管辖权。”河北会展中心申请延长举证期限、与中建二局四公司协商保全财产等行为，属本条规定的应诉行为。故人民法院对本案有管辖权。(4)《中华人民共和国民事诉讼法》的效力高于《中华人民共和国仲裁法》，应适用《中华人民共和国民事诉讼法》。

河北会展中心认为人民法院没有管辖权，依据和理由为：(1)《中华人民共和国民事诉讼法》第38条和最高人民法院的批复，针对的是当事人对法院级别管辖和地域管辖提出的异议，而河北会展中心提出的异议是法院有管辖权还是仲裁机关有管辖权的异议，本案争议不适用上述规定。(2)《中华人民共和国仲裁法》第26条明确规定：“当事人达成仲裁协议，一方向人民法院起诉未声明有仲裁协议，人民法院受理后，另一方在首次开庭前提交仲裁协议的，人民法院应当驳回起诉，但仲裁协议无效的除外；另一方在首次开庭前未对人民法院受理该案提出异议的，视为放弃仲裁协议，人民法院应当继续审理。”当事人对是否应由仲裁机关管辖向人民法院提出异议的期限是首次开庭前。河北会展中心的行为符合这一规定。(3)即使《中华人民共和国民事诉讼法》和最高人民法院批复针对的是本案情形，本案亦应适用《中华人民共和国仲裁法》，不应适用《中华人民共和国民事诉讼法》和有关批复。一是《中华人民共和国民事诉讼法》施行于1991年，批复是施行于1990年，而《中华人民共和国仲裁法》施行于1995年，根据“新法优于旧法”的原则，应适用《中华人民共和国仲裁法》。二是《中华人民共和国仲裁法》是特别法，《中华人民共和国民事诉讼法》是普通法，根据“特别法优于普通法”的原则，应适用《中华人民共和国仲裁法》。三是《中华人民共和国民事诉讼法》的效力高于《中华人民共和国仲裁法》的效力，但不能说明最高人民法院对《中华人民共和国民事诉讼法》解释的效力亦高于《中华人民共和国仲裁法》的效力。(4)河北会展中心在本案中的行为不属于应诉。

三、河北省高级人民法院一审审查及处理情况

一审法院经审查认为，《中华人民共和国民事诉讼法》第38条的规定，解决的是人民法院之间管辖权的争议，本案争议属于人民法院是否应予受理的范畴，故该条规定不适用本案。最高人民法院1990年《关于经济纠纷案件当事人向受诉法院提出管辖权异议的期限问题的批复》第4条规定:“……经过再审或者提审,原判决和裁定均被撤销的,应将案件移送有管辖权的人民法院审理。”故该批复针对的亦是人民法院之间的管辖权争议,不适用本案。最高人民法院《关于适用〈中华人民共和国民事诉讼法〉若干问题的意见》第148条规定的是“应诉答辩”,并非只为“应诉”,本案中河北会展中心并未对实体问题进行答辩,只对程序问题提出异议。在法院的主持下,双方对延期举证和财产保全的协商,并非是被告应诉答辩的行为,故该条规定不适用本案。本案应适用《中华人民共和国仲裁法》第26条的规定,即河北会展中心的管辖权异议提出于本案首次开庭前,应予支持。依照《中华人民共和国民事诉讼法》第108条,最高人民法院《关于适用〈中华人民共和国民事诉讼法〉若干问题的意见》第139条和《中华人民共和国仲裁法》第26条的规定,裁定:驳回中建二局四公司的起诉。案件受理费50元,由中建二局四公司负担。

四、当事人上诉与答辩情况

中建二局四公司不服一审裁定,向本院提起上诉称,一审裁定认定事实和适用法律均有错误,请求撤销一审裁定,驳回河北会展中心管辖权异议申请。主要事实和理由是:(1)一审法院在裁定中认定最高人民法院1990年的批复不适用本案,属于曲解。最高人民法院《关于经济纠纷案件当事人向受诉法院提出管辖权异议的期限问题的批复》第2条规定:“当事人在法律规定的答辩期限内对法院的管辖权提出了异议,但是在法院就有无管辖权问题作出裁定前,又以书面或口头形式(须经法院记录在案并经本人签字)表示接受受诉法院管辖的,视为当事人自动放弃了异议。以后,当事人在诉讼中再行提出管辖异议的,法院不再审议。”该批复不仅针对人民法院之间的管辖权争议,还针对法院有无管辖权的争议,故该批复适用本案。河北会展中心于2004年2月13日收到《民事起诉状》。根据《中华人民共和国民事诉讼法》第113条的规定,河北会展中心法定答辩期为收到起诉状起15日,即河北会展中心答辩期的最后期限为2004年2月27日。河北会展中心在上述法定答辩期内未提出管辖权异议。河北会展中心提出管辖权异议的时间为2004年4月13日。按照上述批复的规定,法院应对其管辖权异议申请不予审议。一审法院排除适用该批复,认定管辖权异议成立是错误的,应予纠正。(2)河北会展中心已经应诉答辩,根据最高人民法院《关于适用〈中华人民共和国民事诉讼法〉若干问题的意见》第148条“当事人一方向人民法院起诉时未声明有仲裁协议,人民法院受理后,对方当事人又应诉答辩的,视为该人民法院有管辖权”的规定,法院对本案有管辖权。河北会展中心不仅有实体答辩行为,还参加了首次开庭。2004年3月31日,双方在法院主持下进行了首次开庭,法庭有笔录记录在案。此次庭审中,河北会展中心在承认拖欠工程款的前提下,对财产保全问题与中建二局四公司进行了协商,河北会展中心同意法院查封其所属金圆大厦 16 ~ 19 层,已处分了其实体权利,构成了实体应诉,至于其是否在法定答辩期内提出了答辩状,是对其诉讼权利的处分,应按《中华人民共和国民事诉讼法》第 113 条"被告不提出答辩状的,不影响人民法院审理"的规定,结合 2004 年 3 月 31 日的庭审对其"应诉答辩"行为加以认定。河北会展中心提出管辖权异议的时间为 2004 年 4 月 13 日,晚于首次开庭的 2004 年 3 月 31 日,即使按照《中华人民共和国仲裁法》第 26 条的规定,也应驳回。(3)双方于 1992 年 11 月 18 日签订的《建设工程施工合同协议条款》第 30 条的仲裁条款约定不明确,应属无效。该《建设工程施工合同协议条款》第 30 条第 1 款约定:"争议的解决程序:可提请工程所在地工商行政管理机关进行仲裁。"首先,双方在该条款中只是约定了可提请仲裁,并没有约定必须由仲裁机构进行处理。因此,双方发生争议后,是选择仲裁还是选择法院管辖,完全取决于提起诉讼一方的自由选择。其次,在协议中约定的仲裁机构未明确是区工商行政管理机关还是石家庄市工商行政管理机关抑或是河北省工商行政管理机关管辖,双方仅约定了仲裁地点,而对仲裁机构没有约定,依据《中华人民共和国仲裁法》第 18 条之规定,此约定属约定不明,应属无效。综上,请求二审法院依法支持上诉请求,并裁定由一审法院审理。

河北会展中心答辩称,中建二局四公司提出的上诉没有事实和法律依据,是对法律的曲解,应予驳回。(1)最高人民法院 1990 年《关于经济纠纷案件当事人向受诉法院提出管辖权异议的期限问题的批复》针对的是人民法院之间的管辖权争议,而不是人民法院与仲裁机构之间的主管权争议,故该批复不适用本案。退一步讲,即使该批复针对的是人民法院与仲裁机构之间的主管权争议,由于与《中华人民共和国仲裁法》第 26 条的规定相冲突,其效力低于《中华人民共和国仲裁法》,应以《中华人民共和国仲裁法》第 26 条的规定为准。(2)本案一审尚未开庭,河北会展中心也未进行应诉答辩。一审法院就延期举证和财产保全问题征求双方意见,但不是民事诉讼法规定的开庭。最高人民法院《关于适用〈中华人民共和国民事诉讼法〉若干问题的意见》第 148 条的规定也不适用本案。而且该司法解释的效力低于《中华人民共和国仲裁法》第 26 条。(3)河北会展中心与中建二局四公司于 1992 年 11 月 18 日签订的《建设工程施工合同协议条款》第 30 条关于仲裁的约定,是双方的真实意思表示,符合当时的有关法律规定,合法有效。双方签订《建设工程施工合同协议条款》时,当时适用的是《中华人民共和国经济合同仲裁条例》,该条例对经济合同仲裁是按标的额确定不同的级别管辖,因此合同中不必约定由哪一级工商行政管理机关进行仲裁,而应在申请仲裁时根据争议标的确定管辖机关。

(4)按照国家实施《中华人民共和国仲裁法》的规范性文件规定,仲裁条款继续有效,双方没有达成书面放弃仲裁的协议,人民法院依法无权受理;根据《中华人民共和国仲裁法》关于新组建仲裁机构的规定,可以确定仲裁机构。综上,一审法院驳回中建二局四公司起诉的裁定,认定事实清楚,适用法律正确,裁判结果合理合法,请求二审法院依法驳回上诉,维持原裁定。

五、最高人民法院二审查明事实情况

最高人民法院二审查明:1992年11月18日,河北省工业产品展销交易市场建设指挥部与中建二局四公司签订《建设工程施工合同协议条款》。1996年9月4日,经河北省计划委员会批准,将河北省工业产品展销交易市场建设指挥部改建为河北会展中心。1996年10月10日,名称变更为河北会展中心有限责任公司。1997年8月26日,变更为现名。

六、最高人民法院二审审理与认定情况

最高人民法院经审查认为,本案当事人双方讼争的基本问题是将争议提请仲裁机构仲裁,还是由人民法院受理,即如何确定人民法院主管的问题。双方于1992年11月18日签订的《建设工程施工合同协议条款》第30条第1款中关于可将争议提请工程所在地工商行政管理机关进行仲裁的约定,按照当时的国家法律和行政法规的规定,虽然双方没有选择不得向人民法院起诉的方式解决纠纷,但双方选择通过仲裁方式解决纠纷的意思表示是真实的。根据《中华人民共和国仲裁法》和有关实施该法律的规范性文件规定,《中华人民共和国仲裁法》施行前当事人依法订立的仲裁协议继续有效;有关当事人向人民法院起诉的,人民法院不予受理,应当告知其向依照《中华人民共和国仲裁法》组建的仲裁机构申请仲裁;当事人双方书面协议放弃仲裁后,一方向人民法院起诉的,人民法院应当依法受理;按照《中华人民共和国仲裁法》施行前国家有关仲裁的规定由直辖市或者省、自治区人民政府所在地的市范围内原各级仲裁机构仲裁的,分别由原仲裁所在地的直辖市或者省、自治区人民政府所在地的市新组建的仲裁委员会受理。双方在仲裁条款中约定涉及的仲裁机构,属于按照《中华人民共和国仲裁法》施行前国家有关仲裁的规定所确定的仲裁机构,按照《中华人民共和国仲裁法》施行后国家有关规范性文件规定的原则,仍然可以确定受理本案当事人之间纠纷的仲裁委员会,故中建二局四公司提出双方签订的仲裁条款中对仲裁机构约定不明确,仲裁条款应属无效的理由不成立,不予支持。河北会展中心与中建二局四公司在《中华人民

共和国仲裁法》施行后没有达成书面协议放弃仲裁，一方向人民法院起诉，不符合《中华人民共和国仲裁法》和有关实施该法律的规范性文件规定人民法院应当受理的条件，人民法院对双方当事人之间的纠纷没有管辖权。中建二局四公司提出河北会展中心已经应诉答辩，参加了首次开庭，表示接受人民法院管辖，视为自动放弃异议，缺乏事实依据，不予支持。河北会展中心在一审法院正式组织的第一次开庭审理前提交仲裁协议并提出管辖权异议，符合《中华人民共和国仲裁法》第26条的规定，属于人民法院驳回起诉的情形。本案讼争的程序问题，应当适用有关仲裁与诉讼的法律和法律规范性文件的规定予以确定，中建二局四公司提出适用1990年最高人民法院《关于经济纠纷案件当事人向受诉法院提出管辖权异议的期限问题的批复》和《关于适用〈中华人民共和国民事诉讼法〉若干问题的意见》第148条的规定，与本案实际情况不符，不予支持。综上，一审裁定驳回中建二局四公司的起诉，认定事实清楚，适用法律正确，应予维持。根据《中华人民共和国民事诉讼法》第154条之规定，最高人民法院于2004年8月5日以［2004］民一终字第63号民事裁定书，裁定如下：

驳回上诉，维持原裁定。

二审案件受理费50元，由中建二局四公司负担。

七、对本案的解析

本案双方当事人争议的焦点问题有三个，即：(1)1992年双方签订协议中选择非终局性仲裁的仲裁条款的真实意思表示；(2)如何认定本案所涉协议中仲裁条款的性质；(3)如何适用法律来确定人民法院对本案有无管辖权。概括地讲，本案涉及的基本问题是人民法院是否对双方当事人的建设工程施工合同争议享有管辖权，即双方当事人的争议是应提请仲裁机构仲裁，还是由人民法院受理，属于确定人民法院主管的问题。

1. 关于1992年双方签订协议中选择非终局性仲裁的协议仲裁条款的真实意思表示问题。实际上还涉及对本案所涉协议中仲裁条款性质的认定问题。在研究本案如何处理的问题时，需要考虑的问题还包括对当事人当时签订合同时约定的提交仲裁的意思表示。河北会展中心与中建二局四公司于1992年11月18日签订的《建设工程施工合同协议条款》第30条第1款中关于可将争议提请工程所在地工商行政管理机关进行仲裁的约定，按照当时的国家法律和行政法规的规定，虽然双方没有选择不得向人民法院起诉的方式解决纠纷，但表明了双方选择通过仲裁方式解决纠纷的真实意思表示。因此，确定当事人选择仲裁解决纠纷是双方真实意思表示，与本案的实际情况是相符的。

2. 关于本案所涉协议中仲裁条款效力的认定问题。这里涉及当事人在《中华人民共和国仲裁法》施行前签订的选择非终局性仲裁的协议后,在《中华人民共和国仲裁法》施行后没有签订新的协议放弃仲裁的情况下,如何认定有关仲裁协议或者仲裁条款的效力问题。有一种观点认为,河北会展中心与中建二局四公司于1992年11月18日签订的《建设工程施工合同协议条款》中关于解决争议的程序和方式,虽然双方表明了愿意将履行合同的争议可提请工程所在地工商行政管理机关进行仲裁的意思表示,但并没有约定双方不得向人民法院起诉的内容。根据当时施行的《中华人民共和国经济合同仲裁条例》的规定,在各级工商行政管理机关设立的经济合同仲裁委员会,处理经济合同纠纷案件,实行一次裁决制度;一方向仲裁机关申请仲裁,另一方向人民法院起诉的案件,仲裁机关不予受理;当事人一方或者双方对仲裁不服的,在收到仲裁决定书之日起十五日内,有权向人民法院起诉。因此,作为经济合同仲裁机关的各级工商行政管理机关对经济合同的仲裁,属于特定时期行政机关对经济合同履行鉴证职能的一种具体形式,实行的一次裁决制不具有终局性,不具有与诉讼并行的排除司法管辖权的性质。而自1995年9月1日起施行的《中华人民共和国仲裁法》确定的是一裁终局制,当事人在裁决作出后就同一纠纷向人民法院起诉的,人民法院不予受理。可见,该种解决纠纷方式的仲裁裁决具有终局性,有与诉讼并行的排除司法管辖权的性质。当事人约定经由工商行政管理机关仲裁,不属于不得向人民法院起诉的情形,不符合《中华人民共和国民事诉讼法》第111条第2项的规定,人民法院依法有权受理当事人的起诉。还有一种观点认为,根据国家有关实施《中华人民共和国仲裁法》的规范性文件和最高人民法院相关适用《中华人民共和国仲裁法》的规定,《中华人民共和国仲裁法》施行前当事人依法订立的仲裁协议继续有效;有关当事人向人民法院起诉的,人民法院不予受理,应当告知其向依照《中华人民共和国仲裁法》组建的仲裁机构申请仲裁;当事人双方书面协议放弃仲裁后,一方向人民法院起诉的,人民法院应当依法受理;按照《中华人民共和国仲裁法》施行前国家有关仲裁的规定由直辖市或者省、自治区人民政府所在地的市范围内原各级仲裁机构仲裁的,分别由原仲裁所在地的直辖市或者省、自治区人民政府所在地的市新组建的仲裁委员会受理。双方在仲裁条款中约定涉及的仲裁机构,属于按照《中华人民共和国仲裁法》施行前国家有关仲裁的规定所确定的仲裁机构,按照《中华人民共和国仲裁法》施行后国家有关规范性文件规定的原则,可以确定受理本案当事人之间争议纠纷的仲裁委员会,故中建二局四公司提出双方签订的仲裁条款中对仲裁机构约定不明确,应属无效的理由不成立,不应予以支持。虽然本案当事人在仲裁条款中约定选择的是非终局性的仲裁,但当事人在《中华人民共和国仲裁法》施行后,没有另行签订新的协议表示放弃仲裁,因此,适用有关仲裁的程序处理双方当事人的纠纷,符合《中华人民共和国仲裁法》和有关法律规范性文件规定的精神。最后,经过研究,最高人民法院按照后一种意见作出了终审裁定。

3. 如何适用法律来确定人民法院对本案有无管辖权。在研究如何妥善处理本案过程中,有一种观点认为,河北会展中心与中建二局四公司在协议中选定的解决纠纷的方式是包括将诉讼作为最后救济途径的工商行政管理机关仲裁,与《中华人民共和国仲裁法》规定的仲裁制度不同,并且本案在时间上也不适用《中华人民共和国仲裁法》,应根据《中华人民共和国经济合同仲裁条例》的有关规定,来确定双方当事人约定的仲裁条款的效力,以及人民法院是否有权管辖本案。根据当时有关法律和行政法规的规定,当事人约定经由工商行政管理机关仲裁,当事人一方向人民法院起诉的,人民法院有权受理。并且,本案所涉协议的仲裁条款中约定的工商行政管理机关仲裁机构已经不存在,按照《中华人民共和国仲裁法》新组建的仲裁委员会,所作出的仲裁裁决为一裁终局制,与双方约定的一次裁决制不符。双方在 1992 年 11 月 18 日签订的协议中仲裁条款载明的内容,不能体现双方当事人请求按照《中华人民共和国仲裁法》确定的仲裁制度和原则,作为解决相互之间争议的程序和方式的意思表示。将争议提请按《中华人民共和国仲裁法》新组建的仲裁委员会进行仲裁,不是双方签订《建设工程施工合同协议条款》时的真实意思表示。故该协议中仲裁条款的内容已经失效,无法执行。一审法院以中建二局四公司与河北会展中心在协议中约定有仲裁条款、河北会展中心在本案首次开庭前提出管辖权异议符合《中华人民共和国仲裁法》的规定为由,裁定驳回中建二局四公司的起诉,适用法律错误,应予纠正。一审法院依法有权受理该案,并继续进行审理。另外一种观点认为,河北会展中心与中建二局四公司在《中华人民共和国仲裁法》施行后没有达成书面协议放弃仲裁,一方向人民法院起诉,不符合《中华人民共和国仲裁法》和有关实施《中华人民共和国仲裁法》规范性文件规定的人民法院依法应当受理的条件,人民法院对当事人双方之间的纠纷没有管辖权。中建二局四公司提出河北会展中心已经应诉答辩,参加了首次开庭,表示接受受诉法院管辖,视为自动放弃了异议,缺乏事实依据,不应得到支持。河北会展中心在一审法院正式组织的第一次开庭审理前提交仲裁协议并提出管辖权异议,符合《中华人民共和国仲裁法》第 26 条的规定,属于人民法院驳回起诉的情况之一。本案争议的问题应当适用有关仲裁与诉讼关系的法律和司法解释的规定予以确定,中建二局四公司提出适用其他与本案无关的法律和司法解释规定,与本案实际情况不符,缺乏法律依据和事实依据,其上诉应予驳回。最后合议庭采纳后一种观点,对本案作出了处理。

【地方法院传真】

上海市高级人民法院关于审理公房承租权确定及使用权转让纠纷案件若干问题的意见

沪高法民一(2004)44号

市第一、二中级人民法院民一、二庭,各区县法院民一、三、四庭,各人民法庭:

为统一公房承租权确定及使用权转让案件的审理,经与有关部门研究,现对以下问题进行解答:

一、公房原承租人死亡,相关人员对承租权确定产生争议,直接诉讼至人民法院时,人民法院是否受理?

答:根据上海市的有关规定,公有居住房屋的承租人死亡后,其生前在本处有本市常住户口的共同居住人,或者没有符合上述条件的人员,其生前具有本市常住户口的配偶和直系亲属,有权继续履行租赁合同。我们认为,公房租赁关系首先是一种合同关系,当事人享有自主选择合同相对人的权利。该权利未经授权,他人不得代行。因此在数人同时有权继续履行租赁合同,且无法协商一致的情况下,应当由作为出租人的公房产权单位或国家授权经营管理公房的单位从中予以确定。当事人直接诉讼至人民法院要求确定的,不予受理。

但当事人对出租人确定的承租人资格提出异议而诉至法院的,人民法院可予受理。诉讼中,对承租人资格有争议的各方为案件的原、被告,出租人为无独立请求权的第三人。案件审理以维持出租人的确定为原则,除非原告有证据证明出租人所确定的承租人明显不符合《上海市房屋租赁条例》及相关意见要求的,人民法院可判决撤销,依法重新确定。

二、公房原承租人死亡后,除了在该处有本市常住户口的共同居住人可继续履行租赁合同外,还有哪些共同居住人可继续履行租赁合同?

答:根据《上海市房屋租赁条例》第四十一条第(二)项,及上海市房屋土地资源管理局《关于贯彻实施〈上海市房屋租赁条例〉的意见

(二)》第十二条之规定,公有居住房屋原承租人死亡的,其生前的共同居住人必须在该处有本市常住户口,才可以继续履行租赁合同。这是因为,原有公房配给制度主要是为保障承租人家庭成员的居住利益,有户口的共同居住人一般是原承租人的近亲属,属于原公房配给制度的保障范围。然而,随着实际情况的不断发展,我们认为,符合下列情形的人员也可具备继续履行租赁合同的资格:

1. 在本市无常住户口,但因与原承租人或同住人结婚而在该公房内实际居住生活一年以上的;

2. 因服兵役、就学、服刑等原因,户口迁出原承租人生前承租公房,但在原承租人死亡前已实际居住生活于该公房内,且在本市无其他住房,或虽有其他住房但居住困难的;

3. 因居住困难等原因租赁他处住房或借住他处而搬出原承租人生前承租公房,但户口未迁出的。

三、当事人签订公房使用权转让合同后,以未经出租人同意为由诉请确认转让合同无效的,应如何处理?

答:公房使用权转让实质为公房租赁权的转让,其法律性质为公房租赁合同中承租人权利义务的有偿性概括移转。依《合同法》规定,承租人概括移转租赁合同的权利义务,应征得合同另一方当事人即出租人的同意,包括事先同意或事后认可。实践中,基于下列情形之一即可表明出租人已事后认可公房使用权之转让,公房使用权转让合同可确认为有效,当事人诉请确认无效的,不予支持:

1. 原承租人转让前未征得出租人之书面同意,但出租人事后办理了公房承租户名变更手续的;

2. 原承租人转让前未征得出租人之书面同意,但受让人已实际入住,并以承租人的意思缴付租金,出租人也予以收取的,应依据诚实信用原则,推定出租人已经知道或应当知道承租权已转让,并事实上认可了该转让行为。

四、当事人以转让公房使用权时未经在该处有本市常住户口的共同居住人同意为由,诉请确认公房使用权转让合同无效的,应如何处理?

答:根据《上海市房屋租赁条例》第三十八条第二款之规定,公房承租人转让承租权应事先征得在本处有本市常住户口的共同居住人的同意。因此,公房承租人处分其承租权的自由受共同居住人意思表示的限制,在未经共同居住人同意的情况下,从维护居住人生存利益角度出发,原则上应确认该转让合同无效。但对于受让人已实际入住公房

的,也应本着尊重现状的精神,合理保护受让人的交易安全利益。故实践中,可区分下列情况分别处理:

1. 原共同居住人已搬离公房,受让人已实际入住该公房的,表明原共同居住人已以事实行为同意承租人转让其公房承租权,当事人再以未经共同居住人同意为由诉请确认公房使用权转让合同无效的,不予支持;共同居住人有证据证明其搬离系基于转让人欺诈等行为所致,其原有的居住利益损失可另行向转让人主张赔偿;

2. 受让人尚未实际入住公房,未搬离公房的共同居住人有证据证明转让人未经其同意而转让该公房使用权,或已搬离公房的共同居住人有证据证明其搬离系基于转让人欺诈等行为所致的,则该转让合同无效,受让人因此产生的损失可另行向转让人主张赔偿。

2004 年 9 月 28 日

安徽省高级人民法院关于处理农村土地纠纷案件的指导意见

(2004年12月27日安徽省高级人民法院审判委员会第92次会议通过)

为正确审理涉及农村土地纠纷案件,根据《中华人民共和国土地管理法》、《中华人民共和国农村土地承包法》(以下简称《农村土地承包法》)、《中华人民共和国村民委员会组织法》(以下简称《村民委员会组织法》)、《中华人民共和国妇女权益保障法》(以下简称《妇女权益保障法》)和有关法律、行政法规的规定,结合审判实践,制定本意见。

一、受理范围

根据有关法律规定,承包地被依法征收、占用的,承包方有权依法获得相应的补偿。因此,对村民因土地补偿、安置费用的支付和分配引起的纠纷,人民法院应作为民事案件受理;对村民因涉及征地行为及补偿标准引起的纠纷,不属民事案件受理范围。

为了规范和稳定农村土地承包关系,对涉及土地承包纠纷以及承包经营权流转纠纷,应以合同为基础,没有合同的暂不受理。对于当事人要求确认承包地四至纠纷,要求确认村民会议经过民主议定程序确定的承包方案无效纠纷以及要求落实家庭承包政策取得土地承包经营权纠纷,因不属于平等主体之间的民事行为,不属民事案件受理范围。

二、在土地补偿、安置费用支付和分配及与土地承包相关的案件中农村集体经济组织成员资格的确认

在处理土地补偿、安置费用的支付和分配及与土地承包相关的案件中,农村集体经济组织成员资格的确认,一般应以依法取得农村集体经济组织所在地户籍为基本原则,依法取得包括自然取得(出生取得)和法定取得(因婚姻、收养、遗赠抚养协议、行政命令等取得)。同时兼顾在该农村集体经济组织中生产、生活或者离开后又没有取得城市最低生活保障的情形。

1. 几类特殊主体成员资格的确认

"外嫁女"的成员资格。根据《农村土地承包法》、《妇女权益保障法》、国务院办公厅《关于切实维护农村妇女土地承包权益的通知》的精神,应切实保障妇女的合法权益。对于"外嫁女"虽未取得嫁入地集体经济组织所在地户籍,但已经脱离嫁出地集体经济组织生产、生活的,应当具有嫁入地集体经济组织成员资格。对于嫁入城市的妇女,如果其没有取得非农业户籍,应视为具有原集体经济组织成员资格。"入赘婿"的成员资格参照前述精神处理。

离婚、丧偶妇女成员资格。对于离婚、丧偶的妇女不论其户籍是在嫁出地,还是已迁入嫁入地现又回嫁出地生活的,均应以现户籍所在地确定其集体经济组织成员资格。

义务兵、大中专在校生的成员资格。义务兵、大中专在校生、在服役、上学期间,其户籍已迁出,根据有关法律和政策规定仍具有其户籍迁出地的集体经济组织成员资格。服刑人员在服刑期间的成员资格参照前述规定精神处理。

"空挂户"的成员资格。"空挂户"一般是指户籍在某集体经济组织所在地,但又不在此生产或生活的人员。对这类人员资格的确定,应区别对待。凡是与该集体经济组织有明确协议的,按协议执行;没有协议的,经过民主议定同意,应享有该集体经济组织成员资格;民主议定不同意的,不宜确认其成员资格。有特殊情况的可以例外。

捐资购买城镇户口人员的成员资格。捐资购买城市户口的人员,现仍在户口迁出地的集体经济组织生产、生活的,应具有该集体经济组织成员资格。

2. 家庭承包中家庭成员资格的确认

农村家庭土地承包经营权是以户为单位取得的。只有具有家庭成员资格,才有承包经营权,而在一定时期内每户承包土地的数量基本不变,家庭人口却在变化。故对于家庭承包的,在确定家庭成员时,应包括取得承包经营权后因出生、婚姻、收养等原因增加的,并具有本集体经济组织成员资格的人员。家庭承包方分户的,所分各户未独立取得土地承包经营权的,各分户的家庭成员仍然属于承包方的家庭成员。

三、关于土地补偿、安置费用支付及分配纠纷

1. 对土地补偿、安置费用分配方案的审查

对土地补偿、安置费用分配方案,根据相关法律规定,应当从以下两个方面进行审查。

第一,分配方案的形成应当符合民主议定程序。村民会议或村民代表会议是村民实行自治决定重大事项的机构。《村民委员会组织法》第十九条规定,涉及村民利益的八类重大事项,村民委员会必须提

请村民会议决定。农村集体经济组织土地补偿、安置费用的分配方案属于涉及村民重大利益的事项，因此在审查分配方案时，应审查该方案的形成是否符合民主议定程序。对于违反村民会议或村民代表会议民主议定程序形成的分配方案，应确认其无效。第二，分配方案的内容不得与宪法、法律、法规和国家政策相抵触。分配方案是村民行使自治权的体现，但该自治权不是绝对的。根据《村民委员会组织法》第二十条的规定，在审查分配方案内容时，应以宪法、法律、法规及国家政策为依据，对违反法律、政策性规定的，或侵犯村民人身、财产权益的，应确认其无效。

2. 土地补偿费、安置补助费的分配

对于集体经济组织已经领取土地补偿费、安置补助费，并经民主议定程序决定将此两项费用分配给全体村民的，未获得分配的村民要求分配相应份额的，应予支持。

如果仅征用部分村民的承包地，集体经济组织经过民主议定程序，决定将安置补助费分配给全体村民并对被征收土地的村民重新调整承包地的，被征地村民要求给予全额安置补助费的，不予支持。但集体经济组织如没有对被征地村民重新调整承包地，被征地村民有权要求给予全额安置补助费。

3. 对名为借款实为土地补偿、安置费用的分配行为性质的认定及处理

近年来，我省出现了村委会或村民小组以借款形式将土地补偿、安置费用发放给其认为应当参与分配的村民，双方无还本付息、还款期限等约定，而对有些村民，如“外嫁女”等则不予借款，其实质是限制或剥夺了某些村民的收益分配权。对于因集体经济组织不予“借款”而丧失收益分配权的村民要求参与分配的诉讼，应根据已经查明的事实，按实际民事行为确定案由，依照前述确定的原则进行审理。

四、关于农村土地承包合同纠纷及土地承包经营权流转纠纷

1. 认定农村土地承包合同成立的依据

对土地承包合同的认定应当从引导农村土地承包工作规范化出发，按照最高法院《关于审理农业承包合同纠纷案件若干问题的规定》第三十五条的规定，有两证（土地承包经营权证、林权证）的，以两证为认定依据；没有两证的，书面合同、口头合同、任务下达书以及其他能够证明承包经营法律关系存在的其他证据材料，可以作为认定承包合同成立的依据。

发包方就同一块土地先后签订两个以上土地承包经营合同的，承包方均主张取得承包经营权的，按照以下情形处理：①已经登记并领取土地承包经营权证或者林权证等证书的承包方，取得土地承包经营权，

但属于恶意串通的情形除外;②均未登记领取土地承包经营权证或者林权证等证书的,已经实际承包经营的,取得土地承包经营权。

《农村土地承包法》规定,县级以上地方人民政府应当向承包方颁发土地承包经营权证或者林权证等证书,并登记造册,确认土地承包经营权。当事人对土地承包经营权证与承包合同或实际履行不一致引发的纠纷,应以土地承包经营权证载明的内容为依据。当事人仅对土地承包经营权证记载内容有异议的,不属于民事案件受理范围。

2. 对农村土地承包合同效力的审查

人民法院审理此类案件,应从以下三个方面审查合同的效力。

订立程序:承包方案依法须经本集体经济组织的村民会议三分之二以上村民或者三分之二以上村民代表的同意。违反法定民主议定程序订立的承包合同无效。

合同主体:根据我国现行法律规定,家庭承包的承包方须是本集体经济组织的农户。本集体经济组织以外的单位或者个人承包经营的,必须经村民会议三分之二以上村民或者三分之二以上村民代表的同意,并报乡(镇)人民政府批准。因此,承包主体不符合上述规定的承包合同无效。

合同内容:审查时,应严格依照《农村土地承包法》等相关法律规定进行。对合同约定将农业用地用于非农业建设,未经依法批准的,应当认定无效。合同中有关收回、调整承包地的约定,如果违反《农村土地承包法》第二十六条、第二十七条规定的,该约定条款无效。

3. 承包地的收回与调整

发包方根据《农村土地承包法》第二十六条规定,请求收回承包方承包的耕地、草地,终止承包合同的,应予支持。承包方请求发包方对其提高土地生产能力的投入以及地上附着物给予相应补偿的,应予支持。

对于发包方因承包方弃耕、撂荒而收回承包地以及发包方违法收回或调整承包地所产生的纠纷,法院审理时,如发包方未将收回、调整的承包地另行发包给第三方,承包方请求其返还承包地并赔偿损失的,应予支持;如果发包方将收回、调整的承包地另行发包给第三方,承包方以发包方与第三方为共同被告,请求确认发包方与他人订立的承包合同无效、返还承包地的,应予支持;第三方在承包地上有合理投入请求承包方或发包方赔偿损失的,应予支持。

4. 对土地承包经营权流转合同效力的审查

根据《农村土地承包法》对承包经营权的流转及保护的规定,对土地承包经营权流转合同的效力应从以下几个方面进行审查。第一,承包经营权的流转是否改变了土地所有权的性质和土地的农业用途。第二,承包经营权流转的期限是否超过了承包期的剩余期限,超过部分应当无效。第三,承包方将土地转包的,本集体经济组织成员在同等条件下享有优先权。优先权应在合理期限内行使；超过合理期限行使的，不予支持。第四，流转协议是否违背平等协商的原则。对发包方强迫承包方将土地承包经营权流转给他人的，应当认定流转协议无效。第五，审查土地承包经营权的转让是否经发包方同意。承包方如果未经发包方同意将承包经营权以转让方式流转的，应当认定无效，但起诉前取得发包方同意的除外。第六，承包方转包、出租、互换或者以其他方式流转土地承包经营权未报发包方备案的，不影响合同效力。第七，承包方以其土地承包经营权设定抵押、抵偿债务或者为他人债务提供担保的，应认定无效。

本意见自 2005 年 1 月 1 日起实施。

【相关规范性文件链接】

农村土地承包经营权流转管理办法

第一章 总 则

第一条 为规范农村土地承包经营权流转行为,维护流转双方当事人合法权益,促进农业和农村经济发展,根据《农村土地承包法》及有关规定制定本办法。

第二条 农村土地承包经营权流转应当在坚持农户家庭承包经营制度和稳定农村土地承包关系的基础上,遵循平等协商、依法、自愿、有偿的原则。

第三条 农村土地承包经营权流转不得改变承包土地的农业用途,流转期限不得超过承包期的剩余期限,不得损害利害关系人和农村集体经济组织的合法权益。

第四条 农村土地承包经营权流转应当规范有序。依法形成的流转关系应当受到保护。

第五条 县级以上人民政府农业行政主管(或农村经营管理)部门依照同级人民政府规定的职责负责本行政区域内的农村土地承包经营权流转及合同管理的指导。

第二章 流转当事人

第六条 承包方有权依法自主决定承包土地是否流转、流转的对象和方式。任何单位和个人不得强迫或者阻碍承包方依法流转其承包土地。

第七条 农村土地承包经营权流转收益归承包方所有,任何组织和个人不得侵占、截留、扣缴。

第八条 承包方自愿委托发包方或中介组织流转其承包土地的,应当由承包方出具土地流转委托书。委托书应当载明委托的事项、权限和期限等,并有委托人的签名或盖章。

没有承包方的书面委托,任何组织和个人无权以任何方式决定流转农户的承包土地。

第九条 农村土地承包经营权流转的受让方可以是承包农户，也可以是其他按有关法律及有关规定允许从事农业生产经营的组织和个人。在同等条件下，本集体经济组织成员享有优先权。

受让方应当具有农业经营能力。

第十条 农村土地承包经营权流转方式、期限和具体条件，由流转双方平等协商确定。

第十一条 承包方与受让方达成流转意向后，以转包、出租、互换或者其他方式流转的，承包方应当及时向发包方备案；以转让方式流转的，应当事先向发包方提出转让申请。

第十二条 受让方应当依照有关法律、法规的规定保护土地，禁止改变流转土地的农业用途。

第十三条 受让方将承包方以转包、出租方式流转的土地实行再流转，应当取得原承包方的同意。

第十四条 受让方在流转期间因投入而提高土地生产能力的，土地流转合同到期或者未到期由承包方依法收回承包土地时，受让方有权获得相应的补偿。具体补偿办法可以在土地流转合同中约定或双方通过协商解决。

第三章 流转方式

第十五条 承包方依法取得的农村土地承包经营权可以采取转包、出租、互换、转让或者其他符合有关法律和国家政策规定的方式流转。

第十六条 承包方依法采取转包、出租、入股方式将农村土地承包经营权部分或者全部流转的，承包方与发包方的承包关系不变，双方享有的权利和承担的义务不变。

第十七条 同一集体经济组织的承包方之间自愿将土地承包经营权进行互换，双方对互换土地原享有的承包权利和承担的义务也相应互换，当事人可以要求办理农村土地承包经营权证变更登记手续。

第十八条 承包方采取转让方式流转农村土地承包经营权的，经发包方同意后，当事人可以要求及时办理农村土地承包经营权证变更、注销或重发手续。

第十九条 承包方之间可以自愿将承包土地入股发展农业合作生产，但股份合作解散时入股土地应当退回原承包农户。

第二十条 通过转让、互换方式取得的土地承包经营权经依法登记获得土地承包经营权证后，可以依法采取转包、出租、互换、转让或者其他符合法律和国家政策规定的方式流转。

第四章 流转合同

第二十一条 承包方流转农村土地承包经营权,应当与受让方在协商一致的基础上签订书面流转合同。

农村土地承包经营权流转合同一式四份,流转双方各执一份,发包方和乡(镇)人民政府农村土地承包管理部门各备案一份。

承包方将土地交由他人代耕不超过一年的,可以不签订书面合同。

第二十二条 承包方委托发包方或者中介服务组织流转其承包土地的,流转合同应当由承包方或其书面委托的代理人签订。

第二十三条 农村土地承包经营权流转合同一般包括以下内容:

(一)双方当事人的姓名、住所;

(二)流转土地的四至、坐落、面积、质量等级;

(三)流转的期限和起止日期;

(四)流转方式;

(五)流转土地的用途;

(六)双方当事人的权利和义务;

(七)流转价款及支付方式;

(八)流转合同到期后地上附着物及相关设施的处理;

(九)违约责任。

农村土地承包经营权流转合同文本格式由省级人民政府农业行政主管部门确定。

第二十四条 农村土地承包经营权流转当事人可以向乡(镇)人民政府农村土地承包管理部门申请合同鉴证。

乡(镇)人民政府农村土地承包管理部门不得强迫土地承包经营权流转当事人接受鉴证。

第五章 流转管理

第二十五条 发包方对承包方提出的转包、出租、互换或者其他方式流转承包土地的要求,应当及时办理备案,并报告乡(镇)人民政府农村土地承包管理部门。

承包方转让承包土地,发包方同意转让的,应当及时向乡(镇)人民政府农村土地承包管理部门报告,并配合办理有关变更手续;发包方不同意转让的,应当于七日内向承包方书面说明理由。

第二十六条 乡(镇)人民政府农村土地承包管理部门应当及时向达成流转意向的承包方提供统一文本格式的流转合同,并指导签订。

第二十七条 乡(镇)人民政府农村土地承包管理部门应当建立农村土地承包经营权流转情况登记册,及时准确记载农村土地承包经营权流转情况。以转包、出租或者其他方式流转承包土地的,及时办理相关登记;以转让、互换方式流转承包土地的,及时办理有关承包合同和土地承包经营权证变更等手续。

第二十八条 乡(镇)人民政府农村土地承包管理部门应当对农村土地承包经营权流转合同及有关文件、文本、资料等进行归档并妥善保管。

第二十九条 采取互换、转让方式流转土地承包经营权,当事人申请办理土地承包经营权流转登记的,县级人民政府农业行政(或农村经营管理)主管部门应当予以受理,并依照《农村土地承包经营权证管理办法》的规定办理。

第三十条 从事农村土地承包经营权流转服务的中介组织应当向县级以上地方人民政府农业行政(或农村经营管理)主管部门备案并接受其指导,依照法律和有关规定提供流转中介服务。

第三十一条 乡(镇)人民政府农村土地承包管理部门在指导流转合同签订或流转合同鉴证中,发现流转双方有违反法律法规的约定,要及时予以纠正。

第三十二条 县级以上地方人民政府农业行政(或农村经营管理)主管部门应当加强对乡(镇)人民政府农村土地承包管理部门工作的指导。乡(镇)人民政府农村土地承包管理部门应当依法开展农村土地承包经营权流转的指导和管理工作,正确履行职责。

第三十三条 农村土地承包经营权流转发生争议或者纠纷,当事人应当依法协商解决。

当事人协商不成的,可以请求村民委员会、乡(镇)人民政府调解。

当事人不愿协商或者调解不成的,可以向农村土地承包仲裁机构申请仲裁,也可以直接向人民法院起诉。

第六章 附 则

第三十四条 通过招标、拍卖和公开协商等方式承包荒山、荒沟、荒丘、荒滩等农村土地,经依法登记取得农村土地承包经营权证的,可以采取转让、出租、入股、抵押或者其他方式流转,其流转管理参照本办法执行。

第三十五条 本办法所称转让是指承包方有稳定的非农职业或者有稳定的收入来源,经承包方申请和发包方同意,将部分或全部土地承包经营权让渡给其他从事农业生产经营的农户,由其履行相应土地承包合同的权利和义务。转让后原土地承包关系自行终止,原承包方承包期内的土地承包经营权部分或全部灭失。

转包是指承包方将部分或全部土地承包经营权以一定期限转给同一集体经济组织的其他农户从事农业生产经营。转包后原土地承包关系不变,原承包方继续履行原土地承包合同规定的权利和义务。接包方按转包时约定的条件对转包方负责。承包方将土地交他人代耕不足一年的除外。

互换是指承包方之间为方便耕作或者各自需要,对属于同一集体经济组织的承包地块进行交换,同时交换相应的土地承包经营权。

入股是指实行家庭承包方式的承包方之间为发展农业经济,将土地承包经营权作为股权,自愿联合从事农业合作生产经营;其他承包方式的承包方将土地承包经营权量化为股权,入股组成股份公司或者合作社等,从事农业生产经营。

出租是指承包方将部分或全部土地承包经营权以一定期限租赁给他人从事农业生产经营。出租后原土地承包关系不变,原承包方继续履行原土地承包合同规定的权利和义务。承租方按出租时约定的条件对承包方负责。

本办法所称受让方包括接包方、承租方等。

第三十六条 本办法自2005年3月1日起正式施行。

草畜平衡管理办法

第一条 为了保护、建设和合理利用草原,维护和改善生态环境,促进畜牧业可持续发展,根据《中华人民共和国草原法》,制定本办法。

第二条 在中华人民共和国境内利用草原从事畜牧业生产经营活动的单位和个人,应当遵守本办法。

第三条 国家对草原实行草畜平衡制度。

本办法所称草畜平衡,是指为保持草原生态系统良性循环,在一定时间内,草原使用者或承包经营者通过草原和其他途径获取的可利用饲草饲料总量与其饲养的牲畜所需的饲草饲料量保持动态平衡。

第四条 开展草畜平衡工作应当坚持以下原则:

(一)加强保护,促进发展;

(二)以草定畜,增草增畜;

(三)因地制宜,分类指导;

(四)循序渐进,逐步推行。

第五条 农业部主管全国草畜平衡监督管理工作。

县级以上地方人民政府草原行政主管部门负责本行政区域内的草畜平衡监督管理工作。

县级以上人民政府草原行政主管部门设立的草原监督管理机构负责草畜平衡的具体工作。

第六条 县级以上人民政府草原行政主管部门应当加强草畜平衡的宣传教育培训,普及草畜平衡知识,推广草畜平衡技术,实现草原资源的永续利用。

第七条 县级以上人民政府草原行政主管部门应当加强草原保护建设,稳定和提高草原生产能力;支持、鼓励和引导农牧民实施人工种草,储备饲草饲料,改良牲畜品种,推行舍饲圈养,加快畜群周转,降低天然草原的放牧强度。

第八条 农业部根据全国草原的类型、生产能力、牲畜可采食比例等基本情况,制定并公布草原载畜量标准。

第九条 省级或地(市)级人民政府草原行政主管部门应当根据农业部制定的草原载畜量标准,结合当地实际情况,制定并公布本行政区域不同草原类型的具体载畜量标准,同时报农业部备案。

第十条 县级人民政府草原行政主管部门应当根据农业部制定的草原载畜量标准和省级或地(市)级人民政府草原行政主管部门制定的不同草原类型具体载畜量标准,结合草原使用者或承包经营者所使用的天然草原、人工草地和饲草饲料基地前五年平均生产能力,核定草原载畜量,明确草原使用者或承包经营者的牲畜饲养量。

草畜平衡核定每五年进行一次。

草原使用者或承包经营者对核定的草原载畜量有异议的,可以自收到核定通知之日起30日内向县级人民政府草原行政主管部门申请复核一次,县级人民政府草原行政主管部门应当在30日内作出复核决定。

第十一条 县级以上人民政府草原行政主管部门制定草原载畜量标准或者核定草原载畜量时,应当充分听取草原使用者和承包经营者的意见,组织专家进行论证,确保草原载畜量标准和草原载畜量核定决定的科学性和合理性。

第十二条 县级以上地方人民政府草原行政主管部门应当建立草畜平衡管理档案。

县级人民政府草原行政主管部门应当与草原使用者或承包经营者签订草畜平衡责任书,载明以下事项:

(一)草原现状:包括草原四至界线、面积、类型、等级,草原退化面积及程度;

(二)现有的牲畜种类和数量;

(三)核定的草原载畜量;

(四)实现草畜平衡的主要措施;

(五)草原使用者或承包经营者的责任;

(六)责任书的有效期限;

(七)其他有关事项。

草畜平衡责任书文本样式由省级人民政府草原行政主管部门统一制定,报农业部备案。

第十三条 牲畜饲养量超过核定载畜量的,草原使用者或承包经营者应当采取以下措施,实现草畜平衡:

(一)加强人工饲草饲料基地建设;

(二)购买饲草饲料,增加饲草饲料供应量;

(三)实行舍饲圈养,减轻草原放牧压力;

(四)加快牲畜出栏,优化畜群结构;

(五)通过草原承包经营权流转增加草原承包面积;

(六)能够实现草畜平衡的其他措施。

第十四条 县级以上地方人民政府草原行政主管部门应当加强草原资源动态监测工作,根据上一年度草原产草量的测定结果及对其他来源的饲草饲料量的估算,分析、预测本行政区域内当年草原载畜能力，指导草畜平衡工作。

第十五条 县级以上地方人民政府草原行政主管部门应当每年组织对草畜平衡情况进行抽查。

草畜平衡抽查的主要内容：

（一）测定和评估天然草原的利用状况；

（二）测算饲草饲料总量，即当年天然草原、人工草地和饲草饲料基地以及其他来源的饲草饲料数量之和；

（三）核查牲畜数量。

第十六条 草原使用者或承包经营者因饲草饲料量增加的，可以在原核定的载畜量基础上，相应增加牲畜饲养量。

第十七条 违反草畜平衡规定的，依照省、自治区、直辖市人民代表大会或其常务委员会的规定予以纠正或处罚。

第十八条 本办法自 2005 年 3 月 1 日起施行。

图书在版编目(CIP)数据

民事审判指导与参考. 2005年. 第1集:总第21集 / 黄松有主编;最高人民法院民事审判第一庭编. —北京:法律出版社,2005. 6

ISBN 7 - 5036 - 5639 - 5

Ⅰ. 民… Ⅱ. ①黄…②最… Ⅲ. 民事诉讼—审判—中国—参考资料 Ⅳ. D925. 118. 2

中国版本图书馆 CIP 数据核字(2005)第 051590 号

责任编辑/伍远超　　**装帧设计**/李　瞻

出版/法律出版社　　**编辑统筹**/法律应用出版分社

总发行/中国法律图书有限公司　　**经销**/新华书店

印刷/北京北苑印刷有限责任公司　　**责任印制**/陶　松

开本/787×960 毫米　1/16　　**印张**/15. 75　　**字数**/289 千

版本/2005 年 6 月第 1 版　　**印次**/2005 年 6 月第 1 次印刷

法律出版社/北京市丰台区莲花池西里 7 号(100073)

电子邮件/info@lawpress. com. cn　　**销售热线**/010 - 63939792/9779

网址/www. lawpress. com. cn　　**咨询电话**/010 - 63939796

中国法律图书有限公司/北京市丰台区莲花池西里 7 号(100073)

全国各地中法图分、子公司电话:

第一法律书店/010 - 63939781/9782　　**西安分公司**/029 - 85388843　　**重庆公司**/023 - 65382816/2908

上海公司/021 - 62071010/1636　　**北京分公司**/010 - 62534456

深圳公司/0755 - 83072995　　**苏州公司**/0512 - 65193110

书号:ISBN 7 - 5036 - 5639 - 5/D·5356　　**定价**:35. 00 元

(如有缺页或倒装,中国法律图书有限公司负责退换)